SPIノートの会 編著

Web-CAB・IMAGES対応

これが **本当の CAB・GABだ!**

2025年度版

Web-CAB・CABの能力テスト

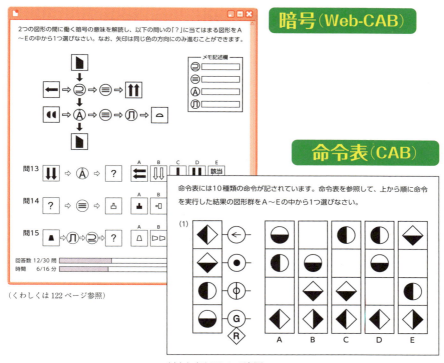

暗号（Web-CAB）

（くわしくは 122 ページ参照）

命令表（CAB）

（くわしくは 103 ページ参照）

「Web-CAB」は、コンピュータ職適性テスト。自宅で受けるWebテストだ。ペーパー版（CAB）もある。構成は、法則性・命令表・暗号・四則逆算※・性格。SPIとは出題内容がまったく違うぞ！

※Web-CABの場合。ペーパーのCABでは、「四則逆算」が「暗算」に代わる

CAB・GABの
カリスマ氏

GABの計数問題

与えられた図表から数値を読み取り、選択肢の中から答えを1つ選びなさい。

(1) 大卒のうち流通業に就職した人の割合は、男女合計でおよそどれだけか。

　　A 5%　　B 10%　　C 15%　　D 20%　　E 25%

　　F 30%　　G 35%　　H 40%　　I 45%　　J 50%

【大卒就職先調査】

	男子 人数	男子 %	女子 人数	女子 %
流通業	3,685	19.9	3,417	34.7
金融業	5,743	31.0	2,814	28.6
製造業	7,015	37.8	1,236	12.6
教育業	867	4.7	1,289	13.1
その他	1,230	6.6	1,092	11.1
合計	18,540	100.0	9,848	100.0

【トマトの価格指数とインフレ率】

年	年初のトマト価格指数	年間のインフレ率（1〜12月）
2010	100	8%
2011	126	10%
2012	138	6%
2013	110	10%
2014	124	13%

【D工業株式会社】

	2006年	2007年	2008年	2009年	2010年
資本金　（千円）	658,400	726,300	816,700	908,600	1,238,200
売上高：資本金の比率	1.6：1	1.3：1	1.4：1	1.5：1	1.3：1

（くわしくは228ページ参照）

「GAB（ギャブ）」は、総合適性テスト。言語・計数・性格で構成されるペーパーテストだ。
計数では、図表を使った計算問題が出題される。

就活中の女子大学生

GABの言語問題

次の文章を読み、設問文1つ1つについてA・B・Cのいずれに当てはまるか答えなさい。

> 熱暑のニュースが耳に入ってくると、私はギリシャのミコノス島を思い出す。エーゲ海の白い宝石といわれる美しい島には、アテネからフェリーに揺られて行った。数年前の8月のことだ。青い海と青い空に囲まれた真っ白い町。東京で四角いビルの隙間から眺めるのと同じとは思えない広い空の下には、小さな道が複雑に入り組んだ迷路のようなミコノスタウンが広がっている。東京とミコノス島は何もかもが違った。暑さ

1　白い町を白く保つ努力こそが、そこに暮らす人の文化だ。
　　A　B　C
2　ミコノス島の生活と東京の生活とでは、流れる時間の質が違う。
　　A　B　C

> A　本文から論理的に考えて、設問文は明らかに正しい。
> B　本文から論理的に考えて、設問文は明らかに間違っている。
> C　本文だけでは、設問文が正しいか間違っているかは判断できない。

（くわしくは268ページ参照）

GABの言語では、設問文の論理的な正誤を答える問題が出る。中学や高校までの、一般的な国語の長文読解とはかなり違うぞ！

60秒でわかる！ Web-CAB・CAB・GAB・IMAGES――iii

IMAGESの英語問題

次の文章を読み、続く設問の解答をA〜Eの中から1つ選びなさい。

WARNING
This medicine must not be given to children under fifteen. This medicine is likely to cause sleepiness and you should not drive or operate heavy machinery after taking it. The sleepiness could last for up to about six hours. Alcohol should not be drunk until seven hours after the medicine has been taken. This medicine must not be taken more than four times a

pregnant = having an unborn child in the body
breast-feeding = the feeding of a baby with milk from a woman's breasts

1. For how long is the medicine likely to cause sleepiness?

   A Up to about 4 hours
   B Up to about 5 hours
   C Up to about 6 hours
   D Up to about 7 hours
   E Up to about 15 hours

（くわしくは318ページ参照）

「IMAGES（イメジス）」は、検査時間が比較的短い簡易版の総合適性テスト。
言語・暗算※・英語・性格で構成されるペーパーテストだ。
英語では、実用文を読んで、英語の問題に答える。

※CABの暗算と同じ

iv

SHL社製「採用テスト」Q&A カリスマに聞け!

SHL社の採用テストとは？

志望職種がSE（システムエンジニア）です。SPI対策はしたのですが、それ以外に、対策すべき採用テストはありますか？

日本エス・エイチ・エル（SHL社）の「Web-CAB」「CAB」を対策しよう。コンピュータ職の採用テストで、よく使われている。

SHL？ウェブキャブ？どちらも初耳です。

SHL社は、SPIの次に多く使われている採用テストの会社。Web-CABやCAB以外にも、さまざまなテストを作成、販売しているんだ。

SHL社の代表的な採用テスト

- **Web-CAB** Web **CAB** 紙
  コンピュータ職適性テスト
- **GAB** 紙 **IMAGES** 紙
  総合適性テスト
- **玉手箱** Web
  GABやIMAGESなどをもとに作られたWebテスト

※これ以外に、テストセンターに出向いて、パソコンで受ける「C-CAB」「C-GAB」などもある

60秒でわかる！ Web-CAB・CAB・GAB・IMAGES —— v

どんな問題が出るの？

SHL社にいろいろな採用テストがあるのはわかりましたが、どんな問題が出るんですか？SPIとは違うのでしょうか。

SHL社の採用テストは、どれもSPIとはかなり違う。例えば、Web-CAB・CABの科目は「法則性」「命令表」「暗号」といったものだ。多くの学生にとって、あまりなじみのない問題だろう。

たしかに、SPIにはこういう科目はありませんね。

なじみのない、という点ではGABも同じだ。GABの計数は、図表を使った計算問題が中心だ。言語では、論理的な判断が求められる。中には学校で学んできた学習内容も関係する問題もあるが、そうでないものも多い。多くの学生がとまどうテストなんだ。

Web-CABとペーパーのCABの違いは?

Web-CABとペーパーのCABは、どこが違うのでしょうか?

大きな違いは以下の2点。

● 科目が違う
Web-CABの「四則逆算」は、ペーパーのCABでは「暗算」になる

● 難易度が違う
Web-CABとペーパーのCABでは、Web-CABのほうが、難しい問題が出る

本書は、Web-CABとペーパーのCABの両方に対応している。どちらを受けるか、まだわからないときは、以下の順で対策しよう。

共通の科目(法則性、命令表、暗号)を対策
本書では、共通の科目はWeb-CABの問題を中心に掲載

固有の科目(四則逆算、暗算)を対策
なお、「四則逆算」は玉手箱、「暗算」はIMAGESでも出題される。これらのテスト対策も兼ねるので、なるべく両方に取り組もう!

これなら、効率よく対策できますね!

「GABを自宅のパソコンで受けるテスト」とは？

応募した企業から、「Web-GABを受検してください」と指示がありました。GABを自宅のパソコンで受けるテストらしいです。GABの対策をすれば大丈夫ですか？

Web-GAB（ウェブ ギャブ）には、玉手箱の対策をしよう。Web-GABは、玉手箱の計数の「図表の読み取り」と、言語の「論理的読解」の組み合わせだ。問題形式はペーパーのGABと同じだが、出題内容や難易度に違いがある。

なるほど…。「GAB」と付いていても、ペーパーテストと同じとは限らないんですね。

企業によっては、ペーパーのGAB、玉手箱、C-GABを区別せず、まとめて「GAB」と呼ぶことも。「どこで受けるか」で見分けて、対策をしよう。例えば…
- 「説明会でGABを受検」→ペーパーのGAB
- 「家でGABを受検」→玉手箱
- 「テストセンターでGABを受検」→C-GAB

※玉手箱、C-GABの対策は、『これが本当のWebテストだ！①』（講談社）をご参照ください。

Web-CAB・CAB・GAB・IMAGES
SHL社製採用テスト対策本の決定版!

有力・人気企業で使われている採用テスト

日本エス・エイチ・エル（SHL社）の採用テストは、**多くの有力・人気企業で使われている採用テストです**。同社の採用テストのシェアは「ＳＰＩ」に次ぐ2番手であり、新卒採用で特に実施の多い自宅受検型Webテストでは、同社の「玉手箱」がトップを独走しています。

SPIとも、学校で学んだ内容とも違う!

「Web-CAB」「CAB」「GAB」「IMAGES」といったSHL社の採用テストは、SPIとはかなり違います。中には学校で学んだ内容と大きく違う問題もあります。このことを知らずに「SPI対策さえすれば大丈夫」と誤解した就活生が、毎年のようにSHL社の採用テストで失敗をしています。**SHL社の採用テストをきちんと理解し、対策をしたかどうかが、勝敗を分けるのです!**

大幅増問!充実した対策で、結果を出そう!

SHL社の採用テストの問題にしっかりと取り組んで実力を底上げしたいという皆さんの声にお応えして、今年度版では、Web-CAB・CABの問題を大幅に追加しました。また、GABの言語、計数を掲載し、IMAGESも増問。**「分野別解説」と「模擬テスト」の両方を掲載し、今まで以上に充実した対策が可能になりました。繰り返し取り組み、本番で結果を出しましょう!**

SHL社製採用テスト対策本の決定版! ix

本書の特徴

全面改訂！最新傾向の問題を大幅追加！

本書は、2005年にSHL社製テストの専用対策本として刊行されました。以来、難易度の高い問題を再現した対策本として好評を博してきました。近年、就活生の皆さんから「Web-CABをしっかり対策したい」「再現度の高いGABの問題に取り組みたい」という要望が増えてきました。**そこで今年度、本書はWeb-CAB・CABを大幅増問。GABを掲載、IMAGESも増問して全面改訂。より対策効果が上がりやすい構成に作りかえました。**

「Web-CAB」「CAB」「GAB」「IMAGES」が一冊で対策できる！

本書では、SHL社の採用テストのうち、多く使われている以下のテストを掲載します。

- ●Web-CAB（Webテスト）
- ●CAB（ペーパーテスト）
- ●GAB（ペーパーテスト）
- ●IMAGES（ペーパーテスト）

※「GAB」は、本書の昨年度版まで掲載していた「GAB Compact」とは別のテストです。GAB Compactは近年あまり使用されなくなったため、今年度から掲載をとりやめました。

頻出度の高さと学習効率を考えた構成を実現！

能力テストでは、出題傾向を踏まえ、頻出度の高さと学習効率を考えた構成を実現。本書の目次順に学習を進めていけば、効率のよい対策ができます。

「分野別解説」「模擬テスト」の両方を掲載！

全面改訂にあたり、能力テストで「分野別解説」と「模擬テスト」の両方を掲載。模擬テストには制限時間も記載しています。実際に時間を計って、本番に近い感覚で取り組むことができます。

「Web-CAB」「CAB」の全科目を掲載！

Web-CAB・CABは、コンピュータ職適性テストです。Web-CABはWebテスト、CABはそのペーパー版です。**本書は、Web-CAB・CAB共通の科目「法則性」「命令表」「暗号」と、Web-CAB固有の科目「四則逆算」、CAB固有の科目「暗算」をすべて掲載。共通の科目は、難解なWeb-CABを中心に掲載しています。**Web-CAB中心の対策で、CAB対策も兼ねることができます。

※企業によっては、Webテスト「玉手箱」と一緒にWeb-CABの「法則性」「暗号」などを実施することがあります。玉手箱対策とあわせて、Web-CABの「法則性」「暗号」も対策をおすすめします。

※新型コロナウイルス感染症の影響のため、例年ペーパーテストやテストセンターを実施している企業で、自宅受検型Webテストに変更する動きが見られます（290ページ参照）。

「テストセンター方式のWeb-CAB」C-CAB対策が可能！

テストセンターに出向いて、Web-CABの能力テストを受ける「C-CAB」が2018年に登場しています。**C-CABの科目構成はWeb-CABと同じです。本書で対策が可能です。**

「GAB」「IMAGES」の全科目に対応！

GABは、新卒総合職の採用で使われる総合適性テストです。IMAGESは、簡易版の総合適性テストです。どちらもペーパーテストです。**本書は、GABの「言語」「計数」、IMAGESの「言語」「暗算」「英語」に対応。すべての科目の対策ができます。**

※IMAGESの「暗算」は、CABの「暗算」と同じです。

性格テストの解説も掲載！

SHL社の採用テストでは、「OPQ」という共通の性格テストが実施されます。本書は、OPQの質問例や、対策法を解説します。

本書の使い方

1 SHL社の採用テストの全体像を理解する

「SHL社の採用テスト『Web-CAB』『CAB』『GAB』『IMAGES』完全突破法！」（P.1）

2 各科目の概要と攻略法を確認

得意・不得意に関係なく目を通そう

3 まずは分野別解説で問題に取り組む

理想は、すべての科目がまんべんなくできること。苦手な分野は重点的に対策しよう

4 模擬テストに取り組む

本番を意識して、実際に時間を計って取り組もう

5 すべての科目に繰り返し取り組む

本番で楽に解けるよう、解き方をマスターしよう

6 性格テスト対策も忘れずに!

どの質問にどう答えるか、質問例を見て考えておこう

本 書 の 見 方

解説
見開きごとに、正解と解法を掲載。
解いたらすぐに正解を確認できます。

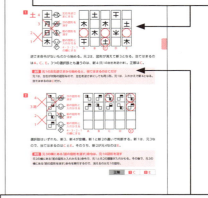

分野別の問題
同じタイプの問題をまとめて掲載。
集中して対策できます。

速解
より短時間で正解にたどりつくための解法
を豊富に紹介。実力アップに役立ちます。

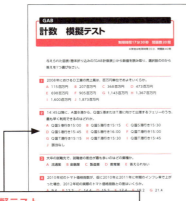

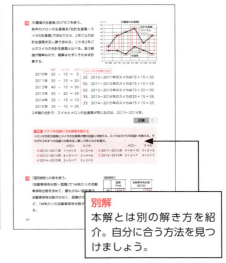

模擬テスト
実際の出題範囲、内容を再現し
た模擬テスト。時間を計って取
り組みましょう。

別解
本解とは別の解き方を紹介
介。自分に合う方法を見つ
けましょう。

本書の使い方・本書の見方　xiii

目次

【巻頭カラー】

60秒でわかる！Web-CAB・CAB・GAB・IMAGES ································ i

SHL社製採用テスト対策本の決定版！ ···································· ix

本書の特徴 ··· x

本書の使い方 ··· xii

本書の見方 ··· xiii

第1部

SHL社の採用テスト「Web-CAB」「CAB」「GAB」「IMAGES」完全突破法! ···· 1

SHL社の採用テストとは？ ·· 2

SHL社の採用テストの特徴 ·· 4

Web-CAB・CAB・GAB・IMAGESの攻略法 ····························· 6

「Webテスト方式のGAB・IMAGES」玉手箱とは？ ······················ 8

「GABを受検」と言われたら ·· 10

第2部

Web-CAB・CAB　法則性・命令表・暗号・四則逆算・暗算 ·········· 13

Web-CAB・CABとは？ ·· 14

Web-CAB 画面の操作とトラブル回避のテクニック ······················ 16

法則性

法則性の概要 ··· 18

法則性の攻略法 ··· 20

　1　回転・移動 ··· 22

　2　塗り ··· 30

　3　変形・増減 ··· 38

　模擬テスト ··· 46

　模擬テスト　解説と正解 ·· 54

命令表

命令表の概要 ··· 74

命令表の攻略法 ··· 76

　1　逆さま・入れかえ命令 ·· 78

　2　図形を消す命令 ··· 82

　3　取り消し命令 ··· 86

　Web-CAB　模擬テスト ·· 90

　Web-CAB　模擬テスト　解説と正解 ································ 96

　CAB　模擬テスト ·· 102

　CAB　模擬テスト　解説と正解 ······································ 107

暗号

暗号の概要		114
暗号の攻略法		116
1	塗り・変形	118
2	回転・移動・増減	122
3	数字・文字	126
模擬テスト		130
模擬テスト　解説と正解		138

四則逆算

四則逆算の概要		152
四則逆算の攻略法		153
1	整数の計算	160
2	小数と％の計算	164
3	分数の計算	168
4	□が複数あるときの計算	172
模擬テスト		174
模擬テスト　解説と正解		178

暗算

暗算の概要		194
暗算の攻略法		195
1	足し算・引き算	196
2	かけ算・割り算（整数と小数）	200
3	かけ算・割り算（％と分数）	204
模擬テスト		206
模擬テスト　解説と正解		210

第3部

GAB　計数・言語 — 219

GABとは？	220

計数

計数の概要		222
計数の攻略法		224
1	割合・増減率	226
2	数量	230
3	割合や数量の比較	234
模擬テスト		238
模擬テスト　解説と正解		242

言語

言語の概要	254
言語の攻略法	256
1　人文系の文章（経済）	258
2　人文系の文章（文化・社会）	262
3　自然科学系・エッセー風の文章	266
模擬テスト	270
模擬テスト　解説と正解	280
特報 コロナ影響で自宅受検型の増加続く。SPIとSCOAでテストセンター自宅受検開始	290

第4部

IMAGES　言語・英語 ……………… 291

IMAGESとは？	292

言語

言語の概要	294
言語の攻略法	296
1　エッセー風の文章	298
模擬テスト	302
模擬テスト　解説と正解	308

英語

英語の概要	314
英語の攻略法	316
1　実用文（検索タイプ）	318
2　実用文（条件整理タイプ）	320
模擬テスト	322
模擬テスト　解説と正解	325

※IMAGESには「暗算」もあります。CABの「暗算」と同じ内容なので、194ページを参照してください。

第5部

SHL社共通の性格テスト（OPQ） ……………… 331

SHL社共通の性格テスト（OPQ）とは？	332
SHL社共通の性格テスト（OPQ）【尺度の定義と質問例】	335
SHL社共通の性格テスト（OPQ）問題例	338
SHL社共通の性格テスト（OPQ）攻略法	339

〈別刷付録〉

Web-CAB「四則逆算」完全突破シート

CAB命令表

GAB計数表

第1部

SHL社の採用テスト
「Web-CAB」「CAB」「GAB」「IMAGES」
完全突破法!

SHL社の採用テストとは？

◗ Webテストでは No.1、ペーパーテストでは No.2 のテスト会社

SHL社は、自宅で受けるWebテストでトップのシェアを誇る「玉手箱」の会社です。**同社には、「SPI」に次ぐシェアのペーパーテストがあります。それが「CAB」「GAB」「IMAGES」などです。** これらのテストは、玉手箱の基礎にもなっています。

◗ SHL社の採用テストには複数の受検方式がある

受検方式	方式の説明
ペーパーテスト	企業内などでマークシート方式で受検する。筆算が前提
Webテスト	自宅のパソコンで受検する。指定された期間内であればいつでも受検できる。電卓の使用が前提
テストセンター	専用会場(テストセンター)のパソコンで受検する。指定された期間内で日時と会場を選べる。筆算が前提

◗ SHL社の代表的なペーパーテスト

●CAB コンピュータ職適性テスト

日本の主だった情報処理・システム関連企業の多くで使われています。

能力テスト（法則性、命令表、暗号、暗算）と性格テストで構成されています。

●GAB 総合適性テスト

新卒総合職の採用で使われる総合適性テストです。能力テスト（言語、計数）と性格テストで構成されています。

●IMAGES 簡易版の総合適性テスト

簡易版の総合適性テストです。能力テスト（言語、暗算、英語）と性格テストで構成されています。言語の問題形式はGABとは異なります。

■● SHL社の代表的なWebテスト

●Web-CAB CABのWebテスト版

CABを自宅のパソコンで受けるテストです。能力テストと性格テストで構成されています。能力テストでは、CABの暗算が四則逆算に置き換わります。それ以外の科目はCABと同じです（法則性、命令表、暗号、四則逆算）。

●玉手箱 自宅受検型Webテストの代表 ※本書未掲載

GABやIMAGESなどをもとに作られたWebテストです。言語、計数、英語それぞれ複数の種類の能力テストと、性格テストで構成されています。

※玉手箱の言語と計数のうち、特定の種類の組み合わせで「Web-GAB」「Web-RAB」と呼ばれるものもあります。

■● SHL社の代表的なテストセンター

●C-CAB テストセンター方式のWeb-CAB

テストセンターに出向いて、Web-CABの能力テスト（法則性、命令表、暗号、四則逆算）を受けます。性格テストは、受検予約時に自宅で受けます。

●C-GAB テストセンター方式の玉手箱 ※本書未掲載

テストセンターに出向いて、玉手箱の能力テスト（言語、計数、英語）を受けます。性格テストは、受検予約時に自宅で受けます。

※2021年から、一部の企業では、能力テストも自宅で受けることができるようになりました。

本書では、Web-CAB、CAB、GAB、IMAGESを対策します。

※本書では、玉手箱およびC-GABは掲載していません（対策書はP.11を参照）。
※本書の昨年度版まで掲載していたGAB Compactは掲載していません。

第1部／SHL社の採用テスト「Web-CAB」「CAB」「GAB」「IMAGES」完全突破法！　3

SHL社の採用テストの特徴

● 同じ科目では1種類の問題しか出ない

SHL社の能力テストの大きな特徴は、**1つの科目では同じ形式の問題だけが出ること**です。1つの科目で、さまざまな分野の問題が少しずつ出題されるSPIとは大きく異なります。

例えば、Web-CABの法則性では、図形群の法則性を推理して、空欄に当てはまる図形を選ぶ問題だけが30問出題されます。また、GABの言語では、長文を読んで、設問文の論理的な正誤を答える問題だけが出題されます。

● 1問あたりにかけられる時間が短い

SHL社の能力テストでは、**1問あたりにかけられる時間が短いことも特徴**です。

例えば、Web-CABの四則逆算では、制限時間9分で50問が出ます。1問あたりにかけられる時間は10秒程度しかありません。

● 性格テストは共通

SHL社のペーパーテストでは、「ＯＰＱ」という共通の性格テストが実施されます。Web-CAB、玉手箱などのWebテストでは、「性格」という名前に変わりますが、内容はペーパーの性格テストと同じです。

■● SHL社の採用テストの問題例

Web-CABの法則性

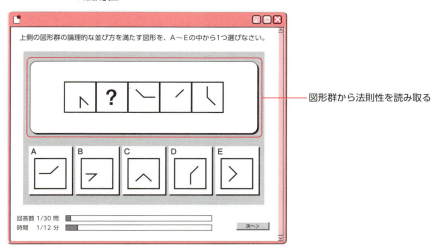

図形群から法則性を読み取る

GABの言語

設問文の論理的な正誤を答える

Web-CAB・CAB・GAB・IMAGESの攻略法

●● 問題形式に慣れておこう

SHL社の採用テストでは、1つの科目では1種類の問題が出続けるので、問題形式に慣れておくことが大事です。特にWeb-CAB・CABの法則性、命令表、暗号は、初めて見たときには問題形式を理解するのに時間がかかります。事前に学習をして、短い時間で効率よく問題を解けるようになることが大事です。また、GABの言語では、全問共通の選択肢で設問文の正誤だけを判定します。比較的短めの長文が数多く出題されるので、効率よく読んで正誤の判定をすることが必要です。**どのテスト・科目でも、「慣れ」が欠かせません。まずは出題内容を知り、解いてみることから始めましょう。**

●● 時間配分を考えながら取り組もう

1問あたりに使える時間が短いので、時間配分が大事です。

どのテストも、難易度の異なる問題が出題されます。難易度の高い問題になるべく多くの時間を使えるように、比較的易しい問題は短時間で解くことを心がけましょう。Web-CABの四則逆算では電卓を使いこなす、CAB、IMAGESの暗算やGABの計数では練習を繰り返して計算速度を上げるなど、工夫をしましょう。

GAB、IMAGESの言語で時間がかかるのは、長文の内容の把握です。設問文を先に読んで、あたりをつけてから長文を読むなどの工夫をしましょう。少しでも時間を短縮して、その分を問題を解くことに回します。

●● テスト概要と各科目の「攻略法」には目を通しておこう

対策の前には、本書掲載のテストの概要（例：「Web-CAB・CABとは？」）、各科目ごとの概要（例：「法則性の概要」）、攻略法（例：「法則性の攻略法」）に目を通しておきましょう。特に「攻略法」は、問題の種類ごとに出題傾向と特徴、解き方の工夫などをまとめています。これらを読んでから、「分野別解説」「模擬テスト」に取り組んでください。

● Web-CAB・CAB・GAB・IMAGES の構成と出題内容

Web-CAB・CABの構成と出題内容

科目名		方式	問題数	制限時間	出題内容	詳しい対策
能力	法則性	Web	30問	12分	図形群から法則性を読み取る	P.18
		ペーパー	40問	15分		
	命令表	Web	36問	15分	命令を理解して、図形を変化させる	P.74
		ペーパー	50問	20分		
	暗号	Web	30問	16分	図形を変化させる暗号の正体を解読する	P.114
		ペーパー	39問	20分		
	四則逆算	Web	50問	9分	方程式の□に入る数値を計算する	P.152
	暗算	ペーパー	50問	10分	いろいろな種類の計算問題を、暗算によって解く	P.194
性格		Web	68問	約20分	玉手箱の「性格」の本格版と同じ	P.332
		ペーパー	68問	約30分	SHL社共通の性格テスト(OPQ)	

※「方式」で「Web」とある科目がWeb-CAB、「ペーパー」とある科目がペーパーのCABです。
※Web-CABでは、企業により、問題数や時間が異なることがあります。
※C-CABの構成と出題内容は、Web-CABと同じです。

GABの構成と出題内容

科目名		方式	問題数	制限時間	出題内容	詳しい対策
能力	計数	ペーパー	40問	35分	図表の数値を読み取って設問に答える	P.222
	言語	ペーパー	52問	25分	長文を読み、設問文の論理的な正誤を判断する	P.254
性格		ペーパー	68問	約30分	SHL社共通の性格テスト(OPQ)	P.332

IMAGESの構成と出題内容

科目名		方式	問題数	制限時間	出題内容	詳しい対策
能力	暗算	ペーパー	50問	10分	いろいろな種類の計算問題を、暗算によって解く ※ペーパーのCABの暗算と同じ	P.194
	言語	ペーパー	24問	10分	長文を読み、設問文の趣旨を判断する	P.294
	英語	ペーパー	20問	10分	英語の実用文を読み、英語の設問文に答える	P.314
性格		ペーパー	68問	約30分	SHL社共通の性格テスト(OPQ)	P.332

第1部／SHL社の採用テスト「Web-CAB」「CAB」「GAB」「IMAGES」完全突破法！　7

「Webテスト方式のGAB・IMAGES」玉手箱とは？

ペーパーテストをもとにしたWebテスト

　玉手箱は、GABやIMAGESなどのペーパーテストをもとに作られたWebテストです。玉手箱の能力テストには、言語、計数、英語でそれぞれ複数の種類の問題形式があります。**これらの問題形式から、企業ごとに異なる組み合わせで実施されます。**

玉手箱の構成と出題内容

科目名と問題形式		問題数	制限時間	出題内容	詳しい対策
計数	四則逆算	50問	9分	方程式の□に入る数値を計算する	P.152
	図表の読み取り	29問	15分	図表の数値を読み取って設問に答える	『これが本当のWebテストだ!①』（講談社）
		40問	35分		
	表の空欄の推測	20問	20分	表の空欄1ヵ所に当てはまる数値を推測する	
		35問	35分		
言語	論理的読解（GAB形式の言語）	32問	15分	長文を読み、設問文の論理的な正誤を判断する	
		52問	25分		
	趣旨判定（IMAGES形式の言語）	32問	10分	長文を読み、設問文の趣旨を判断する	
英語	長文読解（IMAGES形式の英語）	24問	10分	英語の長文を読み、英語の設問文に答える	
	論理的読解（GAB形式の英語）	24問	10分	言語の「論理的読解」の英語版	
性格	本格版	68問	約20分	SHL社共通の性格テスト(OPQ)のWebテスト版	P.332
	簡易版	30問	なし		『これが本当のWebテストだ!①』（講談社）
意欲	本格版	36問	約15分	意欲面から、企業の風土や職種とのマッチングを見る	
	簡易版	質問文が24×2組	なし		
		質問文が36			

※言語には、これ以外に「趣旨把握」がありますが、近年では出題が確認されていません。
※企業によっては、玉手箱と一緒にWeb-CABの「法則性」「暗号」などを実施することがあります。

よく使われる問題形式の組み合わせはこの3つ

①言語「論理的読解」と計数「図表の読み取り」　※「**Web-GAB**」と呼ばれることもある

②言語「趣旨判定」と計数「四則逆算」と英語「論理的読解」

③言語「論理的読解」と計数「表の空欄の推測」　※「**Web-RAB**」と呼ばれることもある

■ 玉手箱の計数の問題例（図表の読み取り）

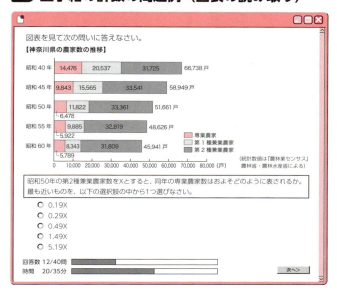

【解説】

まず、昭和50年について「専業農家数÷第2種兼業農家数」で、第2種兼業農家数を1としたときの専業農家数の割合を求める。X倍すると、第2種兼業農家数をXとしたときの、専業農家数がわかる。

専業農家数　第2種兼業農家数　　第2種兼業農家数を1としたときの専業農家数
6,478　÷　33,361　＝　0.194… ≒ 0.19　➡　0.19X

■ テストセンター方式の玉手箱「C-GAB」

C-GABは、玉手箱の能力テストを専用の会場（テストセンター）で受けるテストです。
※2021年から、一部の企業では、能力テストを自宅で受けることができるようになりました。

C-GABの構成と出題内容

科目名	問題数	制限時間	出題内容	詳しい対策
計数	29問	15分	玉手箱の「図表の読み取り」	『これが本当のWebテストだ！①』（講談社）
言語	32問	15分	玉手箱の「論理的読解（GAB形式の言語）」	
英語	24問	10分	玉手箱の「長文読解（IMAGES形式の英語）」	
性格	68問	約20分	玉手箱の「性格」の本格版	

「GABを受検」と言われたら

● 「3つの受検方式を合わせて1つのGAB」と考えよう

　企業によっては、ペーパーのGAB、玉手箱、C-GABを特に区別せず、まとめて「GAB」と呼び、「どこで受けるか」で使い分けることがあります。**「3つの受検方式を合わせて1つのGABというテスト」と考え、ペーパーのGAB（ペーパーテスト）、玉手箱（Webテスト）、C-GAB（テストセンター）は3つとも対策しておくと万全です。**

※玉手箱やC-GABは、ペーパーのGABとは出題内容や難易度が違います。ペーパーのGABの対策だけでは、玉手箱やC-GABの対策が充分とはいえません。

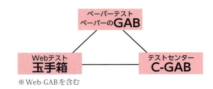

※Web-GABを含む

● ペーパーのGAB、玉手箱、C-GABの比較

テストに関すること	ペーパーのGAB	玉手箱 (Web-GABを含む)	C-GAB
科目・問題形式	どの企業でも同じ	企業ごとに違う	どの企業でも同じ
どこで受けるか	会場で受ける	自宅で受ける	性格テストは自宅、能力テストは会場で受ける（※1）
電卓の使用	使用不可	使用可	使用不可
問題の組み合わせ	同じ版（※2）では固定	受検者ごとに違う（※3）	受検者ごとに違う（※3）
難易度	玉手箱よりも比較的易しい	ペーパーよりも難しい	玉手箱と同じ

※1　一部の企業では、オンライン監視のもと、能力テストを自宅で受けることができる
※2　同じ問題形式で数値など内容を変えた問題冊子を並行版という。並行版では組み合わせも変わる
※3　玉手箱、C-GABでは、問題ストックから受検者ごとに違う問題が出題される。同じテストを繰り返し受けても、同じ問題に出合うとは限らない

● 受検指示などからテストを見分けるときは

　企業の受検指示などに「GAB」とあるけれど、ペーパーのGABなのか、それ以外のテストなのかがわからないときは、「どこで受けるか」の情報を確認しましょう。

- ●「会社説明会でGABを受検」「自社でGABを受検」と言われたら
  ペーパーのGABの可能性があります。ペーパーのGABの対策をしましょう。

- ●「GABを自宅で受検」「Web-GAB」と言われたら
  玉手箱の可能性があります。Web-GABは、玉手箱の言語の「論理的読解」と計数の「図表の読み取り」の組み合わせです。玉手箱の対策をしましょう。

- ●「GABをテストセンターで受検」「C-GAB」と言われたら
  C-GABの可能性があります。C-GABの対策をしましょう。

■◎ 玉手箱、C-GAB対策はこの本で

『これが本当のWebテストだ！①』（講談社）

玉手箱の対策問題集です。言語、計数、英語でそれぞれ複数の種類がある問題形式のすべてに対応しています。「テストセンター方式の玉手箱」C-GAB対策にも適した一冊です。

SHL社の採用テストの科目・問題形式の対応

科目名		言語		計数				英語		法則性	命令表	暗号	性格	
		論理的読解（GAB形式の言語）	趣旨判定（IMAGES形式の言語）	暗算	四則逆算	図表の読み取り	表の空欄の推測	長文読解（IMAGES形式の英語）	論理的読解（GAB形式の英語）				性格	意欲
ペーパーテスト	GAB	○				○			○				○	
	IMAGES		○	○				○					○	
	CAB			○						○	○	○	○	
Webテスト	玉手箱	○		○	○	○	○	○	○				○	○
	Web-CAB				○					○	○	○	○	
テストセンター	C-GAB	○				○			○				○	
	C-CAB				○					○	○	○	○	

再現テストについて

　本書では、実際に受検した複数の受検者の情報から、採用テスト（能力・性格テスト）を再現しています。ただし、採用テストの作成会社、および、その他の関係者の知的財産権等が成立している可能性を考慮して、入手した情報をそのまま再現することは避けています。

　本書に掲載している問題は、「SPIノートの会」が情報を分析して、採用テストの「意図」を盛り込んで新たに作成したものです。また、採用テストの尺度、測定内容、採点方法などにつきましては、公開されているもの以外は、「SPIノートの会」の長年にわたる研究により、推定・類推したものです。この点をご了承ください。

第 2 部

Web-CAB・CAB
法則性・命令表・暗号・四則逆算・暗算

・・・・・・・・・・・・・・・・・・・・・・・・・・・・・・・・・・・

法則性 （Web-CAB・CAB） → 18 ページ

命令表 （Web-CAB・CAB） → 74 ページ

暗号 （Web-CAB・CAB） → 114 ページ

四則逆算 （Web-CAB） → 152 ページ

暗算 （CAB） → 194 ページ

Web-CAB・CABとは？

⬛⚪ コンピュータ職適性テスト

　Web-CAB・CABは、コンピュータ職適性テストです。主にSEやプログラマーの採用に使用されています。**日本の主だった情報処理・システム関連企業の多くで使われているほか、最近では論理的な思考力を測定するツールとして、情報処理・システム関連以外の企業や、コンピュータ職以外の採用でも幅広く使用されています。**

⬛⚪ Webテスト版がWeb-CAB、ペーパー版がCAB

　Web-CABは自宅受検型Webテスト、CABはペーパーテストです。どちらも能力テストと性格テストで構成されています。

※テストセンターに出向いて、Web-CABの能力テストを受ける「C-CAB」もあります。性格テストは、受検予約時に受けます。

⬛⚪ 能力テスト＋性格テストの組み合わせ

　Web-CAB・CABの能力テストは、それぞれ4科目です。

	科目名	方式	問題数	制限時間	詳しい対策
能力	法則性	Web	30問	12分	P.18
		ペーパー	40問	15分	
	命令表	Web	36問	15分	P.74
		ペーパー	50問	20分	
	暗号	Web	30問	16分	P.114
		ペーパー	39問	20分	
	四則逆算	Web	50問	9分	P.152
	暗算	ペーパー	50問	10分	P.194
性格		Web	68問	約20分	P.332
		ペーパー	68問	約30分	

※「方式」で「Web」とある科目がWeb-CAB、「ペーパー」とある科目がペーパーのCABです。
※Web-CABでは、企業により、問題数や時間が異なることがあります。
※C-CABの構成と出題内容は、Web-CABと同じです。

　Web-CABの四則逆算が、ペーパーのCABでは暗算に置き換わります。また、法則性、命令表、暗号も、Web-CABとペーパーのCABとでは、問題の難易度が異なります。

Web-CABは玉手箱と組み合わせて出題されることもある

Web-CABの法則性、暗号などは、玉手箱の科目の一部と組み合わせて出題されることもあります。また、四則逆算は玉手箱でも出題されます。

「慣れ」と「時間配分」が大事

1つの科目では1種類の問題が出続けるので、**問題形式に慣れておくことが大事です。**また、1問あたりにかけられる時間が短いので、**時間配分が大事です**。問題の難易度によって使う時間を変えるなど、工夫をしましょう。

Web-CABは例題を有効活用しよう

Web-CABには、例題がついていて、何回でも試すことができます。ここで、しっかりと要領を理解してから本試験に挑みましょう。Web-CABは、四則逆算以外はどれも中学や高校までの数学とはかけ離れた内容なので、要領を飲み込めないうちはテストを開始しないほうがよいでしょう。

Web-CABの動作環境

OS	Microsoft Windows 8.1／10／11を推奨
ブラウザ	Microsoft Internet Explorer 11／Microsoft Edge／Google Chromeを推奨
ブラウザの設定	JavaScript／Cookieを使用可能な設定 ※ブラウザの画面拡大レベルは100%に設定
解像度（画面の領域）	1000×600以上の環境
画面サイズ	13インチ以上の環境を推奨
その他	受検中にPCがスリープにならないよう設定

※動作環境は、受検年度や企業によって変わることがあります。動作環境は、実際の受検時に必ずご確認ください。

Web-CAB画面の操作とトラブル回避のテクニック

● Web-CABの画面

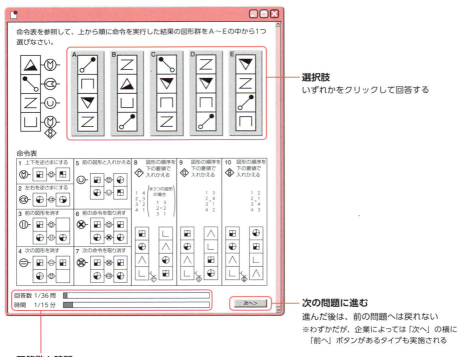

● 先に進んだら前の問題へは戻れない

　多くの場合、「次へ」ボタンを押して次の問題に進むと、前の問題には戻れません。企業によっては、「前へ」ボタンで前の問題に戻ることができるタイプが実施されることもありますが、わずかです。

　1問あたりの時間が短い上に、前に戻れないというのは厳しい条件ですが、できるだけ集中してうっかりミスを防ぎましょう。

◯ Web-CAB　トラブル回避のテクニック

①締め切り間際の受検は避ける

受検期間の締め切り直前は、アクセスが集中します。このようなときは回線トラブルが発生しやすいので注意しましょう。締め切り間際の受検は避け、日にちに余裕を持って受検することが大事です。

②事前にパソコンの「動作環境」を確認する

必ず事前に「動作環境」を確認しておきましょう。告知とは違う動作環境で受検しようとすると、最悪の場合は受検そのものがまったくできないことがあります。

③トラブル発生時の対応法を調べておく

Web-CABには、トラブル発生時の連絡先が載っています。受検中に「画面が正常に切り替わらない」「結果が送信されない」などのトラブルが発生したら、すみやかに連絡を取りましょう。やむをえない事情であることがわかれば、原則として再度受検できます（締め切り間際では再受検できないこともあります）。

④電卓やメモ用紙を用意する

Web-CABでは、電卓が使えます（四則逆算で使用）。使いやすい電卓を用意しておきましょう。筆記用具やメモ用紙の準備も大事です。

⑤制限時間の表示を確認しよう

Web-CABは、制限時間を過ぎると自動的にテストが終了します。受検中は常に、画面の制限時間の表示を確認し、残り時間を意識しながら問題に取り組みましょう。

Web-CAB・CAB
法則性の概要

● 図形群から法則性を読み取る

法則性は、図形群から法則性を読み取るテストです。

5つの図形が、ある論理的な順序で並んでいます。並び順の法則性を読み取って、1つ空欄になっている箇所に当てはまる図形を5つの選択肢から選びます。

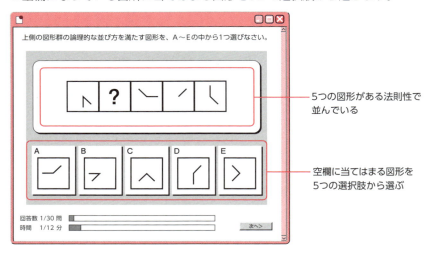

● 問題形式の理解に時間がかかる。事前学習が有効

1問あたりに使える時間が短く、また、初めて見たときには問題形式を理解するのに時間がかかります。事前に学習したかどうかで差がつきます。制限時間内に全問を解くには、Web-CABは1問24秒、ペーパーのCABは1問約22秒で解く必要があります。

科目名	方式	問題数	制限時間
法則性	Web	30問	12分
	ペーパー	40問	15分

■● Web-CABとペーパーのCABは難易度が異なる

法則性の問題は、比較的易しいものから、難しいものまで幅広く出題されます。**Web-CABは難しい問題が多く、ペーパーのCABは比較的易しい問題が多く出題される傾向**があります。

より難しい問題まで解けるように、本書では、Web-CABの問題を中心に掲載します。ペーパーのCABを受検するときには、本書で対策した問題より易しいものが多いと感じるかもしれません。

■● 学習後には時間を計って模擬テストに挑戦を

学習後には、時間を計って模擬テストに挑戦して、時間配分の感覚をつかみましょう。模擬テストは、Web-CABの法則性の問題数と制限時間で掲載します。

第2部／Web-CAB・CAB／法則性／法則性の概要　19

Web-CAB・CAB
法則性の攻略法

● 図形がたくさんある側から見ると法則性を見つけやすい

図形がたくさんある側から見ると、法則性を見つけやすくなります。例えば、図形群の空欄が右寄りのときは、左から右へと見ていきます。空欄が左寄りのときは、右から左へと見ていきます。ただし、反対向きに見ていったほうが探しやすいこともあるので、臨機応変に考えてください。

空欄が中央のときは、左右の両方から見て、見つけやすいほうから法則性を探します。

● 複数の法則性が同時進行する

ごく簡単な問題では、「時計回りに移動」といった法則性が1つあるだけです。しかし、多くの問題では、法則性は2つ、3つと同時に進行しています。**複数の法則性が同時進行している可能性があることを頭に入れて、法則性を探しましょう。**

● よく出る法則性を覚えておく

よく出る法則性を覚えておきましょう。法則性を見つける速度が上がります。

【回転】図形の向きが変化する。同じ角度（45度、90度など）の回転を繰り返したり、回転する角度が徐々に増減したりする

【移動】図形が移動する。四隅を順に移動したり、左右を交互に移動したりする

【塗り】図形を塗る色が変化する。黒白交互や、黒と白と灰色の繰り返しなど。1つおきに塗りが変化することもある

【変形】図形の形が変化する。交互に円と三角形になったり、内側の図形が次に外側の図形になったりする

【増減】図形や図形を構成する線が増減する。一定の数ずつ増減したり、ある数まで増えたら減ったり、図形が増えるのにつれて図形を構成する線が減ったりする

■● 正解選びに迷ったら、より単純な法則性のものを選ぶ

　複数の答えが考えられる場合、法則性の問題傾向から考えて、より単純な法則性によって導ける選択肢のほうが正解です。

■● 選択肢を、法則性を見つけるヒントに使う

　選択肢が、法則性を見つけるヒントになることがあります。例えば、複数ある法則性のうち、簡単なものだけ見つけたときには、まず、見つけた法則性で選択肢を絞り込みましょう。その上で、候補に残った選択肢を空欄に当てはめてみると、残りの法則性が見つけやすくなります。

■● 先に進むほど難しくなるので、はじめは短時間で解く

　先に進むほど問題の難易度が上がります。**はじめのほうの比較的易しい問題は短時間で解くように心がけ、難易度が高い問題に時間を残しましょう。**

第2部／Web-CAB・CAB／法則性／法則性の攻略法　　21

1 回転・移動

Web-CAB・CAB 法則性

- 回転は、図形の向きが変化する。同じ角度（45度、90度など）の回転を繰り返したり、回転する角度が徐々に増減したりする
- 移動は、図形が移動する。四隅を順に移動したり、左右を交互に移動したりする
- 図形がたくさんある側から見ると法則性を見つけやすい

例題

上側の図形群の論理的な並び方を満たす図形を、A〜Eの中から1つ選びなさい。

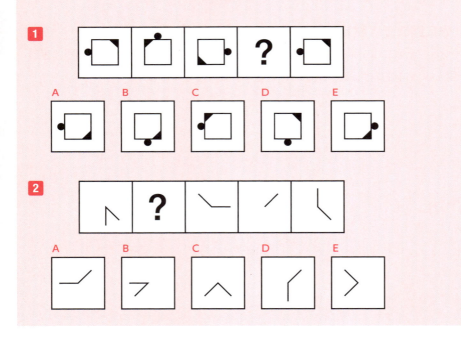

1 図形がたくさんある側から見ると法則性を見つけやすい。左から右に考える。

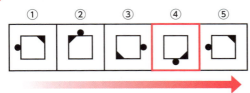

法則性1　円は、時計回りに四角形の四辺の中央を移動

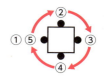

法則性2　三角形は、反時計回りに90度ずつ回転しながら、四角形の四隅を反時計回りに移動

法則性1に当てはまるのは**B**と**D**。そのうち、法則性2にも当てはまるのは**B**。

2　右から左に考える。線が2本あって、どちらがどの動きをしているのか区別しにくいが、②で重なっていることに注目。ここと、①や③との違いを考えると、法則性を見つけやすい。

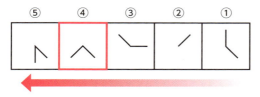

法則性1　アは、時計回りに45度ずつ回転

法則性2　イは、反時計回りに90度ずつ回転

法則性1だけで**C**と決まる。

| 正解 | **1** B | **2** C |

練習問題① 回転・移動

上側の図形群の論理的な並び方を満たす図形を、**A〜E**の中から1つ選びなさい。

1

2

1

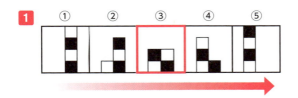

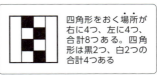

四角形をおく場所が右に4つ、左に4つ、合計8つある。四角形は黒2つ、白2つの合計4つある

法則性　四角形は、上から順に1つずつ、右から左へと移動

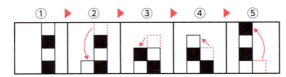

選択肢は、黒白の違いにも気をつけて選ぶ。当てはまるのは **B**。

2 ① ② ③ ④ ⑤

法則性1　矢印の位置は、反時計回りに四角形の四辺の中央を移動

法則性2　矢印の向きは、時計回りに90度ずつ回転

法則性3　矢印の指している場所に円がくる

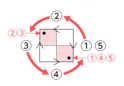

法則性1に当てはまるのは **C** と **E**。そのうち、法則性2にも当てはまるのは **E**。

| 正解 | **1** B | **2** E |

練習問題② 回転・移動

上側の図形群の論理的な並び方を満たす図形を、A〜Eの中から1つ選びなさい。

1

2

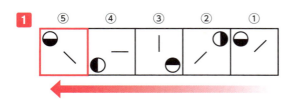

法則性1　円の位置は、時計回りに四隅を移動

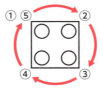

法則性2 円の向きは、反時計回りに90度ずつ回転

法則性3 直線は、最初は時計回りに180度回転。次からは、回転する角度が45度ずつ減っていく

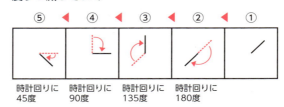

法則性3が難しいが、これがわからないと解くことができない。法則性1に当てはまるのは**B**と**D**。そのうち、法則性3にも当てはまるのは**D**。

2

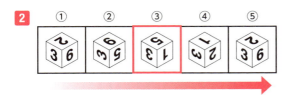

法則性 サイコロは、3が描かれている面を前面に向けたまま、反時計回りに90度ずつ回転

※前面は、反時計回りに90度ずつ回転。右面が、次に上面になる

前面の3は③では下向きになる。当てはまるのは**A**、**C**、**D**。3つの選択肢とも違うのは、右面の1の向き。④の上面の1の向きから、③の右面の1は下向きなので**D**。

練習問題③ 回転・移動

上側の図形群の論理的な並び方を満たす図形を、**A〜E**の中から1つ選びなさい。

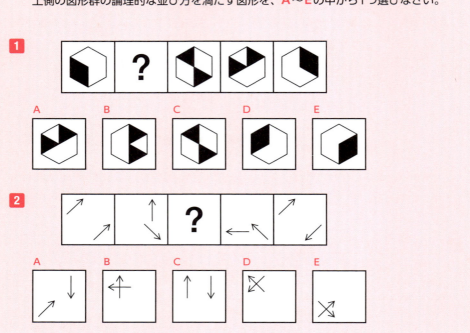

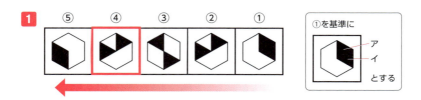

法則性1　アは、反時計回りに120度ずつ回転

法則性2 イは、反時計回りに60度ずつ回転

法則性1に当てはまるのは**A**と**B**。そのうち、法則性2にも当てはまるのは**A**。

2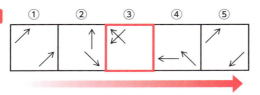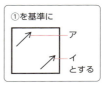

法則性1 アの位置は、左上と右下を交互に移動

法則性2 アの向きは、時計回りに90度ずつ回転

法則性3 イの位置は、四隅を反時計回りに移動

法則性4 イの向きは、反時計回りに45度ずつ回転

法則性1と2、または法則性3と4で、**D**と決まる。

※どちらか片方の矢印の位置と向きがわかれば、正解が決まる。

| 正解 | **1** A | **2** D |

Web-CAB・CAB 法則性

塗り

- 塗りは、図形を塗る色が変化する。黒白交互や、黒と白と灰色の繰り返しなど
- 1つおきに塗りが変化することもある

例題

上側の図形群の論理的な並び方を満たす図形を、A〜Eの中から1つ選びなさい。

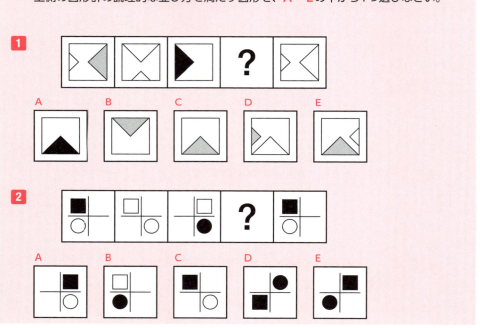

前の分野(「回転・移動」)で登場した法則性に加えて、塗りの法則性がある問題。

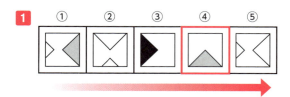

| 法則性1 | 四角形の辺に接している大小の三角形のうち、大きい三角形は、反時計回りに90度ずつ回転 |

| 法則性2 | 大きい三角形の塗りは、「灰色→白→黒」を繰り返す |

| 法則性3 | 小さい三角形は、右図の位置を交互に移動。辺の向きに合わせて回転もする |

※重なり順は大きい三角形が前、小さい三角形が後ろ

法則性1、2に当てはまるのは**C**と**E**。そのうち、法則性3にも当てはまるのは**C**。

2

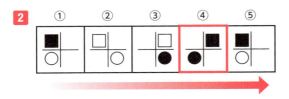

| 法則性1 | 四角形は、「黒白交互→左右移動」を繰り返す |

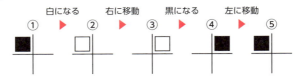

| 法則性2 | 円は、「左右移動→黒白交互」を繰り返す |

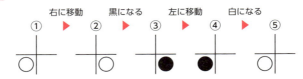

法則性1に当てはまるのは**A**と**E**。そのうち、法則性2にも当てはまるのは**E**。

第2部／Web-CAB・CAB／法則性／塗り　31

練習問題① 塗り

上側の図形群の論理的な並び方を満たす図形を、**A〜E**の中から1つ選びなさい。

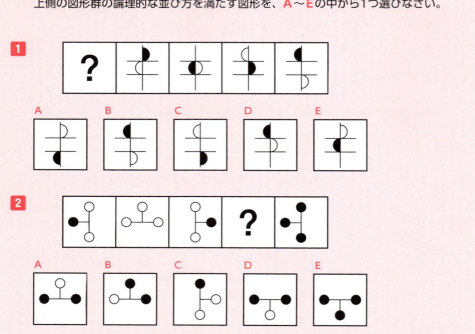

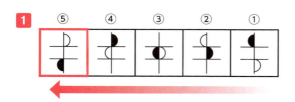

法則性1 左側の半円は、「白になる→下がって黒になる」を繰り返す

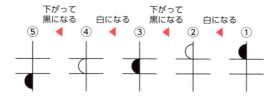

法則性2　右側の半円は、「上がって黒になる→白になる」を繰り返す

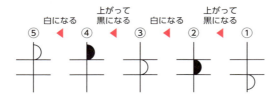

法則性1だけで**A**と決まる。

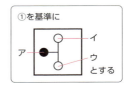

法則性1　図形全体は、時計回りに90度ずつ回転

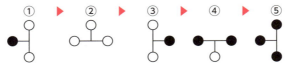

法則性2　黒い円の数は、1つずつ減り、0になったら1つずつ増える。黒い円が1つのときはアが黒に、2つのときはイとウが黒になる

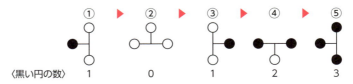

法則性1に当てはまるのは**D**と**E**。そのうち、法則性2にも当てはまるのは**D**。

練習問題② 塗り

上側の図形群の論理的な並び方を満たす図形を、**A〜E**の中から1つ選びなさい。

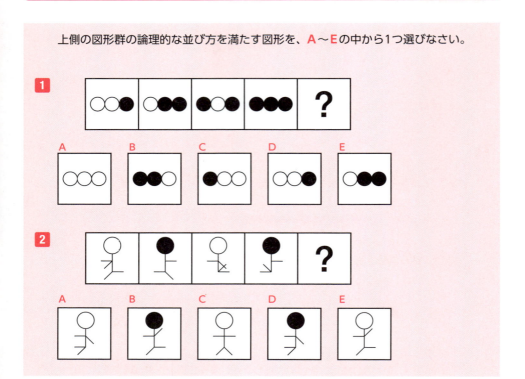

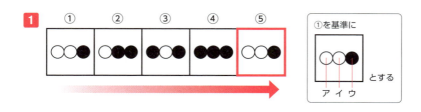

法則性1	アの塗りは、「白→白→黒→黒」を繰り返す
法則性2	イの塗りは、「白→黒」を繰り返す
法則性3	ウの塗りは、黒のまま変化しない

法則性3に当てはまるのは、**D**と**E**。そのうち、法則性2にも当てはまるのは**D**。

2

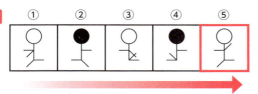

法則性1	アの塗りは、「白→黒」を繰り返す	

法則性2	イは、右図の位置を交互に移動	

法則性3	ウは、反時計回りに45度ずつ回転	

法則性4	エは、右図の位置を交互に移動	

法則性5	オは、反時計回りに90度ずつ回転	

法則性1に当てはまるのは **A**、**C**、**E**。そのうち、法則性3にも当てはまるのは **E**。

正解　**1** D　**2** E

練習問題③ 塗り

上側の図形群の論理的な並び方を満たす図形を、**A〜E**の中から1つ選びなさい。

1

2

1

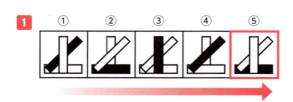

法則性1　四角形は、右図の順に、1つだけが黒になる

法則性2 四角形の重なり順は、下図のように交互に変化

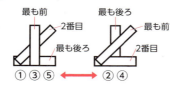

法則性1に当てはまるのは、**A**、**B**、**D**、**E**。そのうち、法則性2にも当てはまるのは**B**。

2

法則性1 図形全体（3つの六角形）の位置は、反時計回りに四辺を移動

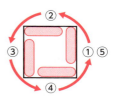

法則性2 図形全体の向きは、反時計回りに90度ずつ回転

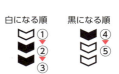

法則性3 六角形は、1つずつ白になる。すべて白になったら、1つずつ黒になる

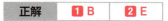

法則性1、2に当てはまるのは**C**と**E**。そのうち、法則性3にも当てはまるのは**E**。

| 正解 | ❶ B | ❷ E |

3 変形・増減

Web-CAB・CAB 法則性

● 変形は、図形の形が変化する。交互に円と三角形になったり、内側の図形が次に外側の図形になったりする
● 増減は、図形や図形を構成する線が増減する。一定の数ずつ増減したり、ある数まで増えたら減ったり、図形が増えるのにつれて図形を構成する線が減ったりする

例題

上側の図形群の論理的な並び方を満たす図形を、**A〜E**の中から1つ選びなさい。

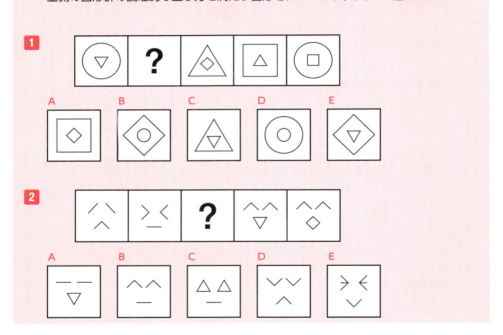

前の分野(「塗り」まで)に登場した法則性に加えて、変形・増減の法則性がある問題。

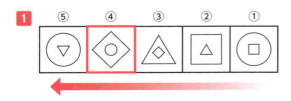

| 法則性 | 内側の図形は、次に外側の図形になる |

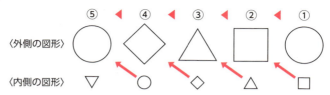

③で内側のひし形が、④では外側の図形になる。当てはまるのは**B**と**E**。そのうち、⑤で外側の円が、④で内側の図形になっているのは**B**。

2

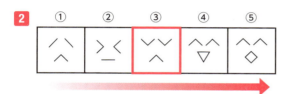

| 法則性 | 図形を構成する線の数は、1本ずつ増える |

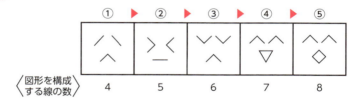

図形を構成する線が6本なのは**D**。

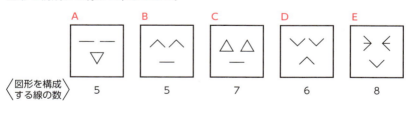

| 正解 | **1** B | **2** D |

練習問題① 変形・増減

上側の図形群の論理的な並び方を満たす図形を、A〜Eの中から1つ選びなさい。

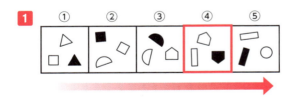

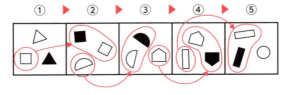

法則性 1つだけの図形は、次に黒白2つに増える

③で1つだけの五角形が、④では黒白2つに増える。当てはまるのは A と C。そのうち、⑤で黒白2つの長方形が、④で1つだけになるのは C。

2
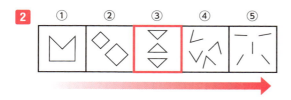

法則性1　図形の数は、1つずつ増える

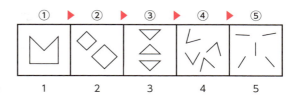

法則性2　図形を構成する線の数は、1本ずつ減る

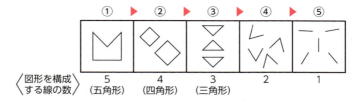

法則性2だけで A と決まる。

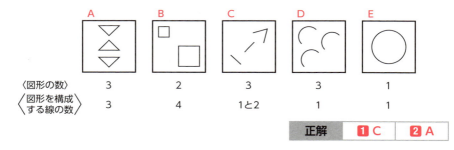

| 正解 | 1 C | 2 A |

練習問題② 変形・増減

上側の図形群の論理的な並び方を満たす図形を、**A〜E**の中から1つ選びなさい。

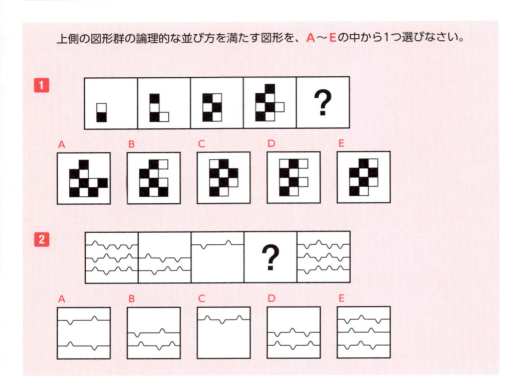

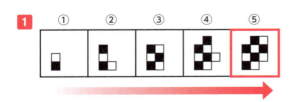

法則性1	白い四角形の上に黒い四角形がないときは、白い四角形の上に、黒い四角形が1つ増える
法則性2	黒い四角形の右に白い四角形がないときは、黒い四角形の右に、白い四角形が1つ増える

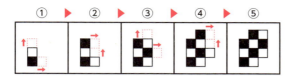

法則性1に当てはまるのは**C**と**E**。そのうち、法則性2にも当てはまるのは**E**。

2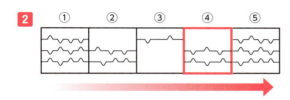

法則性1	線の数は、1本ずつ減り、1本になったら1本ずつ増える
法則性2	各線のでこぼこの数は、1つずつ減り、2つになったら1つずつ増える

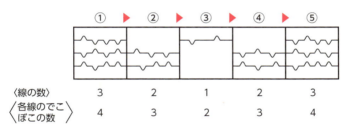

法則性1に当てはまるのは**A**、**B**、**D**。そのうち、法則性2にも当てはまるのは**D**。

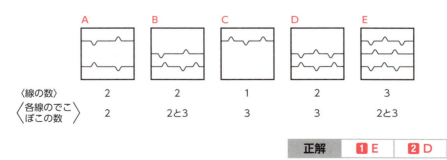

正解　**1** E　**2** D

練習問題③ 変形・増減

上側の図形群の論理的な並び方を満たす図形を、**A〜E**の中から1つ選びなさい。

1

2

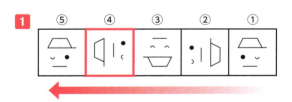

法則性1　帽子の位置は、四辺を時計回りに移動
法則性2　帽子の向きは、時計回りに90度ずつ回転し、同時に左右方向に反転

「左右方向に反転」とはこのような変化を指す

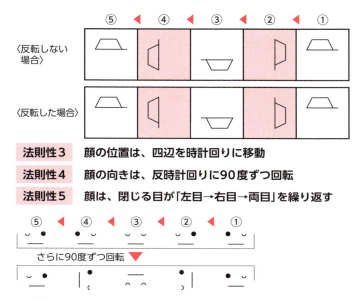

法則性3 顔の位置は、四辺を時計回りに移動
法則性4 顔の向きは、反時計回りに90度ずつ回転
法則性5 顔は、閉じる目が「左目→右目→両目」を繰り返す

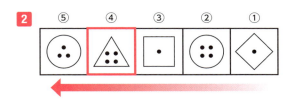

法則性3、4に当てはまるのはAとC。そのうち、法則性5にも当てはまるのはA。

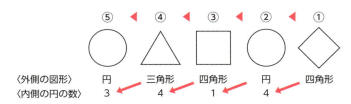

法則性 外側の図形の角数が、次の図形の内側の円の数となる

※外側が円の場合、次の内側の円の数は1となる

③で外側の四角形が、④では内側の円の数4になる。当てはまるのはCとE。そのうち、⑤で内側の円の数3が、④で外側の三角形になるのはC。

Web-CAB・CAB
法則性　模擬テスト

制限時間12分　問題数30問

※上記の制限時間と問題数はWeb-CABのもの。ペーパーのCABの実物は制限時間15分、問題数40問

上側の図形群の論理的な並び方を満たす図形を、**A〜E**の中から1つ選びなさい。

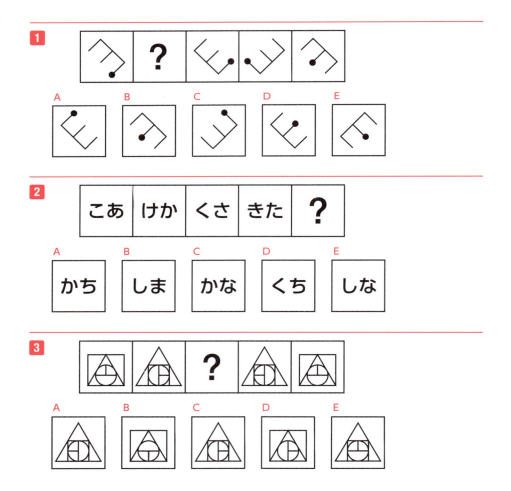

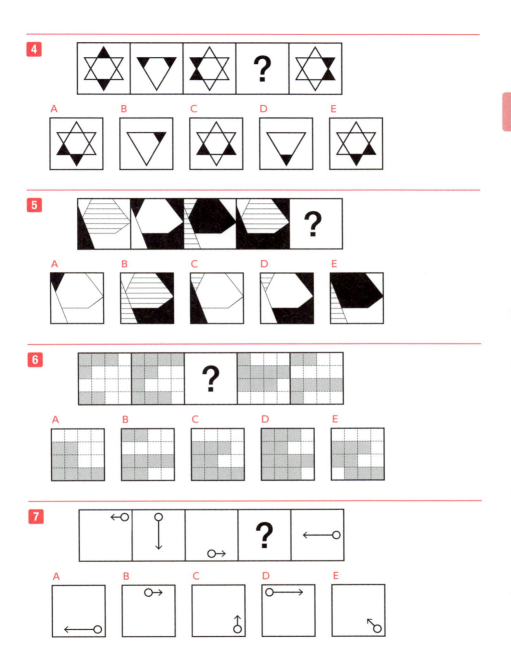

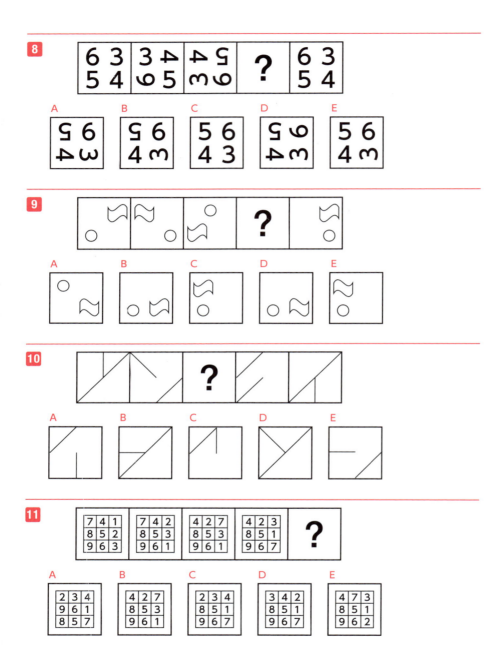

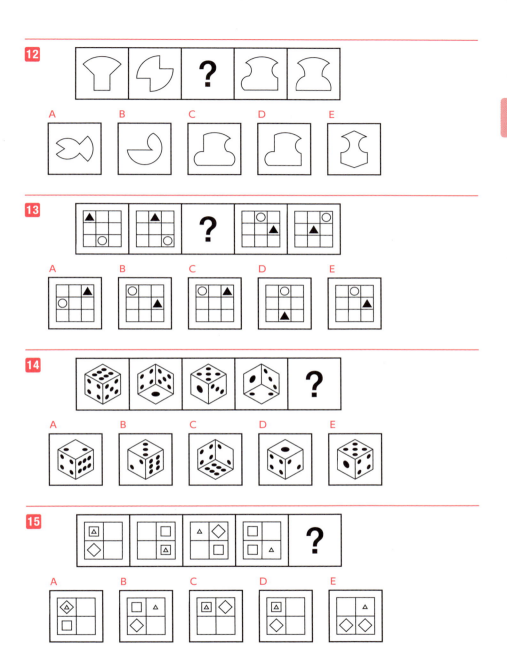

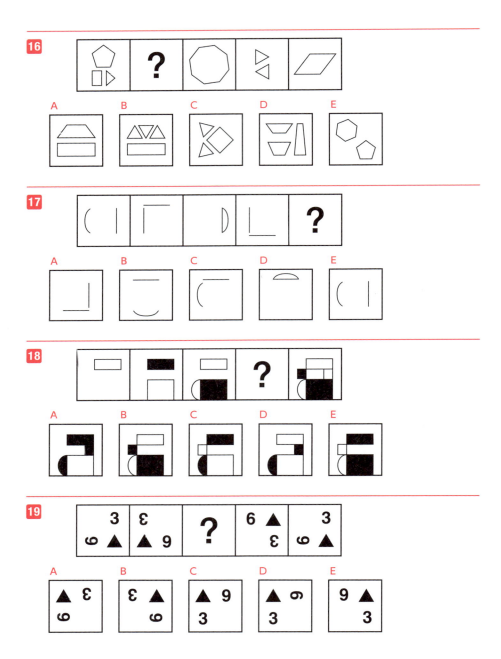

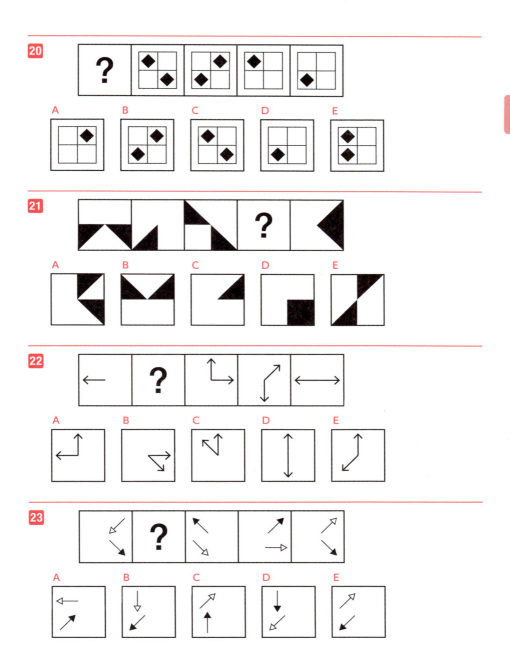

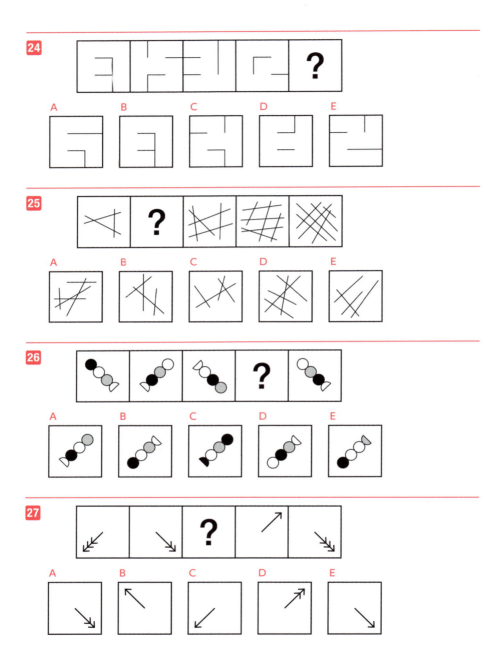

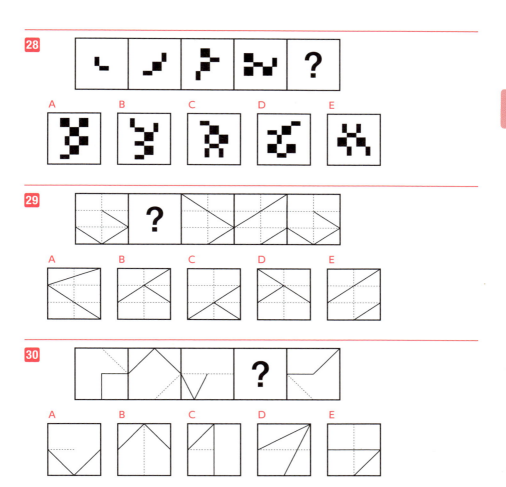

Web-CAB・CAB
法則性　模擬テスト

解説と正解

1 図形がたくさんある側から見ると法則性を見つけやすい。右から左に考える。

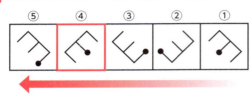

| 法則性1 | 直線で構成される図形は、時計回りに90度ずつ回転 |

| 法則性2 | 円は、3本並んだ直線の上を1つずつ移動 |

法則性1だけで**E**と決まる。

正解　**E**

2

法則性1	左の文字は、「こ→け→く→き→か」と変化
	※か行を「お段(こ)→え段(け)→う段(く)→い段(き)→あ段(か)」
法則性2	右の文字は、「あ→か→さ→た→な」と変化
	※あ段を「あ行(あ)→か行(か)→さ行(さ)→た行(た)→な行(な)」

法則性1に当てはまるのは **A** と **C**。そのうち、法則性2にも当てはまるのは **C**。

正解　C

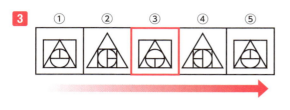

法則性1　円は、時計回りに90度ずつ回転

法則性2　四角形と三角形は、「四角形が外→三角形が外」を繰り返す

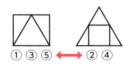

法則性1だけで **B** と決まる。

正解　B

4

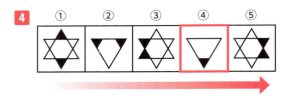

| 法則性1 | 頂点が上を向いた三角形は、反時計回りに60度ずつ回転 |

| 法則性2 | 頂点が下を向いた三角形は、反時計回りに120度ずつ回転 |

法則性1に当てはまるのはA、D、E。そのうち、法則性2にも当てはまるのはD。

正解　D

5

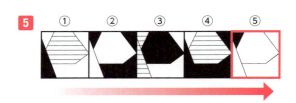 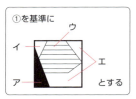

法則性1	アの塗りは、「黒→白→横じま」を繰り返す
法則性2	イの塗りは、「白→黒→横じま」を繰り返す
法則性3	ウの塗りは、「横じま→白→黒」を繰り返す
法則性4	エの塗りは、「白→黒」を繰り返す

法則性1に当てはまるのはAとD。そのうち、法則性2にも当てはまるのはA。

正解　A

6

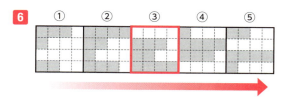

法則性 各段の灰色の数は、1つずつ増えて、4の次は0になる

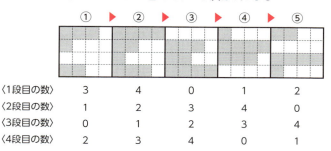

	①	②	③	④	⑤
〈1段目の数〉	3	4	0	1	2
〈2段目の数〉	1	2	3	4	0
〈3段目の数〉	0	1	2	3	4
〈4段目の数〉	2	3	4	0	1

法則性に当てはまるのは **C**。

正解　C

7

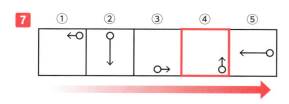

法則性 矢印の指している場所に円がくる

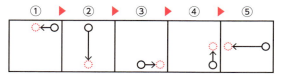

③の矢印の指している場所に円がくるのは、**A、C、E**。そのうち、⑤の円の場所を④の矢印が指しているのは **C**。

正解　C

8

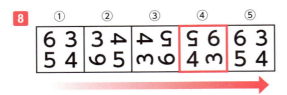

法則性1	数字の位置は、反時計回りに1つずつ移動

法則性2	3の向きは、「そのまま→反時計回りに90度回転→そのまま→時計回りに90度回転」を繰り返す

法則性3	4の向きは、「時計回りに90度回転→そのまま→反時計回りに90度回転→そのまま」を繰り返す

法則性4	5の向きは、「そのまま→180度回転」を繰り返す

法則性5	6の向きは、「反時計回りに90度回転→そのまま→時計回りに90度回転→そのまま」を繰り返す

法則性2、3に当てはまるのは**B**と**E**。そのうち、法則性4にも当てはまるのは**B**。

正解　**B**

9

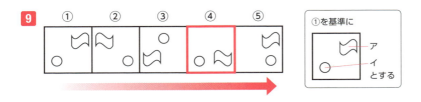

法則性1 アは、左右方向に反転しながら、反時計回りに四隅を1つずつ移動

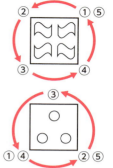

法則性2 イは、左下、右下、上中央を移動

法則性1に当てはまるのはAとD。そのうち、法則性2にも当てはまるのはD。

正解　D

10

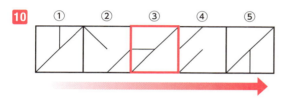

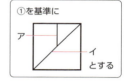

ア、イともに、線の長さは枠に合わせて伸縮する。

法則性1 アは、反時計回りに45度ずつ回転

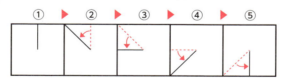

法則性2 イは、右下への移動と、左上への移動を繰り返す（中央を経由）

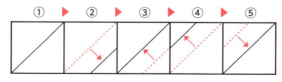

法則性1に当てはまるのはBとE。そのうち、法則性2にも当てはまるのはB。

正解　B

11

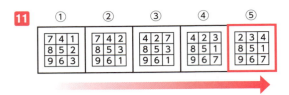

| 法則性 | 「最右列の3つの数の移動→最上段の3つの数の移動」を繰り返す |

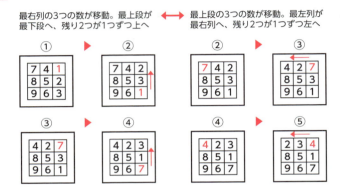

法則性に当てはまるのは**C**。

12

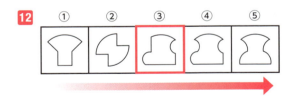

| 法則性1 | 辺は、常に6つ |
| 法則性2 | 曲線の辺は、1つずつ増える |

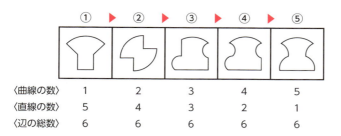

〈曲線の数〉	1	2	3	4	5
〈直線の数〉	5	4	3	2	1
〈辺の総数〉	6	6	6	6	6

法則性1に当てはまるのはCとD。そのうち、法則性2にも当てはまるのはD。

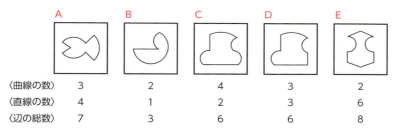

〈曲線の数〉	3	2	4	3	2
〈直線の数〉	4	1	2	3	6
〈辺の総数〉	7	3	6	6	8

正解　D

13

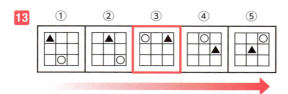

法則性1	三角形は、1つずつ右へ移動。右端の次は、中段を1つずつ左へ移動
法則性2	円は、1つずつ右へ移動。右端の次は、最上段を1つずつ右へ移動

法則性1に当てはまるのはAとC。そのうち、法則性2にも当てはまるのはC。

正解　C

14

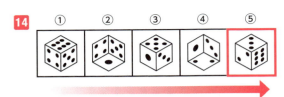

| 法則性 | サイコロは、1回おきに方向を変えて回転 |

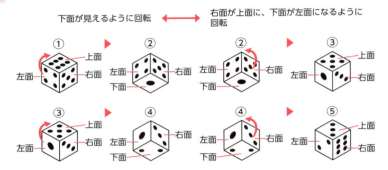

法則性に当てはまるのは**B**。

| 正解 | B |

別解 立体のまま考えるのではなく、平面の円に数字を書き出す

以下のように、円を3分割して①から④までの目の数字を書き込む。④→⑤は、②→③の変化と同じ（3分割の右上の数字が、次に上に移動。3分割の下の数字が、次に左下に移動）。⑤のうち、④の目が入るのは以下の2ヵ所。当てはまるのは**B**だけ。

※⑤の空欄部分の数字は、書き込まなくても正解が決まる。

15

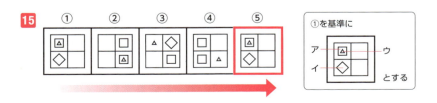

| 法則性1 | アは、時計回りに1つずつ移動 |

| 法則性2 | イは、90度回転しつつ、反時計回りに1つずつ移動 |

| 法則性3 | ウは、左上と右下を交互に移動 |

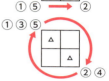

法則性1、2に当てはまるのは**B**と**D**。そのうち、法則性3にも当てはまるのは**D**。

正解　**D**

16

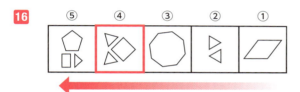

法則性　図形を構成する線は、2本ずつ増える

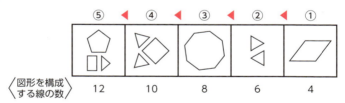

図形を構成する線が10本なのは**C**。

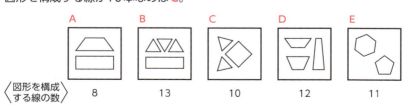

正解　**C**

17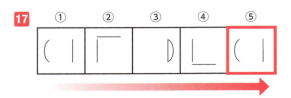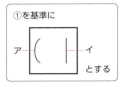

| 法則性1 | アは、曲線と直線に交互に形を変えながら、四辺を時計回りに1つずつ移動。向きは辺に合わせて回転 |

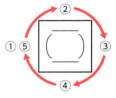

| 法則性2 | イは、右と左を交互に移動 |

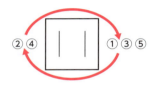

法則性1に当てはまるのはCとE。そのうち、法則性2にも当てはまるのはE。

正解　**E**

18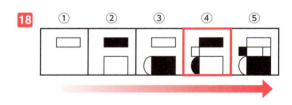

| 法則性1 | 1つ進むごとに、新しい白の図形が増える |

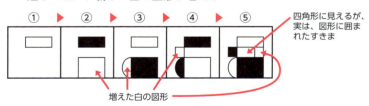

四角形に見えるが、実は、図形に囲まれたすきま

増えた白の図形

法則性2　増えた図形以外は、黒白を交互に繰り返す

法則性1に当てはまるのは**C**と**E**。そのうち、法則性2にも当てはまるのは**C**。

正解　**C**

19

法則性1　三角形は、四隅を時計回りに1つずつ移動

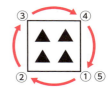

法則性2　6は、反時計回りに90度回転しながら、四隅を反時計回りに1つずつ移動

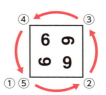

法則性3　3は、180度回転しながら、四隅を反時計回りに1つずつ移動

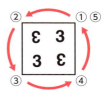

法則性2だけで**D**と決まる。

正解　**D**

20

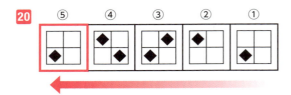

①②ではひし形は1つに見えるが、同じ形のひし形が2つ重なっている。

法則性1 1つ目のひし形は、時計回りに1つずつ移動

法則性2 2つ目のひし形は、下と上を交互に移動

法則性1に当てはまるのはB、D、E。そのうち、法則性2にも当てはまるのはD。

正解 **D**

21

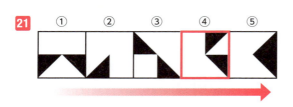

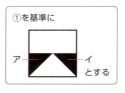

法則性1 アは、右図の8つのエリアを、反時計回りに1つずつ移動。向きはエリアに合わせて回転

法則性2 イは、右図の8つのエリアを、時計回りに1つ抜かしで移動。向きはエリアに合わせて回転

法則性1に当てはまるのはAとD。そのうち、法則性2にも当てはまるのはA。

正解 **A**

66

22

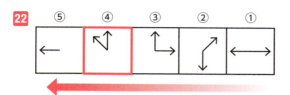
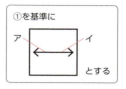

法則性1 アは、反時計回りに90度ずつ回転

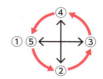

法則性2 イは、反時計回りに45度ずつ回転

法則性2だけで**C**と決まる。

正解　C

23

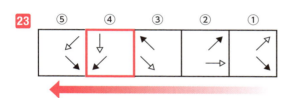

法則性1 黒い矢印は、反時計回りに90度ずつ回転しながら、四隅を反時計回りに1つずつ移動

法則性2 白い矢印は、時計回りに45度ずつ回転しながら、四隅を時計回りに1つずつ移動

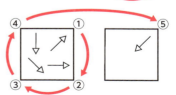

法則性2だけで**B**と決まる。

正解　B

第2部／Web-CAB・CAB／法則性／模擬テスト／解説と正解　67

24

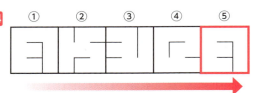

| 法則性1 | アは、アの左端を中心として反時計回りに90度ずつ回転 |

| 法則性2 | イは、イの左端を中心として時計回りに90度ずつ回転 |

| 法則性3 | ウは、ウの上端を中心として反時計回りに90度ずつ回転 |

| 法則性4 | エは、エの上端を中心として時計回りに90度ずつ回転 |

法則性3だけで**B**と決まる。

正解　**B**

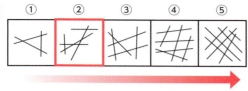

法則性　線で囲まれている図形の数は、1つずつ増える

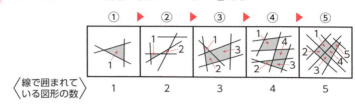

線で囲まれている図形の数が2なのはA。

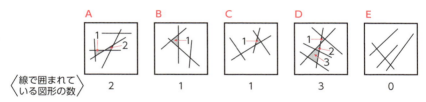

正解　A

26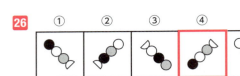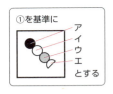

法則性1	図形全体は、時計回りに90度ずつ回転
法則性2	アの塗りは、「黒→白→灰色」を繰り返す
法則性3	イの塗りは、「白→灰色→黒」を繰り返す
法則性4	ウの塗りは、「灰色→黒→白」を繰り返す
法則性5	エの塗りは、白のまま

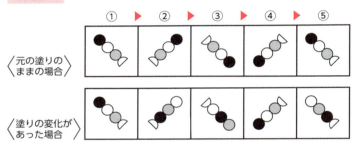

法則性1、2に当てはまるのは **B** と **E**。そのうち、法則性5にも当てはまるのは **B**。

正解　**B**

27 この問題は左から右に考える必要がある。反対向きだと法則性が成り立たない。

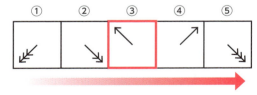

| 法則性 | 矢尻1つにつき、時計回りに90度回転。矢尻が1つなら90度、2つなら180度、3つなら270度回転 |

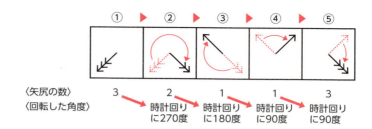

②の矢尻は2つなので、180度回転したものが③となる。当てはまるのは**B**。

正解　B

28

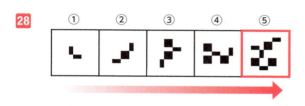

法則性　長方形は、2つずつ増える

※正方形は、長方形2つと数える

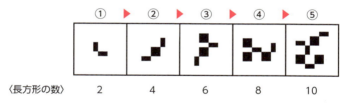

〈長方形の数〉　2　4　6　8　10

長方形が10なのは**D**。

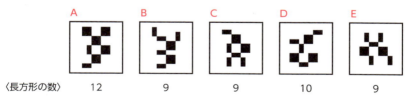

〈長方形の数〉　12　9　9　10　9

正解　D

29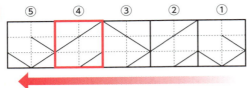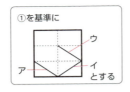

| 法則性1 | アは、上下方向に反転しながらマス目を上下に往復する | |

| 法則性2 | イは、動かない | |

| 法則性3 | ウは、点Aを支点に上下運動を繰り返す | 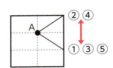 |

法則性2だけで**E**と決まる

正解　**E**

別解 法則性2、3は、以下のようにも考えられる（法則性1は上記と同じ）

法則性2　イは、右下のマス目←→右上のマス目への移動を繰り返す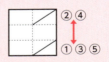

法則性3　ウは、点Bを支点に上下運動を繰り返す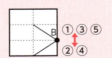

法則性3だけで**E**と決まる。

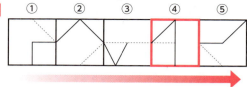

法則性　実線の端どうしをつないだ線が、次の破線になる

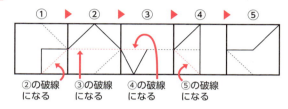

③の実線の端どうしをつないだ線が、④の破線になっているのは**A**と**C**。そのうち、⑤の破線が、④の実線の端どうしをつないだ線になっているのは**C**。

正解　**C**

Web-CAB・CAB
命令表の概要

●　命令を理解して、図形を変化させる

命令表は、複雑な命令を理解して、適切に実行できるかを調べるテストです。

　問題は「縦に並べられた箱の中の図形」と「円またはひし形の命令記号」で構成され、上の箱から順に命令を実行して解きます。そして、すべての命令を実行した結果得られる図形群を、5つの選択肢から1つ選びます。

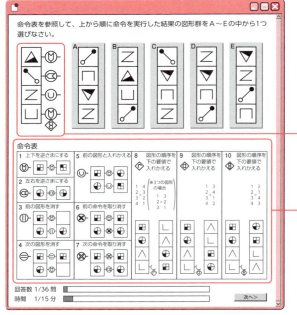

箱の横にある円の命令記号を上から順に実行する。末尾に、ひし形の命令記号があるときは、それも実行する

命令記号の一覧には、10種類の命令の内容と、実行例が表示される。Web-CABは、命令記号の一覧が問題の下に表示される。ペーパーのCABは、問題冊子に綴じ込まれている命令記号の一覧を切り離して使用する

●　逆さま・図形を消す・取り消し・入れかえ命令がある

　出題される命令は、以下の10種類です。

逆さま命令　　　：**「上下を逆さまにする」「左右を逆さまにする」**の2種類

図形を消す命令：**「前の図形を消す」「次の図形を消す」**の2種類

取り消し命令　　：**「前の命令を取り消す」「次の命令を取り消す」**の2種類

入れかえ命令:「前の図形と入れかえる」「図形の順序を4・3・2・1の順にする」「図形の順序を3・4・1・2の順にする」「図形の順序を2・1・4・3の順にする」の4種類

● 問題形式の理解に時間がかかる。事前学習が有効

　1問あたりに使える時間が短く、また、初めて見たときには問題形式を理解するのに時間がかかります。事前に学習したかどうかで差がつきます。制限時間内に全問を解くには、Web-CABは1問25秒、ペーパーのCABは1問24秒で解く必要があります。

科目名	方式	問題数	制限時間
命令表	Web	36問	15分
	ペーパー	50問	20分

● Web-CABは、1つの命令記号に複数の図柄がある

　Web-CABでは、1つの命令記号に複数の図柄があります（例えば、「前の図形を消す」を表す記号に⑪、⊕、④があるなど）。**1回のテストでは、同じ命令記号には1つの図柄だけが使われるので、途中で図柄が変わることは通常ありません**。テストを受けるたびに、命令記号の図柄が変わる可能性があることを覚えておきましょう。

● ペーパーのCABは、命令記号の一覧が1種類

　ペーパーのCABでは、同じ命令記号の図柄は1種類だけです。Web-CABと違い、テストを受けるたびに、命令記号の図柄が変わることはありません。

● 学習後には時間を計って模擬テストに挑戦を

　命令表の問題は、時間を気にせずにゆっくりと解くのであれば、それほど難しくはありません。しかし、1問を24～25秒で解くのは大変です。学習後に、時間を計って模擬テストに挑戦して、時間配分の感覚をつかみましょう。**Web-CABとペーパーのCABとでは、命令記号の一覧が異なるので、模擬テストは別々に用意**しました。Web-CABでは、複数ある命令記号の図柄に慣れるため、模擬テストの見開きページごとに違う命令記号にしてあります。ペーパーのCABは、巻末の命令表を使って解いてください。

第2部／Web-CAB・CAB／命令表／命令表の概要　75

Web-CAB・CAB
命令表の攻略法

■● 間違い防止のために、メモをとろう

　命令実行を頭の中だけでやると、うっかりミスが起きがちです。**Web-CABでは、メモ用紙が使えます。命令の実行過程を、うまく略記しながらメモをとりましょう。ペーパーのCABでは、問題冊子に直接書き込むことができます。**

■● 命令の種類を事前に頭に入れておく

　10種類の命令の内容は、Web-CABも、ペーパーのCABも同じです。命令の内容を事前に頭に入れておくこと、命令の種類に応じた効率的な解き方を覚えておくことが高得点を取る秘訣です。命令の種類に応じた解き方は、以下で説明します。

■● 「取り消し命令」は、最初に実行する

　「前の命令を取り消す」と**「次の命令を取り消す」**は、**最初に実行**しましょう。取り消される命令を、無駄に実行せずにすみます。**取り消された命令と、取り消し命令の両方に、打ち消し線をつけておく**とわかりやすいでしょう。

■● 「逆さま命令」は、選択肢を決めるのに必要な分だけ実行

　「上下を逆さまにする」と**「左右を逆さまにする」**は、**実行後の図形を考えたり、書き込んだりするのに時間がかかります。保留にして、先に他の命令を実行します。その後で、選択肢を絞り込みながら、必要な分だけ逆さま命令を実行**しましょう。

　易しい問題では、逆さま命令のない図形だけで、選択肢が決まることもあります。

■● 「図形を消す命令」は、対象の箱に打ち消し線をつける

　「前の図形を消す」と**「次の図形を消す」**は、**命令によって消えた図形の箱に、打ち消し線をつけておく**とわかりやすくなります。

　なお、命令で逆さまにした図形を、消すような問題も出ます。このようなときにも、

逆さま命令を後回しにする方法であれば、無駄は生じません（単に図形を消すだけですみます）。

■● 「入れかえ命令」は、順番を書き込む

「前の図形と入れかえる」は、交差する線などを書き入れ、順番の入れかえを示しておくといいでしょう。

「図形の順序を4・3・2・1の順にする」「図形の順序を3・4・1・2の順にする」「図形の順序を2・1・4・3の順にする」は、入れかえの数字を書き入れます。

■● 選択肢の絞り込みは効率重視で行う

選択肢を絞り込むための図形の確認は、上の箱から順に行う必要はありません。**逆さま命令がない図形から始める、消えた図形の位置から始める、異なる図形が多く並んでいる位置から始める**など、問題に応じて臨機応変に考えましょう。

Web-CABは「B、E」のように該当する選択肢をメモ書きしては、当てはまらなくなったものを打ち消していくとよいでしょう。ペーパーのCABでは、問題冊子の選択肢に直接○をつけたり、打ち消したりしましょう。

■● 易しいものから順に出るわけではない

命令表の問題は、易しいものから順に出るとは限りません。難しい問題に時間を使いすぎないように気をつけ、1問でも多くの問題を解きましょう。

先に進むと戻れないことが多いWeb-CABに対して、ペーパーのCABでは問題の行き来は自由です。苦手な問題は後回しにして、1問でも多くの問題を解きましょう。

第2部／Web-CAB・CAB／命令表／命令表の攻略法　77

1 逆さま・入れかえ命令

Web-CAB・CAB 命令表

- 逆さま命令は、「上下」「左右」を逆さまにする
- 入れかえ命令は、「前の図形と入れかえ」たり、「1・2・3・4」の順を「4・3・2・1」「3・4・1・2」「2・1・4・3」の順にする
- 逆さま命令は保留にして、先に入れかえ命令を実行しよう

例題

命令表を参照して、上から順に命令を実行した結果の図形群を A～E の中から1つ選びなさい。

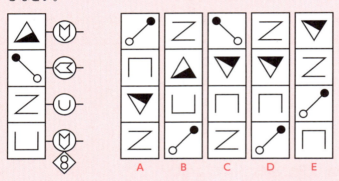

命令表

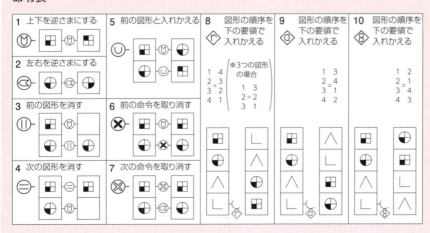

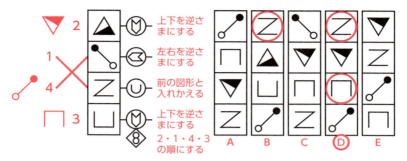

説明のため、4つの箱は上から順に、問題は「元1、元2、元3、元4」、選択肢は「新1、新2、新3、新4」と呼ぶ。時間短縮のために、逆さま命令は、必要最低限の実行にとどめる。まず、入れかえ命令だけ実行して、逆さま命令のない元3（入れかえ命令で新1となる）から選択肢を絞り込む。当てはまるのは**B**と**D**。2つの選択肢の違いは、新2（元1の上下を逆さま）、新3（元4の上下を逆さま）。どちらでもよいが、より簡単な元4の上下を逆さまにすると、正解は**D**。

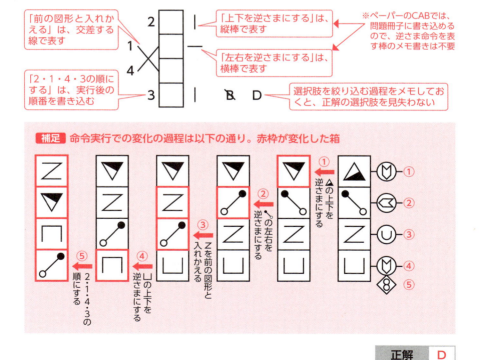

| 正解 | D |

練習問題① 逆さま・入れかえ命令

命令表を参照して、上から順に命令を実行した結果の図形群をA～Eの中から1つ選びなさい。

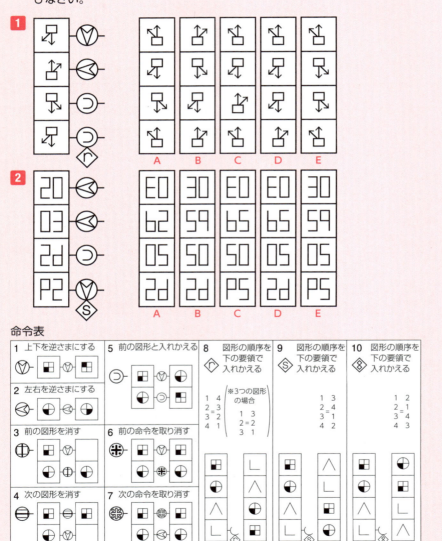

1

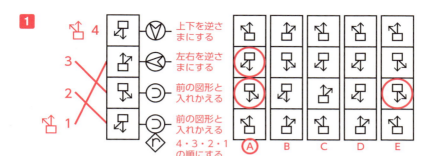

似たような図形ばかりなので、見間違えないように気をつけよう。逆さま命令がない元3、元4のどちらかから始める。元3は、入れかえ命令で新3となる。当てはまるのは**A**と**E**。2つの選択肢の違いは、新2(元4)。正解は**A**。結局、逆さま命令は、1つも実行せずに解くことができた。

2

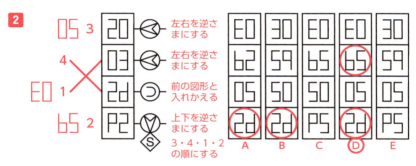

逆さま命令がないのは元3で、入れかえ命令で新4となる。当てはまるのは**A**、**B**、**D**。3つの選択肢とも違うのは、新2(元4の上下を逆さま)。正解は**D**。

> **補足** 元4の上下を逆さまが難しく感じるときは、分解して消去法で考える
> 元4は上下を逆さまなので、右図のように、上下に線対称となる図形を考える。難しく感じるようなら、元4の図形を、左の𝗣と、右の𝟤に分解して、部分的に間違っている選択肢を除外してもよい。A、B、Dの新2のうち、Bは、𝗣と関係ない図形が左にあるので間違い(上下を逆さまにしても、𝗣は左のまま)。残るAとDは、左の図形は同じで、右だけ異なる。Aは右が元4のままで、上下逆さまになっていないので間違い。残る**D**が正解。

2 図形を消す命令

- 図形を消す命令は、「前の図形」「次の図形」を消す
- 消えた図形の箱には、打ち消し線をつけておこう

例題

命令表を参照して、上から順に命令を実行した結果の図形群を**A〜E**の中から1つ選びなさい。

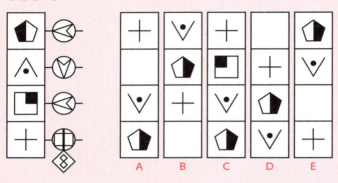

命令表

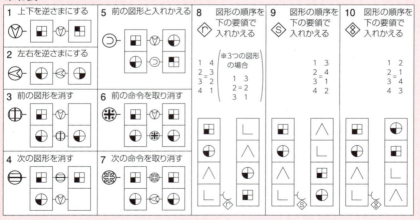

前の分野(「逆さま・入れかえ命令」)で登場した命令に加えて、「前の図形を消す」「次の図形を消す」命令がある問題。

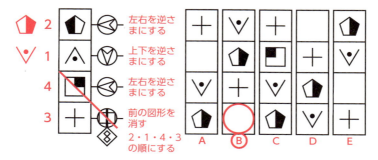

時間短縮のために、逆さま命令は、必要最低限の実行にとどめる。まず、入れかえ命令と図形を消す命令だけ実行する。消えた図形の箱には、斜め線で打ち消し線をつけると、うっかりミスを減らせる。元3の図形が消えて、新4となる。当てはまるのは**B**だけ。このように、消えた図形の位置だけで選択肢が決まることもある。

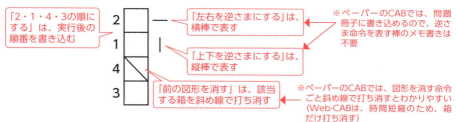

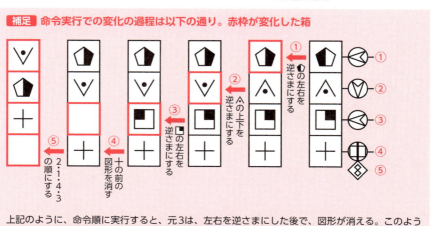

上記のように、命令順に実行すると、元3は、左右を逆さまにした後で、図形が消える。このように、図形を消す命令は、逆さま命令よりも先に実行するほうが効率がよい。

正解 B

練習問題① 図形を消す命令

命令表を参照して、上から順に命令を実行した結果の図形群をA〜Eの中から1つ選びなさい。

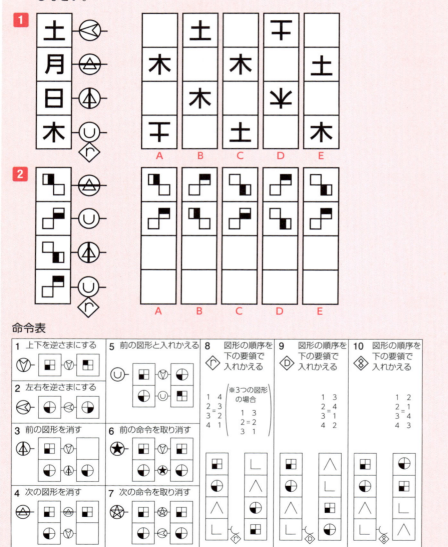

1

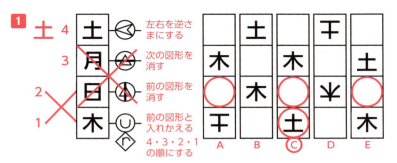

逆さま命令がないものから始める。元2は、図形が消えて新3となる。当てはまるのはA、C、E。3つの選択肢とも違うのは、新4（元1の左右を逆さま）。正解はC。

> **速解** 元1の左右逆さまから始めると、当てはまるのはCだけ
> 元1は、左右が対称の図形なので、左右を逆さまにしても同じ形。元1は、入れかえで新4となる。当てはまるのはCだけ。

2

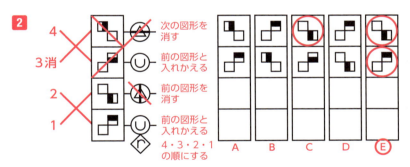

選択肢はいずれも、新3、新4が空欄。新1と新2の違いで判断する。新1は、元3なので、当てはまるのはCとE。そのうち、新2が元4なのはE。

> **補足** 元3の横にある「前の図形を消す」命令は、元1の図形を消す
> 元2の横にある「前の図形と入れかえる」命令で、元1と元2の順番が入れかわる。その後で、元3の横にある「前の図形を消す」命令を実行するので、消えるのは元1の図形。

3 取り消し命令

Web-CAB・CAB 命令表

● 取り消し命令は、「前の命令」「次の命令」を取り消す
● 取り消し命令は、最初に実行すると無駄がない。取り消された命令と、取り消し命令の両方に、打ち消し線をつけておこう

例題

命令表を参照して、上から順に命令を実行した結果の図形群を**A〜E**の中から1つ選びなさい。

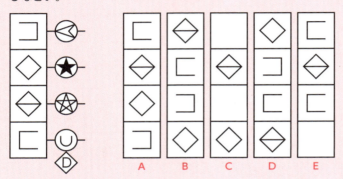

命令表

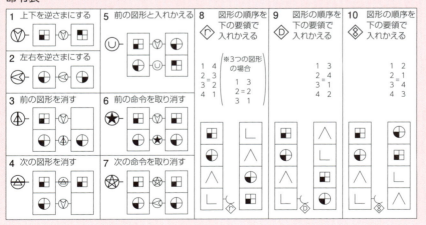

前の分野(「図形を消す命令」まで)に登場した命令に加えて、「前の命令を取り消す」「次の命令を取り消す」命令がある問題。

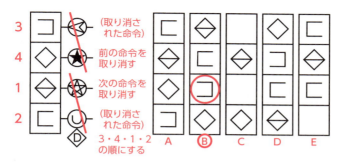

取り消し命令は、最初に実行しよう。取り消されて無効になる命令を、無駄に実行せずにすむ。取り消された命令と、取り消し命令の両方に、打ち消し線をつけておくと、わかりやすい。取り消されずに残るのは、最後の入れかえ命令だけ。

どれから始めてもよい。元1は、入れかえで新3となる。当てはまるのは**B**だけ。

解くときのメモのとり方の例

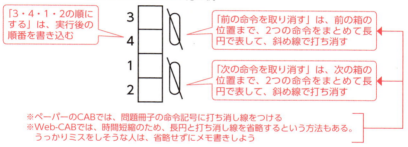

※ペーパーのCABでは、問題冊子の命令記号に打ち消し線をつける
※Web-CABでは、時間短縮のため、長円と打ち消し線を省略するという方法もある。うっかりミスをしそうな人は、省略せずにメモ書きしよう

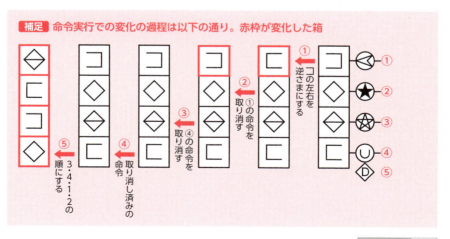

正解 B

練習問題① 取り消し命令

命令表を参照して、上から順に命令を実行した結果の図形群を**A〜E**の中から1つ選びなさい。

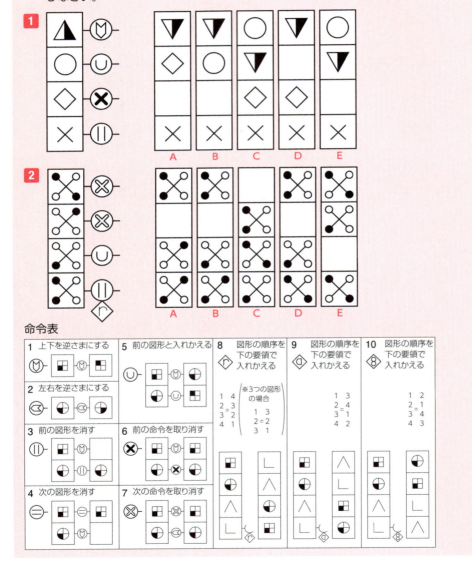

1

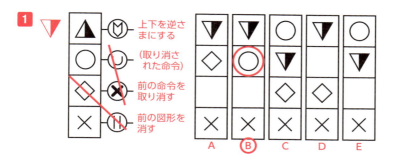

逆さま命令がないものから始める。元2は、そのまま新2となる。当てはまるのは**B**だけ。

2

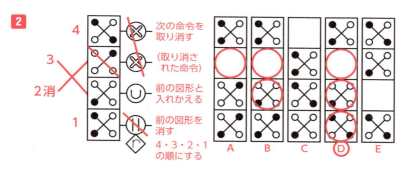

元2は入れかえ後に図形が消えて、新2となる。当てはまるのは**A**、**B**、**D**。3つの選択肢の違いは、新3、新4。どちらも、2つが同じ図形で1つが異なる図形。まず、新3（元3）を見ると、当てはまるのは**B**と**D**。そのうち、新4が元1なのは**D**。

Web-CAB
命令表　模擬テスト

制限時間5分30秒　問題数14問

※実物は制限時間15分、問題数36問

命令表を参照して、上から順に命令を実行した結果の図形群をA～Eの中から1つ選びなさい。

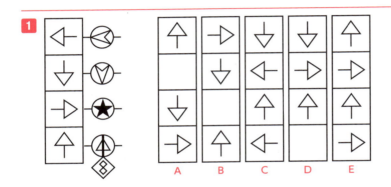

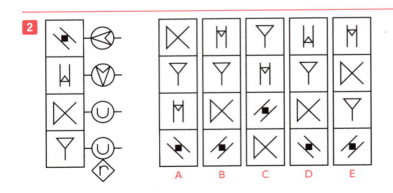

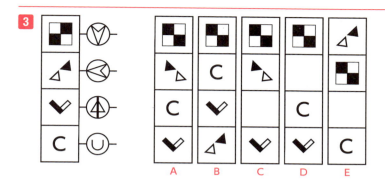

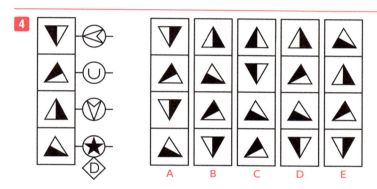

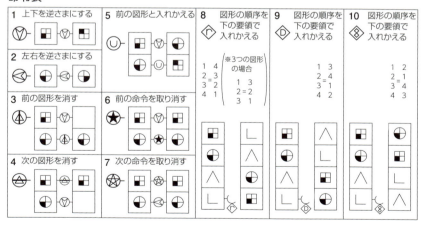

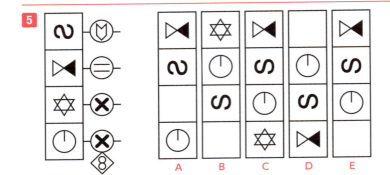
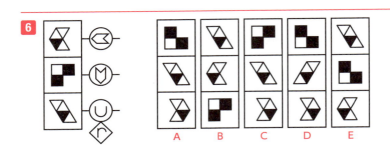
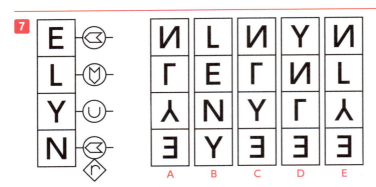

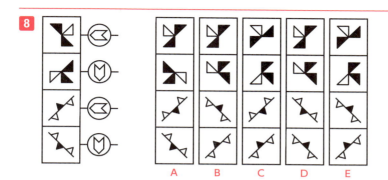

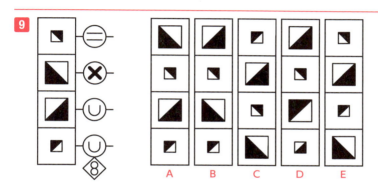

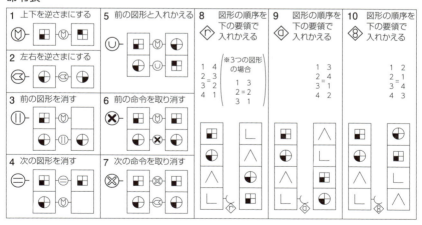

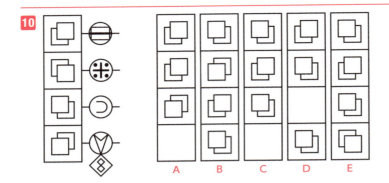
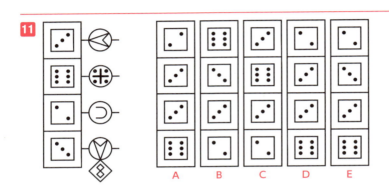
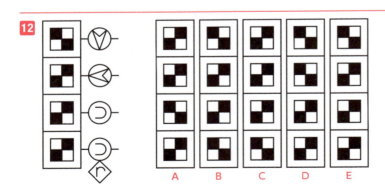

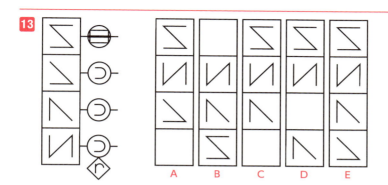

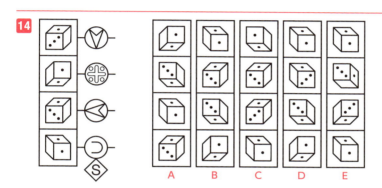

命令表

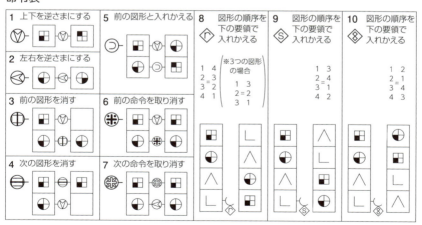

Web-CAB

命令表　模擬テスト

解説と正解

1

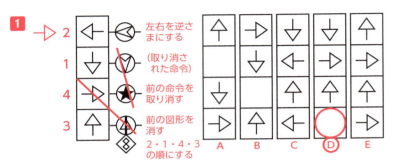

時間短縮のために、逆さま命令は、必要最低限の実行にとどめる。最初に取り消し命令を実行、その後で、図形を消す・入れかえ命令と実行。元3は、図形が消えて新4となる。当てはまるのはDだけ。逆さま命令は、実行せずに解くことができた。

正解　D

2

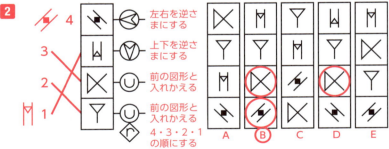

逆さま命令がないものから始める。元3は、入れかえ命令で新3となる。当てはまるのはBとD。2つの選択肢の違いは、新1、新4。新4(元1の左右を逆さま)を見ると、正解はB。

正解　B

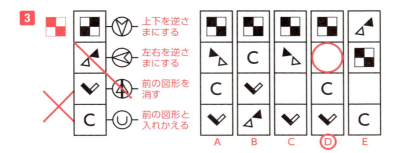

元2は、図形が消えて新2となる。当てはまるのはDだけ。

正解　D

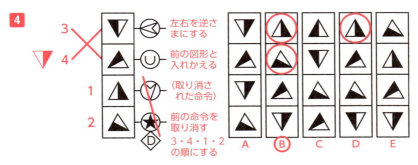

元3は、入れかえ命令で新1となる。当てはまるのはBとD。2つの選択肢は、残りの3箱がいずれも異なる。新2（元4）を見ると、正解はB。

正解　B

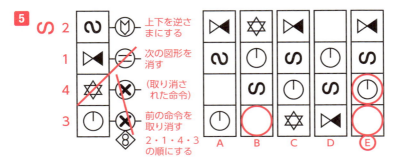

元3は、図形が消えて新4となる。当てはまるのはBとE。2つの選択肢は、残りの3箱がいずれも異なる。新3（元4）を見ると、正解はE。

正解　E

6

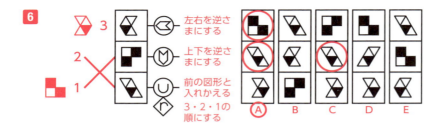

元3は、入れかえ命令で新2となる。当てはまるのはAとC。2つの選択肢の違いは、新1（元2の上下を逆さま）。正解はA。

正解　A

補足 元2の上下逆さまは、全体の形で判断程度に大ざっぱでよい

元2の上下逆さまは、AとCのどちらが正しいかわかればよい。全体の形から、Cは元の形のままなので不適切。全体の形が上下逆さまになっているAが正解。白黒の塗り分けなどの細部を考えるまでもなく決まった。うまく選択肢を使うのが時間短縮のコツ。

7

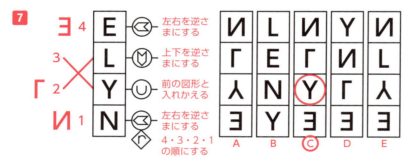

逆さま命令が3つある。逆さま命令のない元3から始める。元3は、入れかえ命令で新3となる。当てはまるのはCだけ。逆さま命令を実行せずに決まった。

正解　C

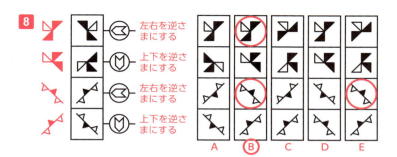

4つとも逆さま命令なので、逆さまにしやすいものから始める。元3の左右を逆さまにしたものが新3。当てはまるのはBとE。2つの選択肢の違いは、新1、新2。新1(元1の左右を逆さま)を見ると、正解はB。

| 正解 | B |

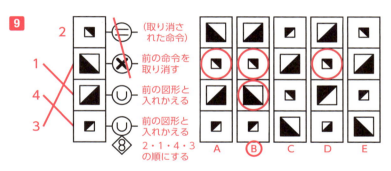

元1は、入れかえ命令で新2となる。当てはまるのはA、B、D。3つの選択肢とも違うのは、新3(元2)。正解はB。

| 正解 | B |

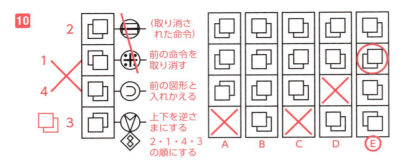

図形を消す命令はないので、空欄がある**A**、**C**、**D**は不適切。**B**か**E**に絞られる。2つの選択肢の違いは、新2、新3、新4。新2（元1）を見ると、正解は**E**。

正解 **E**

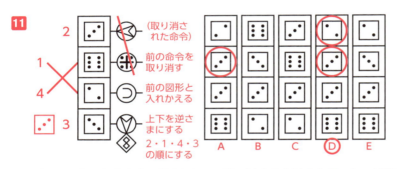

元1は、入れかえ命令で新2となる。当てはまるのは**A**と**D**。2つの選択肢の違いは、新1（元3）。正解は**D**。

正解 **D**

元3は、入れかえ命令で新3となる。当てはまるのはB、C、D、E。すぐに決まる箱はないので、少しずつ絞り込む。新2（元4）に当てはまるのはB、C、E。そのうち、新1（元2の左右を逆さま）にも当てはまるのは、BとE。最後に新4（元1の上下を逆さま）を見ると、正解はE。

正解　E

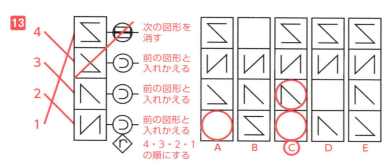

元2は図形が消えて、新4となる。当てはまるのはAとC。2つの選択肢の違いは、新3（元3）。正解はC。

正解　C

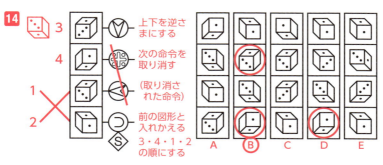

元2は、入れかえ命令で新4となる。当てはまるのはBとD。2つの選択肢の違いは、新2（元3）。正解はB。

正解　B

CAB
命令表　模擬テスト

制限時間5分30秒　問題数14問

※実物は制限時間20分、問題数50問

まず、巻末折り込みの「CAB命令表」を見やすい場所においてください。命令表には10種類の命令が記されています。命令表を参照して、上から順に命令を実行した結果の図形群をA～Eの中から1つ選びなさい。

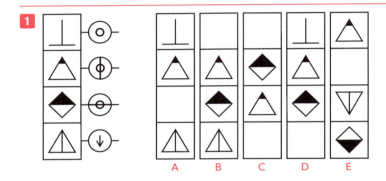

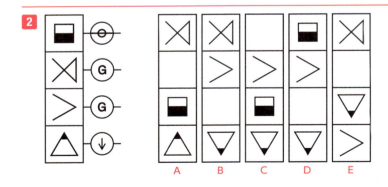

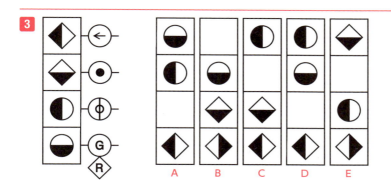
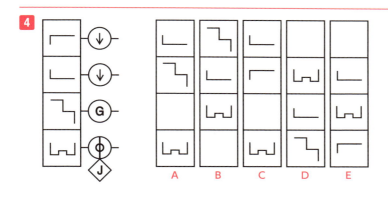
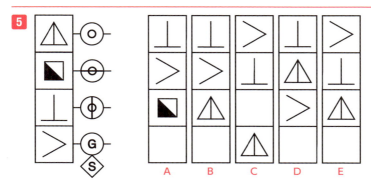

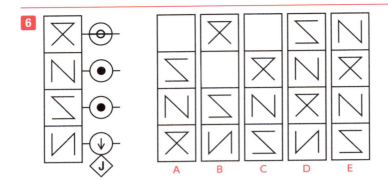
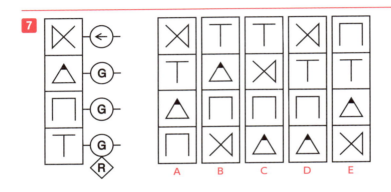
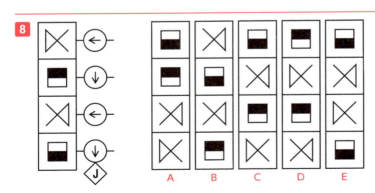

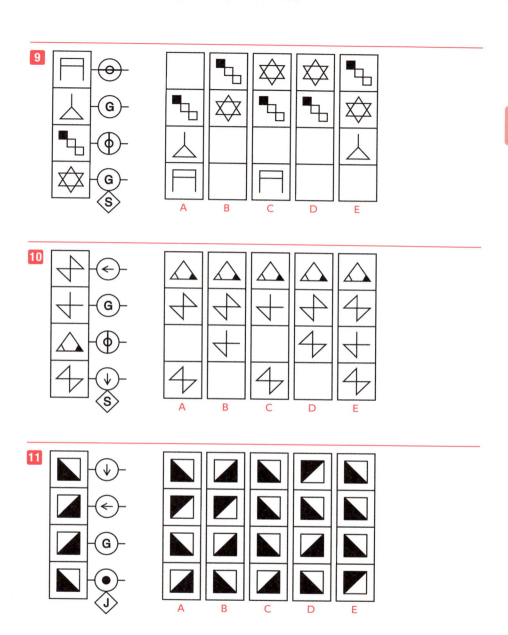

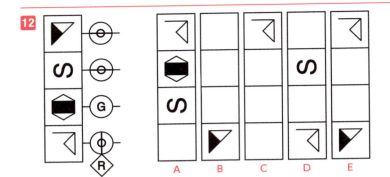
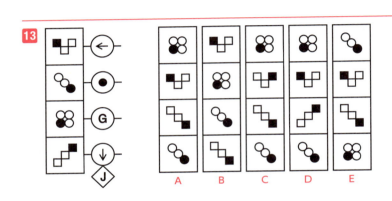
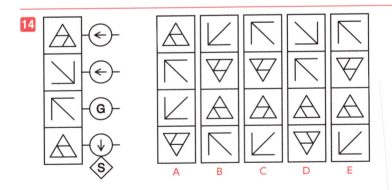

CAB
命令表　模擬テスト

解説と正解

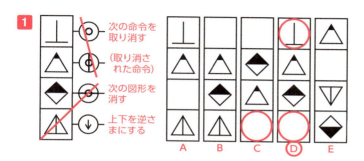

1

元4は図形が消えて、新4となる（図形が消えるので、上下を逆さまにする命令は実行不要となる）。当てはまるのはCとD。2つの選択肢は、残りの3箱がいずれも異なる。新1（元1）を見ると、正解は**D**。

正解　D

2

元2は、図形が消えて新1となる。当てはまるのは**C**だけ。

正解　C

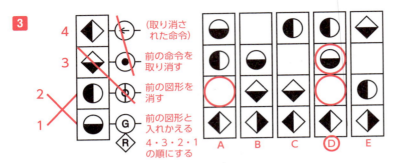

元2は、図形が消えて新3となる。当てはまるのはAとD。2つの選択肢の違いは、新1、新2。新2(元4)を見ると、正解はD。

正解　D

元2は、図形が消えて新4となる。当てはまるのはBだけ。

正解　B

元1は、入れかえ命令で新3となる。当てはまるのはBとE。2つの選択肢の違いは、新1、新2。新1(元4)を見ると、正解はE。

正解　E

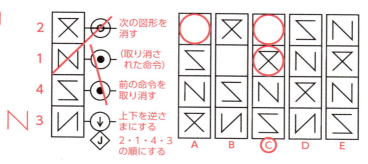

元2は、図形が消えて新1となる。当てはまるのはAとC。2つの選択肢の違いは、新2、新4。新2(元1)を見ると、正解はC。

正解 C

補足 元1の横にある「次の図形を消す」命令は、結局残る

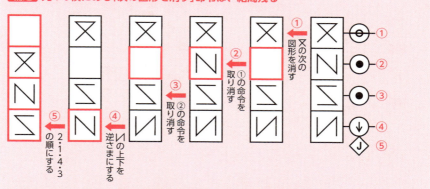

命令順に実行したときの変化の過程は上記の通り。赤枠が変化した箱。

元2と元3の横にあるのは、ともに「前の命令を取り消す」命令。元3の横の命令が、元2の横の命令を取り消すので、結局、元1の横の「次の図形を消す」命令は、そのまま残る。

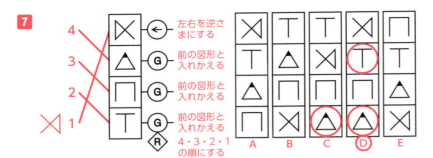

元2は、入れかえ命令で新4となる。当てはまるのはCとD。2つの選択肢の違いは、新1、新2。新2（元4）を見ると、正解はD。

正解 D

4つとも逆さま命令がある。元1を左右逆さまにしたものが新2で、当てはまるのはCとE。2つの選択肢の違いは、新3、新4。新3（元4の上下を逆さま）を見ると、正解はC。

正解 C

元1は、図形が消えて新4となる。当てはまるのは**B**、**D**、**E**。すぐに決まる箱はないので、少しずつ絞り込む。新3（元2の図形を消す）に当てはまるのは**B**、**D**。そのうち、新2が元3なのは**D**。

正解　**D**

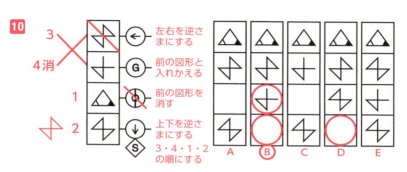

元1は、図形が消えて新4となる。当てはまるのは**B**と**D**。2つの選択肢の違いは、新3（元2）。正解は**B**。

正解　**B**

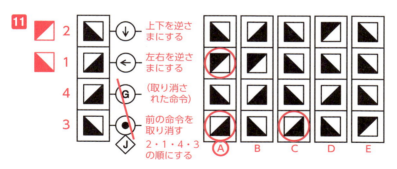

元3は、入れかえ命令で新4となる。当てはまるのは**A**と**C**。2つの選択肢の違いは、新2（元1の上下を逆さま）。正解は**A**。

正解　**A**

12

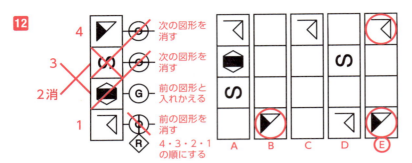

元1は、入れかえ命令で新4となる。当てはまるのはBとE。2つの選択肢の違いは、新1(元4)。正解はE。

正解　E

別解 新2、新3だけが空欄の選択肢はE
空欄になるのは、新2、新3。空欄がこの2つだけなのはE。

13

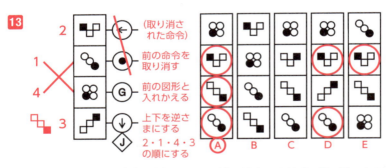

元1は、入れかえ命令で新2となる。当てはまるのはA、D、E。すぐに決まる箱はないので、少しずつ絞り込む。新4(元2)に当てはまるのは、AとD。そのうち、新3(元4の上下を逆さま)にも当てはまるのはA。

正解　A

14

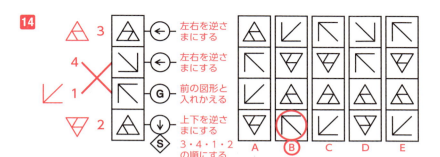

逆さま命令がない元3から始める。元3は、入れかえ命令で新4となる。当てはまるのは**B**だけ。

正解　**B**

Web-CAB・CAB
暗号の概要

●　図形を変化させる暗号の正体を解読する

暗号は、図形を変化させる暗号の正体を解読するテストです。

　暗号の図1つに対して、3問が出題されます。箱の中の図形と、図形を「黒にする」「白にする」「大きくする」「小さくする」などのように、さまざまに変化させる円形の暗号があります。元の図形と変化後の図形から、暗号の正体を解読します。そして、問題の空欄に当てはまるものを5つの選択肢から1つ選びます。

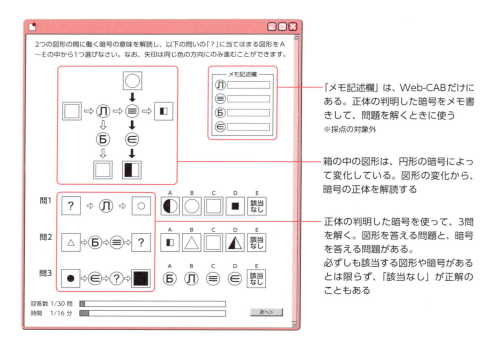

● 問題形式の理解に時間がかかる。事前学習が有効

　1問あたりに使える時間が短く、また、初めて見たときには問題形式を理解するのに時間がかかります。事前に学習したかどうかで差がつきます。制限時間内に全問を解くには、Web-CABは1問32秒、ペーパーのCABは1問約30秒で解く必要があります。

科目名	方式	問題数	制限時間
暗号	Web	30問	16分
	ペーパー	39問	20分

● 「メモ記述欄」はWeb-CABだけにある

「メモ記述欄」は、Web-CABだけにあります。ペーパーのCABと違い、Web-CABでは画面上に書き込みができないので、正体の判明した暗号をメモ書きできるように「メモ記述欄」が用意されています。

※ペーパーのCABでは、問題冊子に書き込みができます。

● Web-CAB とペーパーのCABは難易度が異なる

　暗号の問題は、比較的易しいものから、難しいものまで幅広く出題されます。**Web-CABは難しい問題が多く、ペーパーのCABは比較的易しい問題が多く出題される傾向**があります。

　より難しい問題まで解けるように、本書では、Web-CABの問題を中心に掲載します。ペーパーのCABを受検するときには、本書で対策した問題より易しいものが多いと感じるかもしれません。

● 学習後には時間を計って模擬テストに挑戦を

　学習後には、時間を計って模擬テストに挑戦して、時間配分の感覚をつかみましょう。模擬テストは、Web-CABの暗号の問題数と制限時間で掲載します。

第2部／Web-CAB・CAB／暗号／暗号の概要　115

Web-CAB・CAB
暗号の攻略法

■● 「変化」した内容を書き出す

　元の図形と、変化後の図形（最終形）を見比べて、どのような変化をしたのかを箇条書きにすると、解きやすくなります。 Web-CABでは自分で用意したメモ用紙に書き出しましょう。ペーパーのCABは問題冊子に書き込みができるので、最終形の横に書き出しましょう。

■● 「共通の変化」と「共通の暗号」を見つける

　暗号には、複数の図形が通過する「共通の暗号」と、1つの図形だけが通過する「単独の暗号」があります。

　共通の暗号を通過する図形どうしは、「共通の変化」をします。つまり、**共通の暗号を解読するには、共通の変化を探せばよい**わけです。

　通常は、**共通の暗号から解読していくほうが解きやすくなります。その経路に登場する共通の暗号を解読していき、残りが単独の暗号だけになれば、残る変化が単独の暗号の正体と判明**します。

■● 通過している暗号が少ない最終形から始める

　通常は、**通過している暗号の数が少ない最終形から始めたほうが、解きやすくなります。** 例えば、横方向に3つの暗号を通過していて、縦方向に2つの暗号を通過している場合、まずは、縦方向から変化を考えてみるとよいでしょう。

■● 図形の途中経過を描いておく

　複数の暗号を通過する過程で、図形がどのように変化していくのか、図形の途中経過を描いておくと、解きやすくなります。 例えば、3つの暗号を通過している場合は、1つ目の暗号を通過した時点の図形はこれ、2つ目の暗号を通過した時点の図形はこれと描くのです。

この方法は、変化が複雑な暗号図のときに、特に役に立ちます。まず、比較的、解きやすい暗号を1つ解読したら、その暗号を当てはめた図形を描きます。その図形を使えば、最終形までに通過する暗号の数が減るので、残る暗号が解きやすくなります。

矢印は同じ色の方向にのみ進むことができる

進行方向を示す矢印には、黒と白があり、同じ色の方向にのみ進むことができます。例えば、元の図形から黒い矢印が出ている場合、その後は黒い矢印だけを進んで、最終形に至ります。**黒い矢印を進んでいたのに、途中から、うっかり白い矢印に進んでしまったということがないように気をつけましょう。**

先に進むほど難しくなるので、はじめは短時間で解く

先に進むほど問題の難易度が上がります。**はじめのほうの比較的易しい問題は短時間で解くように心がけ、難易度が高い問題に時間を残しましょう。**

Web-CABの「メモ記述欄」は臨機応変に使い分ける

Web-CABの「メモ記述欄」は、解読に時間がかかる問題を解くときに役に立ちます。しかし、簡単な問題では「メモ記述欄」を使うことで、余計に時間がかかってしまうこともあります。**「メモ記述欄」が空欄のままでも得点が下がることはありません。臨機応変に使い分けてください。**

第2部／Web-CAB・CAB／暗号／暗号の攻略法　117

1 塗り・変形

Web-CAB・CAB 暗号

- ●塗りは、図形を塗る色が変化する。黒白反転したり、左半分を黒にしたりする。変形は、図形の形が変化する。四角形にしたり、1角増やしたりする
- ●複数の図形に「共通の変化」と「共通の暗号」を見つけて、そこから暗号を解読する
- ●通過する暗号が少ないほうが解読しやすい

例題

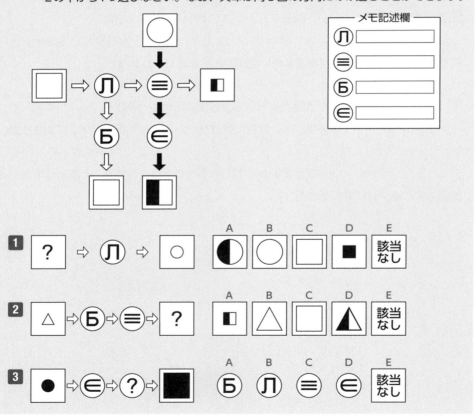

まず、暗号図を見て、暗号を解読する。説明のため、変化し終わった図形を「最終形

①」「最終形②」「最終形③」とする。1つ目の暗号を通過した後の図形は、「途中①-1」「途中②-1」「途中③-1」とする。

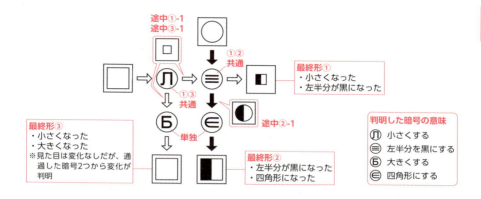

最終形①・②に共通の変化は「左半分が黒になった」で、共通の暗号は≡。ここから、≡は「左半分を黒にする」。最終形②の残る変化から、€は「四角形にする」。
最終形①・③に共通の暗号Лは、最終形①の残る変化から「小さくする」。最終形③の図形は小さくないが、Лが「小さくする」、Бが「大きくする」で、つじつまが合う。

1 判明した暗号から、元の図形を考える。反対向きなので、Лの「小さくする」は、「大きくする」となる。当てはまるのはB。

2 判明した暗号から、最終形を考える。図形の変化は右図の通り。当てはまるのはD。

3 €を通過した途中の図形と、最終形を比べて、?に当てはまる暗号を考える。右図の途中の図形と最終形の違いから、暗号は「大きくする」を意味するA。

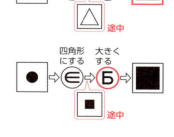

| 正解 | **1** B | **2** D | **3** A |

練習問題① 塗り・変形

2つの図形の間に働く暗号の意味を解読し、以下の問いの「？」に当てはまる図形をA〜Eの中から1つ選びなさい。なお、矢印は同じ色の方向にのみ進むことができます。

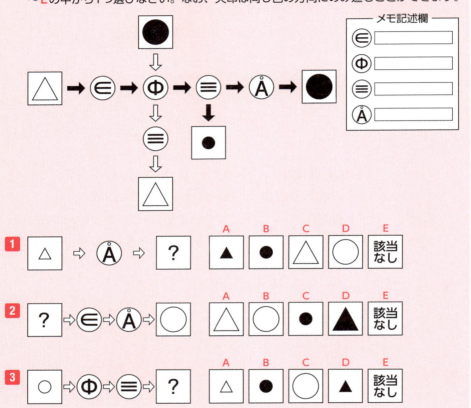

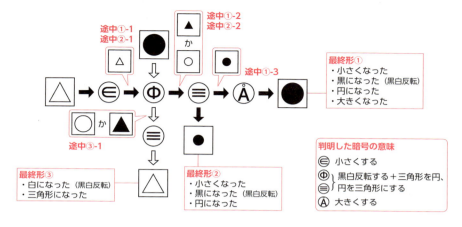

最終形②と、途中①-3が同じ図形だと気づくと解きやすくなる。途中①-3と、最終形①の違いから、Ⓐは「大きくする」。

最終形②・③が通過する暗号の違いは⊜（最終形②だけ）。ここから、最終形②だけの変化（最終形③にない変化）が⊜の正体。⊜は「小さくする」。

最終形②・③の残る変化から、Φと≡は、「黒白反転する」と「三角形を円、円を三角形にする」だが、どちらの暗号がどちらに当てはまるのかはわからない。Φと≡は、暗号図でも問題でも、一緒に登場しているので、2つ合わせて「黒白反転する＋三角形を円、円を三角形にする」とする。

1 図形の変化は右図の通り。当てはまるのは **C**。

2 暗号は「小さくする」と「大きくする」なので、暗号の通過前後で図形は同じ。当てはまるのは **B**。

3 図形の変化は右図の通り。当てはまるのは **D**。

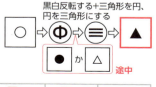

正解　**1** C　**2** B　**3** D

2 回転・移動・増減

Web-CAB・CAB 暗号

- 回転は、図形の向きが変化する。90度回転したり、上下を逆さまにしたりする
- 移動は、図形が移動する。上下左右に移動したり、左右の図形の位置が入れかわったりする
- 増減は、図形が増減する。三角形を減らしたり、同じ図形を1つ増やしたりする

例題

2つの図形の間に働く暗号の意味を解読し、以下の問いの「？」に当てはまる図形をA～Eの中から1つ選びなさい。なお、矢印は同じ色の方向にのみ進むことができます。

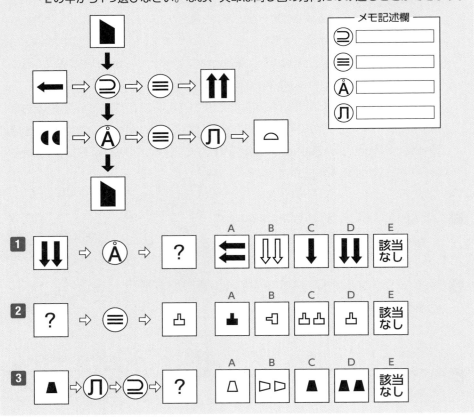

前の分野（「塗り・変形」）で登場した暗号に加えて、回転・移動・増減の暗号がある問題。

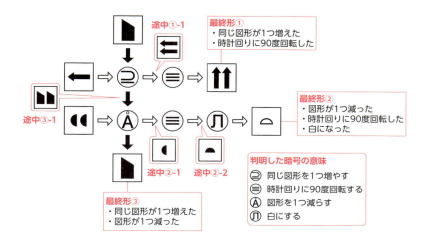

最終形③は、通過している暗号の数は少ないが、最初の図形から変化がないので、暗号を解読しづらい。⊇と🅐で、元の図形に戻ることだけ頭に入れて、最終形①・②から暗号の解読を始める。

最終形①・②に共通の変化から、≡は「時計回りに90度回転する」。最終形①の残る変化から、⊇は「同じ図形を1つ増やす」。最終形③の図形の数は元のままだが、⊇が「同じ図形を1つ増やす」、🅐が「図形を1つ減らす」で、つじつまが合う。最終形②の残る変化から、∏は「白にする」。

1 図形の変化は右図の通り。当てはまるのは **C**。

2 反対向きに考えると、暗号は「反時計回りに90度回転する」となる。当てはまるのは **B**。

3 図形の変化は右図の通り。A〜Dに当てはまるものがないので **E**。

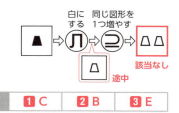

| 正解 | **1** C | **2** B | **3** E |

練習問題① 回転・移動・増減

2つの図形の間に働く暗号の意味を解読し、以下の問いの「？」に当てはまる図形をA〜Eの中から1つ選びなさい。なお、矢印は同じ色の方向にのみ進むことができます。

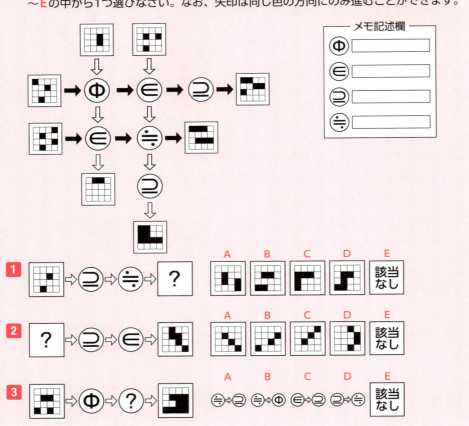

この暗号図のように変化が複雑なときは、比較的、解きやすい暗号を1つ解読したら、その暗号を通過した後の図形を描き、それをヒントに次の暗号を解読するとよい。通過している暗号が少ないほうが解きやすい。次ページの最終形②・④に共通の変化から、∈は「図全体を反時計回りに90度回転する」。

※∈は、最終形①・③への経路にも登場するが、正しさの確認は後回しにする。
最終形④が反対向きに∈を通過すると、途中④-1になる。

124

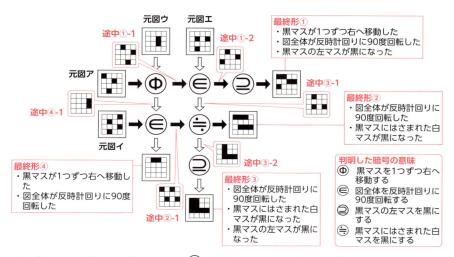

途中④-1と、元図ウの違いから、Ⓟは「黒マスを1つずつ右へ移動する」。元図イが㊀を通過した途中②-1と、最終形②の違いから、㊁は「黒マスにはさまれた白マスを黒にする」。元図エが㊀と㊁を通過した途中③-2と、最終形③の違いから、㊂は「黒マスの左マスを黒にする」。この時点で未確認の経路は、最終形①。確認すると成り立つ。

1 図形の変化は右図の通り。当てはまるのは **D**。

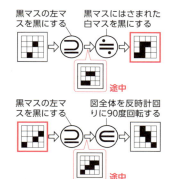

2 反対向きに考えると、暗号は「図全体を時計回りに90度回転する」「横に2つ続く黒マスのうち、左側の黒マスを白にする」となる。当てはまるのは **B**。

3 Ⓟを通過すると、右図の途中1になる。途中1と最終形の違いから、通過する暗号は右図の通り。当てはまるのは **A**。

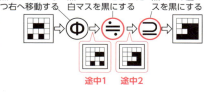

| 正解 | **1** D | **2** B | **3** A |

3 数字・文字

Web-CAB・CAB　暗号

- 数字は、数の足し算、引き算、かけ算、割り算をする。1を足したり、2倍したりする
- 文字は、ひらがなやアルファベットなどが増減したり、変化したりする。同じ文字が2つに増えたり、ひらがなの五十音の段を一段ずつ下げたりする

例題

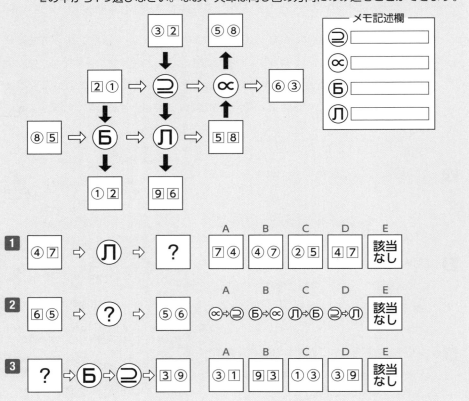

前の分野（「回転・移動・増減」まで）に登場した暗号に加えて、数字・文字の暗号がある問題。

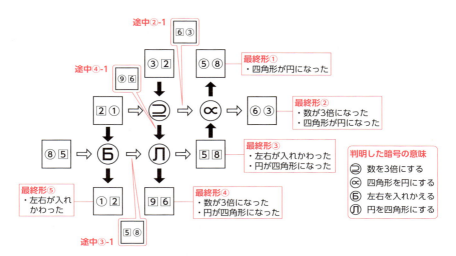

最終形①・⑤は、通過する暗号が1つだけなので解きやすい。最終形⑤の🅑から始めることにする。最終形③・⑤に共通の変化から、🅑は「左右を入れかえる」。
※最終形⑤から「左右を入れかえる」と予想を立てて、最終形③で確認するとよい。

最終形③の残る変化と、最終形④に共通の変化から、🄿は「円を四角形にする」。
最終形①・②に共通の変化から、∝は「四角形を円にする」。最終形②・④の残る変化から、⊇は「数を3倍にする」。

1 図形の変化は右図の通り。当てはまるのは **D**。

2 元の図形と最終形の違いから、当てはまる暗号は「左右を入れかえる」「四角形を円にする」。当てはまるのは **B**。

3 反対向きに考えると、暗号は「数を3で割る」「左右を入れかえる」となる。当てはまるのは **A**。

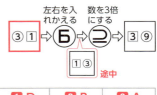

| 正解 | **1** D | **2** B | **3** A |

練習問題① 数字・文字

2つの図形の間に働く暗号の意味を解読し、以下の問いの「？」に当てはまる図形をA〜Eの中から1つ選びなさい。なお、矢印は同じ色の方向にのみ進むことができます。

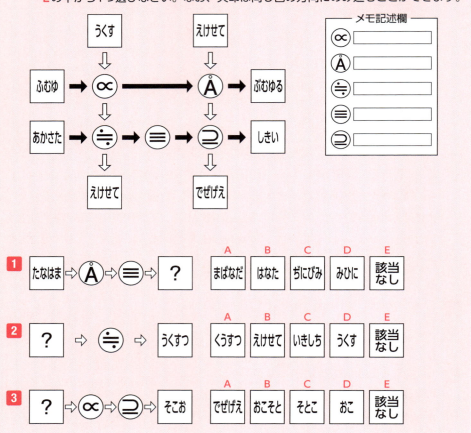

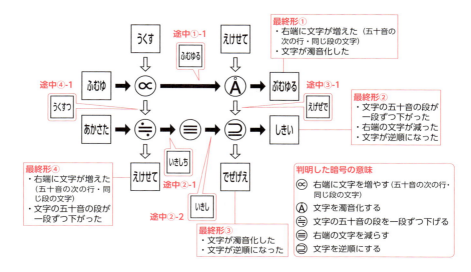

　濁音化しているのは最終形①・③だけ。ここから、共通の暗号Ⓐは「文字を濁音化する」。最終形①の残る変化と、最終形④に共通の変化から、∞は「右端に文字を増やす（五十音の次の行・同じ段の文字）」。最終形④の残る変化と、最終形②に共通の変化から、÷は「文字の五十音の段を一段ずつ下げる」。最終形③の残る変化と、最終形②に共通の変化から、⊃は「文字を逆順にする」。最終形②の残る変化から、≡は「右端の文字を減らす」。

1 図形の変化は右図の通り。A〜Dに当てはまるものがないのでE。

2 反対向きに考えると、暗号は「文字の五十音の段を一段ずつ上げる」となる。当てはまるのはC。

3 反対向きに考えると、暗号は「文字を逆順にする」「右端の文字を減らす」となる。当てはまるのはD。

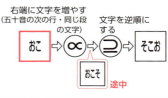

| 正解 | **1** E | **2** C | **3** D |

Web-CAB・CAB
暗号 模擬テスト

制限時間16分　問題数30問

※上記の制限時間と問題数はWeb-CABのもの。ペーパーのCABの実物は制限時間20分、問題数39問

2つの図形の間に働く暗号の意味を解読し、以下の問いの「？」に当てはまる図形を**A**〜**E**の中から1つ選びなさい。なお、矢印は同じ色の方向にのみ進むことができます。

【セット1】

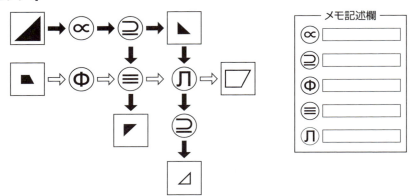

【セット2】

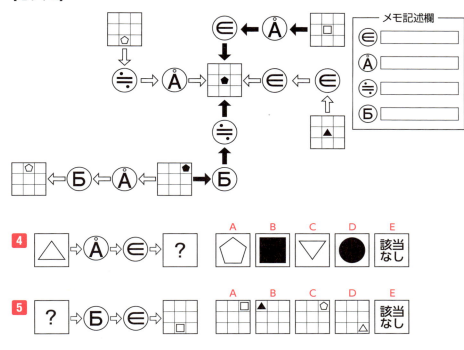

【セット3】

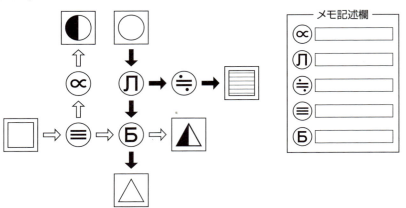

【セット4】

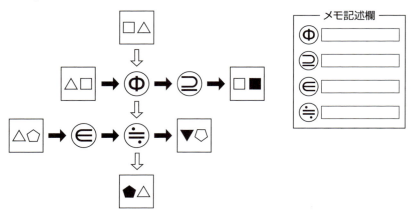

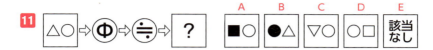

【セット5】

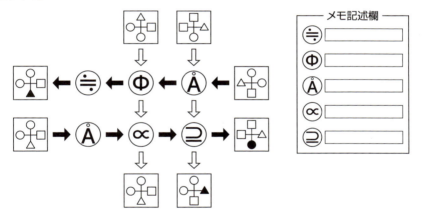

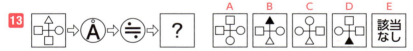
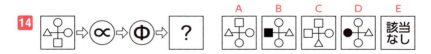
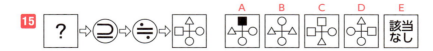

【セット6】

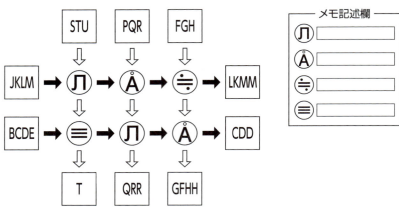

【セット7】

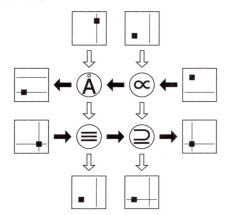

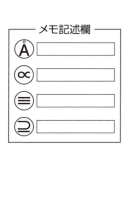

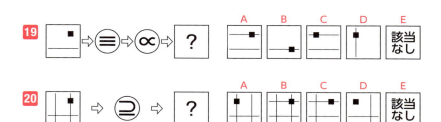

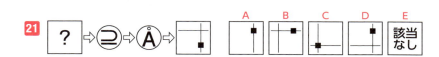

【セット8】

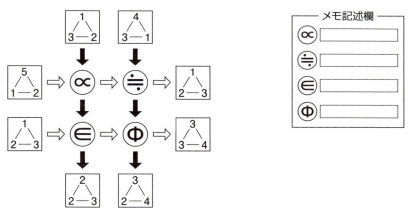

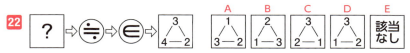

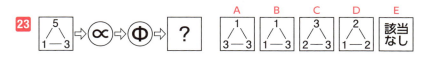

【セット9】

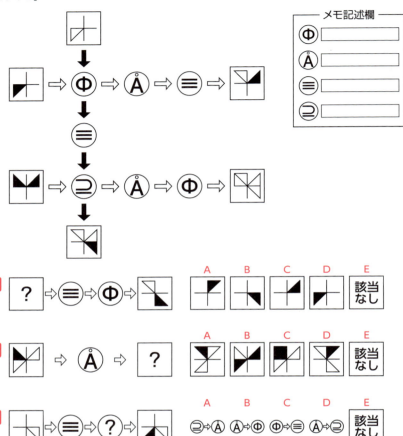

【セット10】

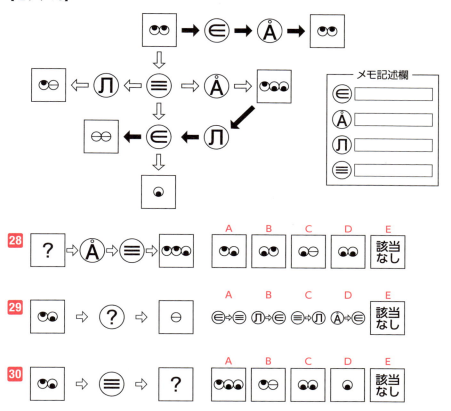

Web-CAB・CAB
暗号　模擬テスト

解説と正解

【セット1】

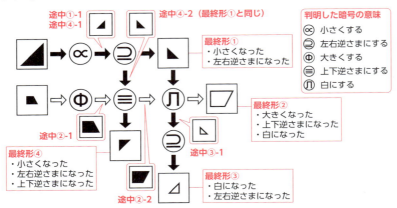

最終形②・③に共通の変化から、🎵は「白にする」。最終形①・③に共通の変化から、⊇は「左右逆さまにする」。最終形①の残る変化から、∞は「小さくする」。
最終形②・④に共通の変化から、≡は「上下逆さまにする」。最終形②の残る変化から、Φは「大きくする」。

1 図形の変化は右図の通り。当てはまるのは**B**。

正解　B

2 反対向きに考えると、暗号は「大きくする」「白になる前の図形にする（途中の図形と色違い、または、同じ白の図形）」となる。当てはまるのは**C**。

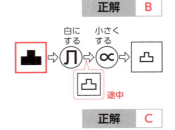

正解　C

3 ∞を通過すると、右図の途中の図形になる。最終形との違いから、暗号は「上下逆さまにする」を意味する**D**。

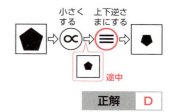

正解 D

【セット2】

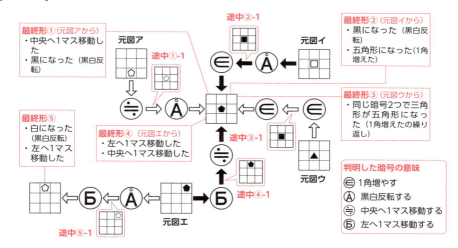

1つの最終形に対して、複数の元の図形がある。上図では、同じ最終形でも、元の図形ごとに違う番号をつけた。

同じ暗号2つを通過する最終形③から始める。同じ暗号2つで三角形が五角形になるので、Ｅは「1角増やす」。同じＥを通過する最終形②を確認すると、四角形が五角形になっているので「1角増やす」で正しい。

最終形②の残る変化と、最終形①・⑤に共通の変化から、Ａは「黒白反転する」。
最終形⑤の残る変化と、最終形④に共通の変化から、Ｂは「左へ1マス移動する」。
最終形①・④の残る変化から、Ｓは「中央へ1マス移動する」。

4 図形の変化は右図の通り。当てはまるのは**B**。

正解 B

5 反対向きに考えると、暗号は「1角減らす」「右へ1マス移動する」となる。当てはまるのは D。

6 図形の変化は右図の通り。当てはまるのは D。

【セット3】

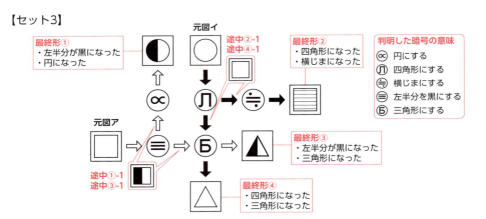

最終形③・④に共通の変化から、Ⓑは「三角形にする」。最終形③の残る変化と、最終形①に共通の変化から、≡は「左半分を黒にする」。最終形①の残る変化から、∞は「円にする」。最終形②だけの変化は「横じまになった」なので、単独の暗号≒は「横じまにする」。最終形②が反対向きに≒を通過した途中②-1と、元図イの違いから、Ⓛは「四角形にする」。

7 図形の変化は右図の通り。当てはまるのは C。

8 ⟨Π⟩を通過すると、右図の途中の図形になる。最終形との違いから、暗号は「左半分を黒にする」を意味する**B**。

正解　B

9 反対向きに考えると、暗号は「三角形になる前の図形にする（白で同じ大きさで、三角形以外の図形。あるいは白の同じ三角形）」となる。当てはまるのは**C**。

正解　C

【セット4】

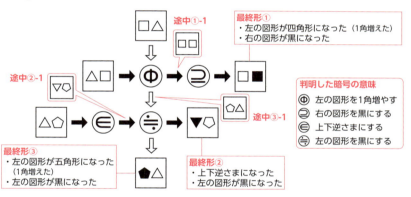

最終形②・③に共通の変化から、⟨⇌⟩は「左の図形を黒にする」。最終形②の残る変化から、⟨∈⟩は「上下逆さまにする」。最終形③の残る変化と、最終形①に共通の変化から、⟨Φ⟩は「左の図形を1角増やす」。最終形①の残る変化から、⟨⊇⟩は「右の図形を黒にする」。

10 反対向きに考えると、暗号は「上下逆さまにする」となる。A〜Dに当てはまるものがないので**E**。

正解　E

11 図形の変化は右図の通り。当てはまるのは **A**。

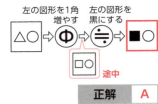

12 図形の変化は右図の通り。当てはまるのは **D**。

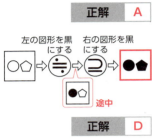

【セット5】

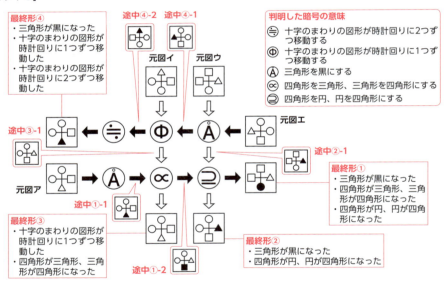

元の図形と最終形とで、円、三角形、四角形の数に変化があるのは、最終形①・②だけ。どちらも四角形と円の数が入れかわっている。ここから、共通の暗号 ⊇ は「四角形を円、円を四角形にする」。

最終形②の残る変化と、最終形④に共通の変化から、Ⓐ は「三角形を黒にする」。同じ Ⓐ を通過する最終形①は、黒になったのは円だが、Ⓐ で三角形が黒になった後に、別の暗号で円になったと予想。

元図アが Ⓐ を通過した途中①-1と、最終形①が反対向きに ⊇ を通過した途中①-2の違いから、∝ は「四角形を三角形、三角形を四角形にする」。同じ ∝ を通過する最終形③を確認すると、十字のまわりの図形が時計回りに1つずつ移動した上(後述の Φ による変化)で、四角形が三角形、三角形が四角形になっているので、正しい。

最終形③の残る変化(最終形③が反対向きに ∝ を通過した途中③-1と、元図イの違い)から、Φ は「十字のまわりの図形が時計回りに1つずつ移動する」。最終形④の残る変化(元図エが Ⓐ と Φ を通過した途中④-2と、最終形④の違い)から、≡ は「十字のまわりの図形が時計回りに2つずつ移動する」。

13 図形の変化は右図の通り。当てはまるのは **D**。

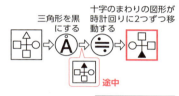

14 図形の変化は右図の通り。当てはまるのは **A**。

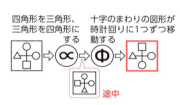

15 反対向きに考えると、暗号は「十字のまわりの図形が反時計回りに2つずつ移動する」「四角形を円、円を四角形にする」となる。当てはまるのは **C**。

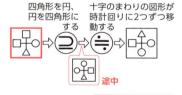

【セット6】

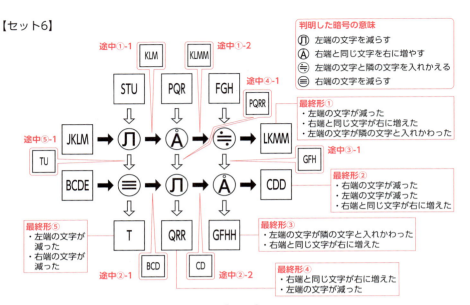

変化がわかりやすいのは、最終形⑤。⋒と≡は、片方が「左端の文字を減らす」で、もう片方が「右端の文字を減らす」だと予想できる。

⋒と≡のうち、片方だけを通過する経路は、最終形①・④。どちらも⋒だけを通過して、左端の文字が減っている。よって、⋒が「左端の文字を減らす」で、≡が「右端の文字を減らす」。

最終形②・④の残る変化から、Ⓐは「右端と同じ文字を右に増やす」。最終形①・③の残る変化から、⊜は「左端の文字と隣の文字を入れかえる」。

16 図形の変化は右図の通り。当てはまるのは**D**。

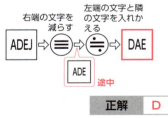

17 元の図形と最終形の違いから、暗号は「右端の文字を減らす」「右端と同じ文字を右に増やす」。当てはまるのは**B**。

18 反対向きに考えると、暗号は「左端の文字と隣の文字を入れかえる」「左端に文字を増やす（増やす文字は何でもよい）」となる。当てはまるのは **A**。

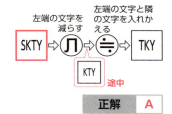

【セット7】

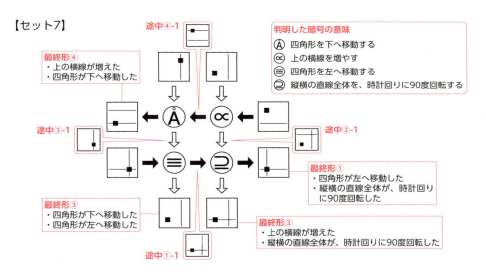

最終形③・④に共通の変化から、Ⓐは「四角形を下へ移動する」。最終形③の残る変化と、最終形①に共通の変化から、≡は「四角形を左へ移動する」。最終形④の残る変化と、最終形②に共通の変化から、∞は「上の横線を増やす」（最終形②では、増えた横線は下にある。これは、∞で上の横線が増えた後、⊇により位置が変わったと予想）。最終形①・②の残る変化から、⊇は「縦横の直線全体を、時計回りに90度回転する」（四角形は元の位置のまま）。

19 図形の変化は右図の通り。当てはまるのは **C**。

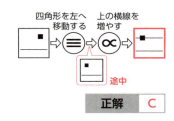

20 図形の変化は右図の通り。当てはまるのは **C**。

21 反対向きに考えると、暗号は「四角形を上へ移動する」「縦横の直線全体を、反時計回りに90度回転する」となる。当てはまるのは **B**。

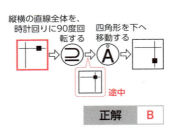

【セット8】

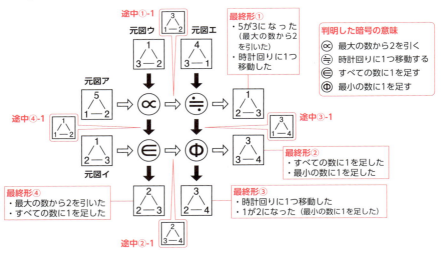

　数字が変化しているので、足す・引くなどの計算が関係していることが予想できるが、実際に試してみると、計算だけでは暗号を解読しきれない。それ以外の変化も考えてみる。最終形①では、1と2が時計回りに1つずつ動き、最終形③では、3と4が時計回りに1つずつ動いている。ここから共通の暗号 ⇋ は「時計回りに1つ移動する」。

　最終形①の残る変化は「5が3になった」なので、∝ は「2を引く」暗号だと予想できる。しかし、「最大の数から2を引く」「上の数字から2を引く」など、何から2を引くのかは、この時点では絞り込めない。

最終形③の残る変化は「1が2になった」なので、Ⓟは「1を足す」暗号だと予想できるが、これも、何に1を足すのかは、この時点では絞り込めない。

ここまでにわかった、∞とⓅのおおよその正体を踏まえて、∈の正体を考える。∈を通過する最終形②・④で、最初の図形からの数の変化は下図の通り。

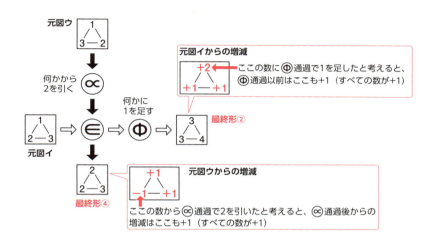

ここから、∈は「すべての数に1を足す」。最終形①・④の残る変化から、∞は「最大の数から2を引く」と判明する。最終形②・③の残る変化から、Ⓟは「最小の数に1を足す」と判明する。

22 反対向きに考えると、暗号は「すべての数から1を引く」「反時計回りに1つずつ移動する」となる。A〜Dに当てはまるものがないので**E**。

23 図形の変化は右図の通り。当てはまるのは**C**。

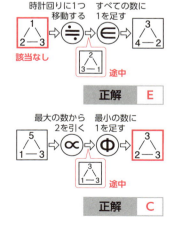

24 元の図形と最終形の違いから、暗号は「最大の数から2を引く」「最小の数に1を足す」。当てはまるのは **D**。

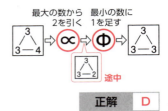

正解　D

【セット9】

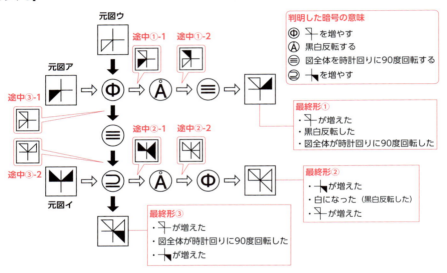

この暗号図は、すべての暗号のおおよその正体をつかみ、それを手がかりに暗号の正確な正体を判明させるという方法が効果的だ。

まず、3つの最終形すべてに共通の Ⓟ から考える。3つに共通するのは、「三角形が増えた」。最終形①では1つ、最終形②・③では2つ増えているので、Ⓟ は「(位置や色は不明だが)三角形を1つ増やす」。

最終形②・③で増えた三角形は2つなので、Ⓟ 以外にも、三角形を増やす暗号がある。最終形②・③に共通の暗号 ⊇ は「(位置や色は不明だが)三角形を1つ増やす」。

最終形②の残る変化から、Ⓐ は「白にする」か「黒白反転する」(黒が白になることは判明。白が黒になるかは不明)。

最終形①・③に共通の変化は、「元の位置に三角形がない」ことなので、共通の暗号 ≡ は「(方向や角度は不明だが)回転する」。

暗号のおおよその正体がわかったので、より詳細な検討をする。

最終形②の三角形はすべて白なので、直前の暗号Ⓕで増やす三角形は白。Ⓕは「（位置は不明だが）白の三角形を1つ増やす」。

最終形③は白と黒の三角形が1つずつ増えていて、Ⓕで増えるのは白なので、◯は黒。◯は「┤を増やす」と判明する（最後に通過する暗号なので位置も決まる）。

元図イが◯と、おおよその正体がわかっているⒶを通過した途中②-2と、最終形②の違いから、Ⓕは「┤を増やす」と判明する。

元図ウがⒻを通過した途中③-1と、最終形③が反対向きに◯を通過した途中③-2の違いから、≡は「図全体を時計回りに90度回転する」と判明する。元図アがⒻを通過した途中①-1と、最終形①が反対向きに≡を通過した途中①-2の違いから、Ⓐは「黒白反転する」と判明する。

25 反対向きに考えると、暗号は「┤を減らす」「図全体を反時計回りに90度回転する」となる。当てはまるのは**C**。

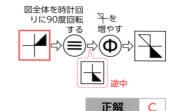

正解　C

26 図形の変化は右図の通り。当てはまるのは**B**。

正解　B

27 ≡を通過すると、右図の途中1になる。最終形との違いから、暗号は「┤を増やす」「黒白反転する」を意味する**A**。

正解　A

【セット10】

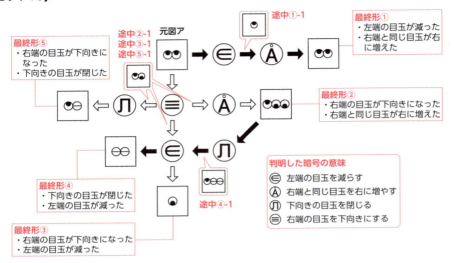

説明のため、それぞれの円を、以下のように呼ぶ。

　　　●=上向きの目玉、　●=下向きの目玉、　─=閉じた目玉

最終形②・③・⑤は、共通の暗号㊂を通過した直後までは同じ図形で、その後、Ⓐ・㊁・Π を通過して、異なる図形に変化することに注目する。つまり、最終形②・③・⑤の変化の違いから、Ⓐ・㊁・Π のおおよその正体がつかめる。正確な正体は、㊂が判明しないとわからない。

最終形②だけの変化は「目玉が1つ増えた」なので、Ⓐは「目玉を1つ増やす」が関係する。同様に、最終形③だけの変化から、㊁は「目玉を1つ減らす」、最終形⑤だけの変化から、Πは「目玉を閉じる」が関係する。

次に、㊂を判明させる。最終形②・③に共通の変化は「上向きの目玉が下向きになった」だが、最終形②・⑤の左端の目玉は上向きのまま。ここから、㊂は「右端の目玉を下向きにする」。最終形⑤で確認すると、最初の図形の右端の目玉が㊂によって下向きになり、Πによってさらに閉じたという変化が成り立つので、正しい。同様に、最終形②・③で確認しても正しい。

㊂が判明したので、残りの暗号の正体を判明させる。元図アが㊂を通過した途中③-1と、最終形③の違いから、㊁は「左端の目玉を減らす」か「上向きの目玉を減らす」。このうち、最終形①が成り立つ「左端の目玉を減らす」が㊁の正体と判明。

最終形①・②の残る変化から、Ⓐは「右端と同じ目玉を右に増やす」。最終形④・⑤の残る変化から、Ⓙは「下向きの目玉を閉じる」。

28 反対向きに考えると、暗号は「右端の目玉を上向きにする」「右端の目玉を減らす」となる。A〜Dに当てはまるものがないのでE。

29 元の図形と最終形の違いから、暗号は「下向きの目玉を閉じる」「左端の目玉を減らす」。当てはまるのはB。

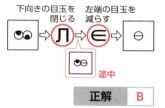

30 図形の変化は右図の通り。A〜Dに当てはまるものがないのでE。

Web-CAB
四則逆算の概要

● 方程式の答えを速く正確に推測

四則逆算は、方程式の答えを、速く正確に推測できるかを調べるテストです。

式の一部が□になった計算式（方程式）が出題され、□に入る数値を5つの選択肢の中から選びます。計算には、電卓と計算用紙を使用することができます。

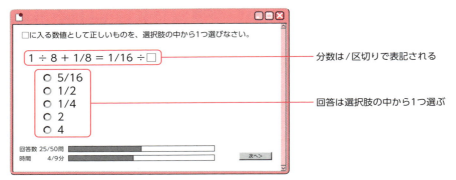

● 速度を競う問題

四則逆算の問題数と制限時間は、以下の通りです。

科目名	方式	問題数	制限時間
四則逆算	Web	50問	9分

問題自体は、中学生までに習うレベルの方程式です。難問ではなく、電卓を使用することもできます。しかし油断は禁物です。制限時間9分で50問ということは、**1問を10秒程度で解かなければなりません。四則逆算は、解けるか解けないかを問う問題ではなく、速度を競う問題なのです。**

Web-CAB
四則逆算の攻略法

● 先に進むほど難しくなるので、はじめは短時間で解く

先に進むほど問題の難易度が上がります。はじめのほうの比較的易しい問題は短時間で解くように心がけ、難易度が高い問題に時間を残しましょう。

本書の模擬テストは、実物と同じく、先に進むほど難しくなるように作ってあります。時間を計りながら挑戦して、自分に合った時間配分を考えてみてください。

● 電卓は必ず用意し、使い慣れておこう

1問でも多く解くためには電卓が欠かせません。電卓は必ず用意し、練習段階から使い慣れておきましょう。効率のよい電卓の打ち方を覚えることも速度向上に役立ちます。156ページの「電卓を使いこなして速度アップ」をお読みください。

● 要領よく問題を解く力が問われている

短時間で問題を解くためには、1つ1つの計算速度だけでなく、要領のよさが大切です。例えば、選択肢が大きく離れているときは概算する、式を入れ替えて計算しやすい順にするなど、問題に応じて工夫をしましょう。電卓の使いこなしも含め、四則逆算で問われているのは、要領よく問題を解く力なのです。

● 割り切れる分数は小数にして、電卓で計算

式や選択肢に含まれる分数がすべて割り切れる場合は、「分子÷分母」で小数にして電卓で計算するとよいでしょう。本書では、分数がすべて割り切れる場合は、できるだけ電卓で計算する方法を紹介します。

分母が2、4、5、8、10、16、20なら、必ず割り切れる分数です（分母が20以下の場合）。$\frac{1}{2} = 0.5$、$\frac{1}{5} = 0.2$など、できるだけ暗記しておくと、計算の手間が省けます。

式や選択肢に割り切れない分数がある場合は、電卓は使わずに、分数の筆算をする

第2部／Web-CAB／四則逆算／四則逆算の概要　153

ほうがよいでしょう。なお、式や選択肢に含まれる分数がすべて割り切れる場合でも、電卓よりも分数の筆算が速いという人は、分数で計算してかまいません。臨機応変に、自分が一番速く解ける方法で解けばよいのです。

◼️⦿ 巻末の「3つの表」を速度向上に役立てよう

巻末に、九九の表を20×20まで延長した「20×20の表」、分数と小数の換算表である「分数→小数 換算表」と「小数→分数 換算表」をつけました。

速度向上のツールとして役立ててください。記憶力に自信のある人は、拡大コピーして壁に貼り、暗記用に使うのもいいでしょう。

◼️⦿ 本書の問題に繰り返し取り組んで、力をつけよう！

計算速度を上げるためには、たくさんの問題を繰り返し解いて慣れることです。本番のつもりで時間を計り、模擬テストをどこまで速く解けるか試してみましょう。

本書の解説ページでは、考え方がわかりやすいよう、式の移し方を丁寧に記します。実際には、式の移項は頭の中ですませて、いきなり電卓で計算するのが最も速い方法です。問題によっては、分数の筆算が必要だったり、部分的にメモをとるほうが楽なものもあるので、何回も本書の問題に取り組んで、自分が最短で解ける方法を身につけてください。

なお、Web画面では、分数が5/7というように表記されます。慣れておくために、本書の問題はすべてこの表記にしてあります。解説中の計算過程は、わかりやすさを優先して$\dfrac{5}{7}$という表記にしてあります。

方程式を解くコツ

数字を右辺に移して□=の式にする

＋ の方程式

$\square+2=5$ $\square=5-2$ −に変える

$3+\square=5$ $\square=5-3$ −に変える

— の方程式

$\square-4=2$ $\square=2+4$ ＋に変える

$6-\square=2$ $\square=6-2$ 後ろの−ごと移す

✕ の方程式

$\square\times3=6$ $\square=6\div3$ ÷に変える

$2\times\square=6$ $\square=6\div2$ ÷に変える

÷ の方程式

$\square\div2=3$ $\square=3\times2$ ✕に変える

$6\div\square=3$ $\square=6\div3$ 後ろの÷ごと移す

右辺に移すときは、左辺の計算順が後のものが先

後

$\square\times2-3=5$ ➡ $\square=(5+3)\div2$

先   先   後

$\square\times2-3=5$
$\square\times2=5+3$
$\square=8\div2$ と同じ

電卓を使いこなして速度アップ

●後ろにかっこがある引き算は、引く順を逆にして、最後にプラスとマイナスを入れ替える

例：「2−（3÷4）」は「（3÷4）−2」と計算

本来の計算順　$2−（3÷4）=2−0.75=1.25$

電卓での計算　3 ［÷］ 4 ［−］ 2 ［=］ −1.25 ➡ 1.25と考える

●「0.35」のような1未満の小数は、0を省略して「.35」と打つ

「.35」と打ち込むと、画面には「0.35」と0を補って表示されます。

●%を小数に直すのが苦手な人は、電卓の「%」ボタンを使う

例：30の20%を求める場合

30 ［×］ 20 ［%］ ➡「6」と答えが出る

●メモリー機能を使うと、途中でメモをとらずにかっこの式を計算できる

例：「（1.2×1.4）＋（2.3×2.1）」を求める場合

1.2 ［×］ 1.4 ［M+］　　2.3 ［×］ 2.1 ［M+］　　［MR］ ➡「6.51」

かけ算の答え1.68が
メモリーに足される

かけ算の答え4.83が
メモリーに足される

メモリー内の6.51（1.68＋4.83
の答え）が呼び出される

［M+］	メモリーへの足し算
［M−］	メモリーからの引き算
［MR］ または ［RM］	メモリーの呼び出し
［MC］ または ［CM］	メモリーのクリア
［MRC］ または ［R・CM］ または ［RM/CM］	メモリーの呼び出しとクリア ※一度目は呼び出し、二度目はクリア

※メモリーは1問解き終わるごとにクリアしましょう。
※メモリーの呼び出しとクリアは、メーカーや機種によってボタンが違うので、詳しくは電卓の説明書で確認してください。

電卓選びのポイント

●安定感があるもの

卓上式などの、ある程度の大きさがあり安定感がある電卓を選びましょう。パソコンを操作したり、メモをとりながら使うので、あまり小さいものや薄いものは安定感に欠け、おすすめできません。

●自分の手に合ったもの

電卓によって、ボタンどうしの間隔や打ったときの感触が違います。実際に電卓を打ってみて、使いやすくて、なおかつ、入力ミスが少ないと感じるものを選びましょう。

●速く打てるよう工夫されているもの

電卓によっては、桁の多い計算がしやすいように、「00」「千」「万」などの桁をまとめて入力できるものがあります。手元を見ずに打てるように、触った感触で「5」のボタンがわかるように印がついているものもあります。自分に合ったものを選びましょう。

●「√」「％」ボタンがついているもの

特に「√」（ルート）ボタンは、四則逆算で□×□＝196など、平方根を求めるときに役立ちます。

●1回でメモリーと数値クリアができるもの

メモリー機能は計算結果を記憶させ、あとから呼び出すもので速度向上に役立ちます。メモリー機能を使おうと考えている人は、1回のボタン操作で、メモリーと数値をまとめてクリアできる電卓を選ぶとよいでしょう。電卓によっては、「メモリークリア」と「数値クリア」とを別々に操作しなければならないものがあります。

第2部／Web-CAB／四則逆算／電卓を使いこなして速度アップ・電卓選びのポイント　157

計算のおさらい

計算順のきまり

● かけ算・割り算は、足し算・引き算よりも先に計算

● かっこがあるときは、かっこの中を先に計算

かっこをはずすとき

● 引き算のかっこをはずすと、かっこ内の－は＋になる

例：$6-(2-1)=6-2+1=5$

● 割り算のかっこをはずすと、かっこ内の÷は×になる

例：$12÷(4÷2)=12÷4×2=6$

分数は整数の式に変えられる

● 分数は、「分子÷分母」の式に変えられる

例：$\dfrac{3}{5}=3÷5=0.6$

● 「÷分数」を整数の式にするときは、「÷分子×分母」となるので注意

例：$6÷\dfrac{3}{5}=6÷3×5=10$

分数のおさらい

+ − 通分（分子と分母に同じ数をかける）で分母を揃えて計算

$$\frac{1}{2} + \frac{1}{3}$$ ← 分母が6になるよう通分

$$= \frac{1\times3}{2\times3} + \frac{1\times2}{3\times2}$$

$$= \frac{3}{6} + \frac{2}{6}$$ ← 分母が揃ったら足し算

$$= \frac{5}{6}$$

$$\frac{2}{3} - \frac{1}{6}$$ ← 分母が6になるよう通分

$$= \frac{2\times2}{3\times2} - \frac{1}{6}$$

$$= \frac{4}{6} - \frac{1}{6}$$ ← 分母が揃ったら引き算

$$= \frac{\overset{1}{3}}{\underset{2}{6}}$$ ← 約分（分子と分母を同じ数で割る）

$$= \frac{1}{2}$$

× 分母どうし、分子どうしをかけ算

$$\frac{3}{4} \times \frac{1}{3}$$ ← 分母どうし、分子どうしをかけ算

$$= \frac{\overset{1}{3}\times1}{4\times\underset{1}{3}}$$ ← 約分（分子と分母を同じ数で割る）

$$= \frac{1}{4}$$

÷ 割る数の分子と分母を入れ替えてかけ算

$$\frac{1}{3} \div \frac{5}{6}$$ ← $\div\frac{5}{6}$ は $\times\frac{6}{5}$ にする

$$= \frac{1}{3} \times \frac{6}{5}$$ ← 分母どうし、分子どうしをかけ算

$$= \frac{1\times\overset{2}{6}}{\underset{1}{3}\times5}$$ ← 約分（分子と分母を同じ数で割る）

$$= \frac{2}{5}$$

Web-CAB 四則逆算

1 整数の計算

● 式を電卓で計算しやすい順にして、一気に計算。数字を右辺に移すときは、左辺の計算順が後のものが先
● 選択肢をうまく使うと、計算を減らせる問題もある

例題

□に入る数値として正しいものを、選択肢の中から1つ選びなさい。

1 □ － 879 ＝ 2541
○ 2920 ○ 1420 ○ 3920 ○ 4520 ○ 3420

2 □ ÷ 19 ＝ 43 － 16
○ 413 ○ 583 ○ 303 ○ 513 ○ 483

3 9 － □ ＝ 27 － 64
○ 91 ○ 46 ○ 28 ○ 36 ○ 55

4 47 ＝ 9 × □ － 16
○ 5 ○ 6 ○ 7 ○ 8 ○ 9

5 (17 ＋ 9) × □ ＝ (21 － 8) × 6
○ 2 ○ 3 ○ 4 ○ 5 ○ 6

---

1 □ － 879 ＝ 2541 ◀ 879を右辺に移す（＋879に変わる）

□ ＝ 2541 ＋ 879 ◀ 赤字の部分を、電卓で計算

□ ＝ 3420

速解 選択肢の数値が離れていることに注目。10の位以下を切り捨てて暗算
10の位以下を切り捨てて、「2500＋800＝3300」と暗算し、答えは3300台か3400台なので「3420」を選ぶ。
※1つ下の桁の足し算で繰り上がりがなければ3300台、あれば3400台となる。

160

2 $\square \div 19 = 43 - 16$ ← 19を右辺に移す（×19に変わる）

$\square = \textbf{(43 − 16) × 19}$ ← 赤字の部分を、電卓で左から順に計算

$\square = 513$

3 $9 - \square = 27 - 64$ ← 9を右辺に移す（9−のまま右辺の先頭へ）

$\square = 9 - (27 - 64)$ ← かっこをはずす

$\square = \textbf{9 − 27 + 64}$ ← 赤字の部分を、電卓で左から順に計算

$\square = 46$

> **速解** 電卓で「右辺の答え−9」を計算して、プラス・マイナスを逆にする
>
> 電卓で「27−64」と計算し、そこから左辺の「9」を引く。引く順が逆になるので計算結果は「−46」。
> プラスにした「46」が正解。
> ※引く順を逆にすると、プラス・マイナスが逆転した答えになる。

4 $\qquad 47 = 9 \times \square - 16$ ← 左右の式を入れ替える（□が左辺にくる）

$9 \times \square - 16 = 47$ ← 16と9を右辺に移す（左辺の計算順が後の16が先）

$\square = \textbf{(47 + 16) ÷ 9}$ ← 赤字の部分を、電卓で左から順に計算

$\square = 7$

5 $(17 + 9) \times \square = (21 - 8) \times 6$ ← (17＋9)を右辺に移す

$\square = (21 - 8) \times 6 \div \textbf{(17 + 9)}$ ← 17＋9を、暗算または電卓で計算

$\square = \textbf{(21 − 8) × 6 ÷ 26}$ ← 赤字の部分を、電卓で左から順に計算

$\square = 3$

> **速解** 電卓のメモリー機能を使うと、メモをとらずにかっこの式を計算できる
>
> 17 [＋] 9 [M＋]   ← 2つ目のかっこ内を計算してメモリーに記憶（答えの26が記憶される）
> 21 [−] 8 [×] 6 [÷] [MR] [＝] ← [MR]でメモリー呼び出し（26が呼び出される）。[＝]で
>   答えは3
> メモリーのボタンは電卓によって異なるので、詳しくは電卓の説明書で確認を。

正解	**1** 3420	**2** 513	**3** 46	**4** 7	**5** 3

第2部／Web-CAB／四則逆算／整数の計算　161

練習問題① 整数の計算

□に入る数値として正しいものを、選択肢の中から1つ選びなさい。

1 $12 \div \square = 4 \div 3$

○3　　○8　　○9　　○12　　○24

2 $9 - 26 \div \square = 7$

○26　　○13　　○1/26　　○2　　○1/13

3 $5 \div 3 = 12 \times \square \div 9$

○1.5　　○2.2　　○15　　○1.25　　○0.22

4 $32 = 56 \div \square \div 3$

○12/7　　○7　　○7/12　　○9　　○1/7

---

1 $12 \div \square = 4 \div 3$　　← 12を右辺に移す（12÷のまま右辺の先頭へ）

$\square = 12 \div (4 \div 3)$　　← かっこをはずす

$\square = \mathbf{12 \div 4 \times 3}$　　← 赤字の部分を、電卓で左から順に計算

$\square = 9$

別解 比で解く

右辺の割る数と割られる数を、それぞれ×3すると、左辺の割る数と割られる数になる。

$\boxed{12} \div \boxed{\square} = \boxed{4} \div \boxed{3}$

× 3　　$3 \times 3 = 9$

× 3

2 「9 －」と「26 ÷」という、右辺の先頭に符号付きで移すものばかり。まとめて移すと計算順を間違えやすいので、左辺の数を1つずつ右辺に移すとよい。

$$9 - 26 \div \square = 7$$
$$26 \div \square = 9 - 7 \quad \Leftarrow 9を右辺に移す$$
$$\square = 26 \div 2 \quad \Leftarrow 26を右辺に移す。9 - 7は暗算しておく$$
$$\square = 13 \quad \Leftarrow 赤字の部分を、暗算または電卓で計算$$

補足 まとめて移す場合の式は「$\square = 26 \div (9 - 7)$」

別解 電卓のメモリー機能を使って、計算過程のメモ書きを省く
9 [－] 7 [M ＋]　⇐ 9 － 7を計算してメモリーに記憶
26 [÷] [MR] [＝]　⇐ [MR]でメモリー呼び出し。[＝]で答えは13

3 「5 ÷ 3」は割り切れないが、選択肢は整数と小数なので、計算過程で割り切れるはず。こういうときは、かけ算を先にして、割り算を後にする。

$$5 \div 3 = 12 \times \square \div 9 \quad \Leftarrow 左右の式を入れ替える$$
$$12 \times \square \div 9 = 5 \div 3 \quad \Leftarrow 12と9を右辺に移す$$
$$\square = 5 \div 3 \times 9 \div 12 \quad \Leftarrow 割り切れるように、かけ算を先にする$$
$$\square = 5 \times 9 \div 3 \div 12 \quad \Leftarrow 赤字の部分を、電卓で左から順に計算$$
$$\square = 1.25$$

速解 割り切れないまま電卓で計算
計算すると「5 ÷ 3 × 9 ÷ 12 ＝ 1.2499…」。最も近い選択肢の「1.25」を選ぶ。

4 選択肢に割り切れない分数があるので、式を分数にして筆算する。

$$32 = 56 \div \square \div 3 \quad \Leftarrow 左右の式を入れ替える$$
$$56 \div \square \div 3 = 32 \quad \Leftarrow 56と3を右辺に移す$$
$$\square = 56 \div (32 \times 3) \quad \Leftarrow かっこをはずす$$
$$\square = 56 \div 32 \div 3 \quad \Leftarrow \div 32は \times \frac{1}{32}、\div 3は \times \frac{1}{3}にして計算$$
$$\square = \frac{\overset{7}{56} \times 1 \times 1}{\underset{4}{32} \times 3} \quad \Leftarrow 約分を忘れない$$
$$\square = \frac{7}{12}$$

| 正解 | **1** 9 | **2** 13 | **3** 1.25 | **4** 7/12 |

Web-CAB 四則逆算

2 小数と％の計算

● 計算の前に選択肢を見る。選択肢に割り切れない分数がある場合は筆算する。それ以外は電卓で計算できる
● ％の式は、小数にして計算する（例：35％＝0.35）

例題

□に入る数値として正しいものを、選択肢の中から1つ選びなさい。

1 $2.9 + □ + 1.7 = 9.6 - 4.3$

○7.7　　○7　　○6.7　　○0.7　　○0.07

2 □の35％＝280

○720　　○800　　○760　　○840　　○920

3 $30 × □ ÷ 2.8 = 3 ÷ 0.4$

○0.04　　○0.7　　○25　　○1.4　　○7

4 $10.9 + 13.7 = 41 × □$

○3/5　　○3/4　　○4　　○1/2　　○9/10

5 $0.7 ÷ 0.21 = □$

○1/30　　○3/10　　○3　　○10/3　　○1/3

---

1 $2.9 + □ + 1.7 = 9.6 - 4.3$　　　　　　　　◀ 2.9と1.7を右辺に移す

$□ = 9.6 - 4.3 - 1.7 - 2.9$　　◀ 赤字の部分を、電卓で左から順に計算

$□ = 0.7$

164

2 □の35% = 280　　　←「の」をかけ算の式にする。%は100で割って小数にする

　　□ × 0.35 = 280　　　← 0.35を右辺に移す

　　　　□ = **280 ÷ 0.35**　　← 赤字の部分を、電卓で計算

　　　　□ = 800

3 30 × □ ÷ 2.8 = 3 ÷ 0.4　　← 30と2.8を右辺に移す

　　　　□ = **3 ÷ 0.4 × 2.8 ÷ 30**　← 赤字の部分を、電卓で左から順に計算

　　　　□ = 0.7

4 選択肢の分数は、小数にしたときに割り切れるものばかり（分母が20以下の場合、分母が

2、4、5、8、10、16、20なら、必ず割り切れる分数）。電卓で計算してから分数にする。

　　10.9 + 13.7 = 41 × □　　　　← 左右の式を入れ替える

　　　　41 × □ = 10.9 + 13.7　　　← 41を右辺に移す

　　　　　□ = **(10.9 + 13.7) ÷ 41**　← 赤字の部分を、電卓で左から順に計算

　　　　　□ = 0.6　　　　　　　← 分数にする

　　　　　□ = $\dfrac{3}{5}$

> **補足　0.6を分数にするには**
> 「$0.6 = \dfrac{\overset{3}{6}}{\underset{5}{10}}$」と求める。なお、選択肢が割り切れない分数（例：「$\dfrac{1}{6} = 0.166\cdots$」）のときは、小数との換算がしづらいので、電卓は使わずに筆算をするほうがよいだろう。

5 選択肢に割り切れない分数があるので、式を分数にして筆算する。

　　0.7 ÷ 0.21 = □　　　　　← 左右の式を入れ替える

　　　　□ = 0.7 ÷ 0.21　　　　← 0.7は$\dfrac{7}{10}$、÷ 0.21は×$\dfrac{100}{21}$にして計算

　　　　□ = $\dfrac{\overset{1}{7} \times \overset{10}{100}}{\underset{1}{10} \times \underset{3}{21}}$　　　← 約分を忘れない

　　　　□ = $\dfrac{10}{3}$

正解	**1** 0.7	**2** 800	**3** 0.7	**4** 3/5	**5** 10/3

練習問題① 小数と%の計算

□に入る数値として正しいものを、選択肢の中から1つ選びなさい。

1 $250 ÷ 0.25 = 250 × □$

○0.2　○4　○2　○0.4　○20

2 $0.78 × 20 ÷ 6.5 = 6 × □ ÷ 0.5$

○1/2　○1/5　○1/10　○1/4　○1/20

3 $340の□\% = 95.2$

○28　○42　○14　○36　○62

4 $3 × 4 × □ = 0.65 + 1.15$

○5%　○12%　○15%　○20%　○25%

5 $2.4 × 0.8 + 14.8 × 1.5 = □ × 1.8$

○6.4　○7　○13.4　○15　○43

1

$250 ÷ 0.25 = 250 × □$　　　　　◀ 左右の式を入れ替える

$250 × □ = 250 ÷ 0.25$　　　　　◀ 250を右辺に移す

$□ = $ **$250 ÷ 0.25 ÷ 250$**　　　◀ 赤字の部分を、電卓で左から順に計算

$□ = 4$

速解 **0.25の逆数が□に入る**

左辺は「$250 ÷ 0.25$」、右辺は「$250 × □$」なので、0.25の逆数が□に入る。0.25（分数にすると「$\frac{25}{100} = \frac{1}{4}$」）の逆数は「4」。

※逆数とは、ある分数の分子と分母を入れ替えたもの。分数の割り算は、逆数にしてかけ算する。つまり、「$÷ \frac{1}{4}$」は「$× 4$」になる。

2 選択肢は分数だが、小数にしたときに割り切れるものばかり。電卓で計算してから分数にする。

$$0.78 \times 20 \div 6.5 = 6 \times \square \div 0.5 \qquad \Longleftarrow \text{左右の式を入れ替える}$$

$$6 \times \square \div 0.5 = 0.78 \times 20 \div 6.5 \qquad \Longleftarrow \text{6と0.5を右辺に移す}$$

$$\square = \mathbf{0.78 \times 20 \div 6.5 \times 0.5 \div 6} \Longleftarrow \text{赤字の部分を、電卓で左から順に計算}$$

$$\square = 0.2$$

$$\square = \frac{1}{5}$$

3 $340の\square\% = 95.2 \qquad \Longleftarrow$ 「の」をかけ算の式にする（340×□%となる）

$$340 \times \square\% = 95.2 \qquad \Longleftarrow \text{340を右辺に移す}$$

$$\square\% = \mathbf{95.2 \div 340} \qquad \Longleftarrow \text{赤字の部分を、電卓で計算}$$

$$\square\% = 0.28 \qquad \Longleftarrow \text{0.28を100倍して\%にする}$$

$$\square = 28$$

4 $3 \times 4 \times \square = 0.65 + 1.15 \qquad \Longleftarrow$ 3と4を右辺に移す

$$\square = \mathbf{(0.65 + 1.15) \div 4 \div 3} \qquad \Longleftarrow \text{赤字の部分を、電卓で左から順に計算}$$

$$\square = 0.15 \qquad \Longleftarrow \text{選択肢が\%なので、0.15を100倍する}$$

$$\square = 15\%$$

5 かけ算・足し算がまじった式なので、計算順に注意。かけ算が先で足し算が後。

$$2.4 \times 0.8 + 14.8 \times 1.5 = \square \times 1.8 \qquad \Longleftarrow \text{左右の式を入れ替える}$$

$$\square \times 1.8 = 2.4 \times 0.8 + 14.8 \times 1.5 \Longleftarrow \text{1.8を右辺に移す。計算順をかっこでくくる}$$

$$\square = \mathbf{((2.4 \times 0.8) + (14.8 \times 1.5)) \div 1.8} \Longleftarrow \text{内側のかっこを先に計算}$$

$$\square = \mathbf{(1.92 + 22.2) \div 1.8} \qquad \Longleftarrow \text{赤字の部分を、電卓で左から順に計算}$$

$$\square = 13.4$$

> **速解** 電卓のメモリー機能を使って、計算過程のメモ書きを省く
>
> 2.4 [×] 0.8 [M+] $\Longleftarrow$ 1つ目のかっこ内を計算して、メモリーに記憶
> 14.8 [×]1.5 [M+] $\Longleftarrow$ 2つ目のかっこ内を計算して、メモリーに追加
> [MR] [÷] 1.8 [=] $\Longleftarrow$ [MR]でメモリー呼び出し。[＝]で答えは13.4

正解	**1** 4	**2** 1/5	**3** 28	**4** 15%	**5** 13.4

第2部／Web-CAB／四則逆算／小数と％の計算　167

Web-CAB　四則逆算

3 分数の計算

●分数も電卓で計算できる。コツは「小数にする」「分子÷分母の式にする」「分子が1の分数のかけ算・割り算は、逆数にして×÷を変える（例：$\times \frac{1}{3} = \div 3$、$\div \frac{1}{3} = \times 3$）」
●電卓が向かないのは、割り切れない分数の足し算・引き算、および、選択肢に割り切れない分数があるとき

例題

□に入る数値として正しいものを、選択肢の中から1つ選びなさい。

1 $0.6 \div 2.5 = (\square - 1/20) \times 6$

○ 0.9　　○ 0.04　　○ 0.09　　○ 0.4　　○ 9

2 $\square \times 1/6 \div 4 = 17 \div 8$

○ 34　　○ 42　　○ 51　　○ 63　　○ 69

3 $2/3 \div \square = 11/12 - 1/3$

○ 4/7　　○ 7/8　　○ 6/7　　○ 7/6　　○ 8/7

4 $1 = \square \times 5/2$

○ 0.2　　○ 0.4　　○ 0.8　　○ 1.2　　○ 2.5

1 選択肢は整数と小数。$\frac{1}{20}$を小数の0.05にして、電卓で計算する。

$$0.6 \div 2.5 = (\square - 1/20) \times 6 \qquad \Leftarrow 左右の式を入れ替える$$

$$(\square - \frac{1}{20}) \times 6 = 0.6 \div 2.5 \qquad \Leftarrow \frac{1}{20}と0.6を右辺に移す$$

$$\square = 0.6 \div 2.5 \div 6 + \frac{1}{20} \qquad \Leftarrow \frac{1}{20}を小数にする$$

$$\square = \textbf{0.6} \div \textbf{2.5} \div \textbf{6} + \textbf{0.05} \qquad \Leftarrow 赤字の部分を、電卓で左から順に計算$$

$$\square = 0.09$$

補足 「$\frac{1}{20} = 0.05$」は、電卓で「分子÷分母」（$1 \div 20 = 0.05$）と計算してもよい

168

2 選択肢が整数なので、電卓で計算する。$\dfrac{1}{6}$ は逆数の6にして、×÷を変える。

$\square \times 1/6 \div 4 = 17 \div 8$　　　← $\dfrac{1}{6}$ と4を右辺に移す

$\square = 17 \div 8 \times 4 \div \dfrac{1}{6}$　　　← $\div \dfrac{1}{6}$ を×6にする

$\square = \mathbf{17 \div 8 \times 4 \times 6}$　　　← 赤字の部分を、電卓で左から順に計算

$\square = 51$

3 割り切れない分数の引き算があり、選択肢にも割り切れない分数があるので、筆算する。

$2/3 \div \square = 11/12 - 1/3$　　　← 右辺の分母を12に揃える（$\dfrac{1}{3}$ の分子と分母に×4）

$\dfrac{2}{3} \div \square = \mathbf{\dfrac{11}{12} - \dfrac{4}{12}}$　　　← $\dfrac{2}{3}$ を右辺に移す。$\dfrac{11}{12} - \dfrac{4}{12}$ は計算しておく（$\dfrac{7}{12}$ となる）

$\square = \dfrac{2}{3} \div \dfrac{7}{12}$　　　← $\div \dfrac{7}{12}$ は $\times \dfrac{12}{7}$ にして計算

$\square = \dfrac{2 \times \overset{4}{\cancel{12}}}{\underset{1}{\cancel{3}} \times 7}$　　　← 約分を忘れない

$\square = \dfrac{8}{7}$

4 選択肢が小数なので、分数を整数の式にして、電卓で計算する。分数の割り算（「÷分数」）を整数の式にするには「÷分子×分母」。

$1 = \square \times 5/2$　　　← 左右の式を入れ替える

$\square \times \dfrac{5}{2} = 1$　　　← $\dfrac{5}{2}$ を右辺に移す

$\square = 1 \div \dfrac{5}{2}$　　　← $\div \dfrac{5}{2}$ を÷5×2（÷分子×分母の式）にする

$\square = \mathbf{1 \div 5 \times 2}$　　　← 赤字の部分を、電卓で左から順に計算

$\square = 0.4$

> **速解** かけ算して1になるのは逆数
> $\dfrac{5}{2}$ の逆数である $\dfrac{2}{5}$ が□に入る。「$\dfrac{2}{5} = 2 \div 5 = 0.4$」。

正解	**1** 0.09	**2** 51	**3** 8/7	**4** 0.4

第2部／Web-CAB／四則逆算／分数の計算　169

練習問題① 分数の計算

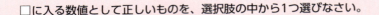

1 4/15 − 2/25 = 2/15 +□
　○ 2/25　○ 2/75　○ 1/15　○ 4/75　○ 1/25

2 □× 1.4 = 9/5 − 3/4
　○ 3/8　○ 1/4　○ 4/5　○ 1/2　○ 3/4

3 48 ÷ 8/7 = 14/9 ×□
　○ 27　○ 36　○ 45　○ 18　○ 54

4 □÷ 1/6 = 5/6 ÷ 1/72
　○ 9　○ 6　○ 10　○ 12　○ 11

1 割り切れない分数の足し算と引き算があり、選択肢にも割り切れない分数があるので、筆算する。

$$4/15 - 2/25 = 2/15 + \square \quad \leftarrow 左右の式を入れ替える$$
$$\frac{2}{15} + \square = \frac{4}{15} - \frac{2}{25} \quad \leftarrow \frac{2}{15}を右辺に移す。分数の分母を75に揃える$$
$$\square = \frac{20}{75} - \frac{6}{75} - \frac{10}{75} \quad \leftarrow 赤字の部分を、左から順に計算$$
$$\square = \frac{4}{75}$$

2 式も選択肢も割り切れる分数。$\frac{9}{5}$を「9 ÷ 5」、$\frac{3}{4}$を0.75にして電卓で計算し、最後に分数にする。

$$\square \times 1.4 = 9/5 - 3/4 \quad \leftarrow 1.4を右辺に移す$$
$$\square = (\frac{9}{5} - \frac{3}{4}) \div 1.4 \quad \leftarrow \frac{9}{5}を9 \div 5、\frac{3}{4}を0.75にする$$
$$\square = (9 \div 5 - 0.75) \div 1.4 \quad \leftarrow 赤字の部分を、電卓で左から順に計算$$
$$\square = 0.75 \quad \leftarrow 分数にする$$
$$\square = \frac{3}{4}$$

> **別解** 分数のほうが速いという人は、分数のまま計算してかまわない
>
> $\square \times 1.4 = 9/5 - 3/4$ ← 右辺の分母を20に揃える
>
> $\square \times 1.4 = \dfrac{36}{20} - \dfrac{15}{20}$ ← 右辺を計算する。1.4を$\dfrac{14}{10}$にして右辺に移す
>
> $\square = \dfrac{21}{20} \div \dfrac{14}{10}$ ← $\div\dfrac{14}{10}$は$\times\dfrac{10}{14}$にして計算
>
> $\square = \dfrac{\overset{3}{21} \times \overset{1}{10}}{\underset{2}{20} \times \underset{2}{14}}$ ← 約分を忘れない
>
> $\square = \dfrac{3}{4}$

3 選択肢が整数なので、分数を整数の式にして、電卓で計算する。

$48 \div 8/7 = 14/9 \times \square$ ← 左右の式を入れ替える

$\dfrac{14}{9} \times \square = 48 \div \dfrac{8}{7}$ ← $\dfrac{14}{9}$を右辺に移す

$\square = 48 \div \dfrac{8}{7} \div \dfrac{14}{9}$ ← $\div\dfrac{8}{7}$を$\div 8 \times 7$、$\div\dfrac{14}{9}$を$\div 14 \times 9$にする

$\square = \mathbf{48 \div 8 \times 7 \div 14 \times 9}$ ← 赤字の部分を、電卓で左から順に計算

$\square = 27$

> **別解** 分数のほうが速いという人は、分数のまま計算してかまわない
>
> $48 \div 8/7 = 14/9 \times \square$ ← 左右の式を入れ替える。$\dfrac{14}{9}$を反対の辺に移す
>
> $\square = 48 \div \dfrac{8}{7} \div \dfrac{14}{9}$ ← $\div\dfrac{8}{7}$は$\times\dfrac{7}{8}$、$\div\dfrac{14}{9}$は$\times\dfrac{9}{14}$にして計算
>
> $\square = \dfrac{\overset{3}{\underset{1}{48}} \times 7 \times 9}{\underset{1}{8} \times \underset{2}{14}\,_1}$ ← 約分を忘れない
>
> $\square = 27$

4 選択肢が整数なので、分数を整数の式にして、電卓で計算する。「5÷6」は割り切れないので、他のかけ算を先にして、割り算を後にする。

$\square \div 1/6 = 5/6 \div 1/72$ ← $\dfrac{1}{6}$を右辺に移す

$\square = \dfrac{5}{6} \div \dfrac{1}{72} \times \dfrac{1}{6}$ ← 分数を整数の式にする（$\dfrac{5}{6}$は5÷6、$\div\dfrac{1}{72}$は×72、$\times\dfrac{1}{6}$は÷6）

$\square = 5 \div 6 \times 72 \div 6$ ← 割り切れるように、かけ算を先にする

$\square = \mathbf{5 \times 72 \div 6 \div 6}$ ← 赤字の部分を、電卓で左から順に計算

$\square = 10$

> **速解** 割り切れないまま電卓で計算
>
> 計算すると「5÷6×72÷6＝9.99…」。最も近い選択肢の「10」を選ぶ。

正解	**1** 4/75	**2** 3/4	**3** 27	**4** 10

第2部／Web-CAB／四則逆算／分数の計算　　171

Web-CAB　四則逆算

4 ■が複数あるときの計算

- ●■どうしの足し算、引き算は、数字の部分をかっこでくくってまとめる
- ●「■×■」に当てはまる数の計算は、電卓の「$\sqrt{}$」（ルート）ボタンを使うと楽

例題

□に入る数値として正しいものを、選択肢の中から1つ選びなさい。

1　$36 - 18 = 0.5 \times \square + 2.5 \times \square$　（□には同じ値が入る）

○6　　○18　　○9　　○3　　○15

2　$\square \times \square - 79 = 117$　（□には同じ値が入る）

○12　　○13　　○14　　○15　　○16

3　$5.6 \times \square - 3/5 \times \square - \square = 20$　（□には同じ値が入る）

○4　　○10　　○5　　○8　　○2

4　$\square \times \square = 7 \div 16/7$　（□には同じ値が入る）

○1.5　　○4　　○7　　○1.25　　○1.75

1　2つの□の足し算は、数字の部分をかっこでくくってまとめる。

$36 - 18 = 0.5 \times \square + 2.5 \times \square$　（□には同じ値が入る）　← 左右の式を入れ替える

$0.5 \times \square + 2.5 \times \square = 36 - 18$　← 0.5と2.5をかっこでくくる

$(0.5 + 2.5) \times \square = 36 - 18$　← 赤字の部分を、暗算または電卓で計算

$3 \times \square = 18$　← 3を右辺に移す

$\square = 18 \div 3$　← 赤字の部分を、暗算または電卓で計算

$\square = 6$

2 「□×□」に当てはまる数の計算は、電卓の「√」（ルート）ボタンを使うと楽。

$\square×\square-79=117$ （□には同じ値が入る） ◀ 79を右辺に移す

$\square×\square=\textbf{\textcolor{red}{117+79}}$ ◀ 赤字の部分を、電卓で計算

$\square×\square=196$ ◀ 2乗して196になる数が正解なので、$\sqrt{196}$ を求める
（電卓で「196[√]」と操作すると「14」と答えが出る）

$\square=14$

> **別解** 電卓の「√」ボタンは使わず、選択肢を2乗して196になるものを探す
> 2乗で1の位が6になる「14」と「16」に選択肢を絞り込んで、「14×14＝196○」「16×16＝256×」と計算するのが効率的。

3 3つ以上の□の足し算、引き算も解き方は同じ。数字の部分をかっこでくくってまとめる。－□は「－1×□」と考える。

$5.6×\square-3/5×\square-\square=20$ （□には同じ値が入る） ◀ $\frac{3}{5}$ を小数にする。－□は「－1×□」と考える。左辺の数をかっこでくくる

$\textbf{\textcolor{red}{(5.6-0.6-1)}}×\square=20$ ◀ 赤字の部分を、暗算または電卓で計算

$4×\square=20$ ◀ 4を右辺に移す

$\square=\textbf{\textcolor{red}{20÷4}}$ ◀ 赤字の部分を、暗算または電卓で計算

$\square=5$

4 「□×□」に当てはまる数の計算で、右辺は分数の計算式。右辺を同じ分数どうしのかけ算にする。選択肢は整数と小数なので、最後に分数を小数にする。

$\square×\square=7÷16/7$ （□には同じ値が入る） ◀ $÷\frac{16}{7}$ は $×\frac{7}{16}$ にする

$\square×\square=\dfrac{7×7}{16}$ ◀ 同じ数のかけ算にする

$\square×\square=\dfrac{7}{4}×\dfrac{7}{4}$ ◀ $\square=\dfrac{7}{4}$ とわかる

$\square=\dfrac{7}{4}$ ◀ 分子÷分母の式にする

$\square=\textbf{\textcolor{red}{7÷4}}$ ◀ 赤字の部分を、暗算または電卓で計算

$\square=1.75$

> **別解** 電卓で「7÷16×7＝3.0625」を計算。「3.0625[√]」と操作して「1.75」を求める

正解	**1** 6	**2** 14	**3** 5	**4** 1.75

第2部／Web-CAB／四則逆算／□が複数あるときの計算　173

Web-CAB

四則逆算　模擬テスト

制限時間9分　問題数50問

□に入る数値として正しいものを、選択肢の中から1つ選びなさい。

1 $\square \times 9 = 16 + 38$

○7　　○10　　○6　　○9　　○5

2 $0.009 = \square \times 0.0003$

○0.03　　○0.3　　○3　　○30　　○300

3 $94 - 29 = \square - 43$

○108　　○22　　○128　　○65　　○132

4 $3129 - \square = 2486$

○836　　○643　　○395　　○443　　○612

5 $\square = 1/2 + 3/10$

○20%　　○50%　　○40%　　○80%　　○60%

6 $18 \div 21 = \square \div 7$

○9　　○8　　○7　　○6　　○5

7 $\square \div 14 + 9 = 14$

○9　　○14　　○28　　○42　　○70

8 $600 - \square \times 10 = 320$

○2.8　　○28　　○9　　○32　　○3.2

9 $700の\square\% = 119$

○29　　○17　　○13　　○37　　○23

10 $\square \times 0.8 = 80 \div 1/4$

○40　　○250　　○400　　○25　　○4000

174

11 3/2 = 3/4 + □

○ 1.25   ○ 0.75   ○ 0.25   ○ 1   ○ 0.5

12 0.2 × □ = 0.8 ÷ 0.05

○ 80   ○ 16   ○ 0.8   ○ 160   ○ 800

13 □ ÷ 10 = 0.06 + 0.002

○ 6.2   ○ 0.62   ○ 0.062   ○ 0.0062   ○ 62

14 9 = (□ − 27) ÷ 6

○ 27   ○ 41   ○ 72   ○ 81   ○ 54

15 3.75 + □ = 6

○ 9/5   ○ 7/4   ○ 7/5   ○ 9/4   ○ 5/4

16 □ × □ = 576　（□には同じ値が入る）

○ 14   ○ 24   ○ 34   ○ 44   ○ 54

17 7 ÷ □ = 6 ÷ 0.375 ÷ 8

○ 3.5   ○ 0.35   ○ 0.125   ○ 1.25   ○ 12.5

18 3 ÷ 4 = 1/4 × □ ÷ 5

○ 12   ○ 15   ○ 18   ○ 21   ○ 24

19 35 × □ − 8 = 7

○ 3/7   ○ 4/5   ○ 7/3   ○ 5/7   ○ 4/9

20 6/5 = 8.4 ÷ □

○ 1.4   ○ 9   ○ 12   ○ 7   ○ 4

21 830 − □ = 330 − (400 − 170)

○ 730   ○ 670   ○ 100   ○ 660   ○ 860

22 6 ÷ 27 = 1/2 × □

○ 5/6   ○ 1/3   ○ 4/9   ○ 3/8   ○ 3/7

23 □ + 260 = □ × 66　（□には同じ値が入る）

○ 3   ○ 9   ○ 4   ○ 7   ○ 5

24 14 − 9 = 29 − □ − 12

○ 5   ○ 17   ○ 22   ○ 12   ○ 15

25 $1 \div 8 + 1/8 = 1/16 \div \square$

○ 5/16　○ 1/2　○ 1/4　○ 2　○ 4

26 $12 - 54 \div \square = 9$

○ 3　○ 6　○ 9　○ 12　○ 18

27 $(27 - 19) \times (\square - 4) = 96$

○ 16　○ 8　○ 12　○ 9　○ 21

28 $76 + 43 \times 2 + 6 = 12 \times \square$

○ 7　○ 9　○ 14　○ 16　○ 12

29 $9/20 = 2.7 \div \square$

○ 13　○ 6　○ 0.4　○ 9　○ 14

30 $8 \div 0.2 = 80 \times \square \div 3.2$

○ 0.16　○ 0.625　○ 4　○ 1.6　○ 6.25

31 $2.8 \times \square = 1/5 + 9/25$

○ 32%　○ 20%　○ 56%　○ 28%　○ 36%

32 $8 \times \square \div 5 = 2.4 \times 2 \div 2.5$

○ 10/9　○ 8/7　○ 6/5　○ 12/11　○ 13/10

33 $7 - (3 + \square) = -(9 - 2)$

○ 17　○ 9　○ 7　○ 14　○ 11

34 $2.35 + 0.45 = 7 \times 5 \times \square$

○ 12.5%　○ 80%　○ 25%　○ 8%　○ 40%

35 $7 = \square \div 5/8$

○ 7.272　○ 4.375　○ 11.2　○ 3.615　○ 5.65

36 $0.6 \div \square = 12 \times 1/5$

○ 1/100　○ 1/20　○ 10　○ 1/4　○ 4

37 $3.6 \div \square = 9$

○ 4/5　○ 9/4　○ 2/5　○ 5/4　○ 5/2

38 $7/4 + 1/8 = \square \times 5/4$

○ 5/8　○ 2/3　○ 2　○ 3/2　○ 8/5

39 $35 \div \square = 11/14 + 1/21$

○48 ○42 ○35 ○21 ○14

40 $1400 - \square \times 280 = 1344$

○20 ○0.4 ○0.2 ○4 ○0.02

41 $3/25 + \square = 87\%$

○3/5 ○3/4 ○3/25 ○77/100 ○19/25

42 $0.8 + 0.1 \times \square = 0.08 \div 1/80$

○560 ○64 ○56 ○6.4 ○5.6

43 $\square \div 10 = 4/5 + 7/4 - 2$

○4 ○10.5 ○2.4 ○1.5 ○5.5

44 $3/4 + 5/28 = \square \div 196$

○195 ○143 ○65 ○182 ○154

45 $2.1 \times \square - 3/5 \times \square = 60$ （□には同じ値が入る）

○40 ○2.5 ○400 ○25 ○4

46 $42 \div (\square - 3/2) = 3 \div 0.25$

○7/2 ○5/4 ○5 ○11/6 ○3

47 $330 \div \square \div 1.2 = 0.5 \times 27.5$

○0.5 ○20 ○0.05 ○200 ○0.2

48 $\square \div 6 + \square \times 6 - 31 = \square$ （□には同じ値が入る）

○1 ○3 ○6 ○1/3 ○1/6

49 $7 \times 8 \div 5 \div \square = 5/6 + 1/10$

○0.2 ○12 ○5 ○18 ○30

50 $(1.2 + \square) \times (1.2 - \square) = 1.08$ （□には同じ値が入る）

○1/5 ○3/4 ○1/2 ○3/5 ○4/3

Web-CAB

四則逆算　模擬テスト

解説と正解

1　$\square \times 9 = 16 + 38$　　←　9を右辺に移す（÷9に変わる）

　　　$\square = (16 + 38) \div 9$　　←　赤字の部分を、電卓で左から順に計算

　　　$\square = 6$

正解　**6**

2　　　　$0.009 = \square \times 0.0003$　　←　左右の式を入れ替える（□が左辺にくる）

　　$\square \times 0.0003 = 0.009$　　←　0.0003を右辺に移す

　　　　　　$\square = 0.009 \div 0.0003$　　←　赤字の部分を、電卓で計算

　　　　　　$\square = 30$

正解　**30**

別解 整数にして暗算する

はじめに両辺に10000をかけ算して小数を整数にし、「$90 \div 3 = 30$」と暗算。

3　$94 - 29 = \square - 43$　　←　左右の式を入れ替える

　　　$\square - 43 = 94 - 29$　　←　43を右辺に移す（＋43に変わる）

　　　　　$\square = 94 - 29 + 43$　　←　赤字の部分を、電卓で左から順に計算

　　　　　$\square = 108$

正解　**108**

4　$3129 - \square = 2486$　　←　3129を右辺に移す（「3129 −」のまま右辺の先頭へ）

　　　　　$\square = 3129 - 2486$　　←　赤字の部分を、電卓で計算

　　　　　$\square = 643$

正解　**643**

5 選択肢が％なので、分数を小数にして、暗算または電卓で計算するとよい。

□＝1/2＋3/10　　←　分数を小数にする

□＝**0.5＋0.3**　　←　赤字の部分を、暗算または電卓で計算

□＝0.8　　←　選択肢が％なので、0.8を100倍する

□＝80％

正解	**80%**

別解 **分数のほうが速いという人は、分数のまま計算してかまわない**

□＝1/2＋3/10　　←　分母を10に揃える（$\frac{1}{2}$の分子と分母に×5）

□＝$\frac{5}{10}+\frac{3}{10}$　　←　赤字の部分を、計算

□＝$\frac{8}{10}$　　←　「分子÷分母×100」（8÷10×100）で％にする

□＝80％

6　18÷21＝□÷7　　←　左右の式を入れ替える

　　　□÷7＝18÷21　　←　7を右辺に移す（×7に変わる）

　　　　　□＝18÷21×7　　←　割り切れるように、かけ算を先にする

　　　　　□＝**18×7÷21**　　←　赤字の部分を、電卓で左から順に計算

　　　　　□＝6

正解	**6**

別解 **割り切れないまま電卓で計算。あるいは比で解く**

割り切れないまま電卓で「18÷21×7＝5.99…」と計算して、最も近い選択肢の「6」を選ぶ。比で解くときは、左辺の割る数と割られる数を、それぞれ÷3すると、右辺の割る数と割られる数になる。

```
              ÷3
         ┌────────┐
  18  ÷  21  =  □  ÷  7
  └──────────────┘
       ÷3      └─ 18÷3＝6
```

7　□÷14＋9＝14　　←　14と9を右辺に移す（左辺の計算順が後の9が先）

　　　　　□＝**(14－9)×14**　　←　赤字の部分を、電卓で左から順に計算

　　　　　□＝70

正解	**70**

第2部／Web-CAB／四則逆算／模擬テスト／解説と正解　179

8 $600 - \square \times 10 = 320$　　　　　← 600と10を右辺に移す

$\square = (600 - 320) \div 10$　　← 赤字の部分を、電卓で左から順に計算

$\square = 28$

正解	28

---

9 $700の\square\% = 119$　　　　　← 「の」をかけ算の式にする（700×□%となる）

$700 \times \square\% = 119$　　　　← 700を右辺に移す

$\square\% = 119 \div 700$　　　← 赤字の部分を、電卓で計算

$\square\% = 0.17$　　　　　　← 0.17を100倍して%にする

$\square = 17$

正解	17

---

10 $\square \times 0.8 = 80 \div 1/4$　　　← 0.8を右辺に移す

$\square = 80 \div \dfrac{1}{4} \div 0.8$　　← $\div \dfrac{1}{4}$ を×4にする

$\square = 80 \times 4 \div 0.8$　　← 赤字の部分を、電卓で左から順に計算

$\square = 400$

正解	400

別解 $\dfrac{1}{4}$ を0.25にして、「$80 \div 0.25 \div 0.8$」と計算

---

11 選択肢が整数と小数なので、分数を小数にして電卓で計算する。

$3/2 = 3/4 + \square$　　　　← 左右の式を入れ替える

$\dfrac{3}{4} + \square = \dfrac{3}{2}$　　　　← $\dfrac{3}{4}$ を右辺に移す

$\square = \dfrac{3}{2} - \dfrac{3}{4}$　　　← 分数を小数にする

$\square = 1.5 - 0.75$　　← 赤字の部分を、暗算または電卓で計算

$\square = 0.75$

正解	0.75

別解 $\dfrac{3}{2}$ は $\dfrac{3}{4}$ の2倍なので「$\dfrac{3}{2} = \dfrac{3}{4} + \dfrac{3}{4}$」。よって「$\square = \dfrac{3}{4} = 0.75$」

12 $0.2 \times \square = 0.8 \div 0.05$　　← 0.2を右辺に移す

　　　$\square = \mathbf{0.8 \div 0.05 \div 0.2}$　　← 赤字の部分を、電卓で左から順に計算

　　　$\square = 80$

| 正解 | 80 |

> **別解** 「0.8÷0.05÷0.2」を「0.8÷(0.05×0.2)」にして暗算
> 「0.8÷0.05÷0.2」は「0.8÷(0.05×0.2)」と同じ。かっこ内を暗算すると「0.8÷0.01」。÷0.01は×100と同じだから、0.8より2桁大きい「80」が正解。

13 $\square \div 10 = 0.06 + 0.002$　　← 10を右辺に移す

　　　$\square = \mathbf{(0.06 + 0.002) \times 10}$　　← 赤字の部分を、電卓で左から順に計算

　　　$\square = 0.62$

| 正解 | 0.62 |

> **別解** 「0.06×10＝0.6」だけ計算
> 数の小さい「0.002」は無視して、「0.06×10＝0.6」だけ計算。最も近い選択肢の「0.62」を選ぶ。

14 　　　　$9 = (\square - 27) \div 6$　　← 左右の式を入れ替える

$(\square - 27) \div 6 = 9$　　← 27と6を右辺に移す

　　　　$\square = \mathbf{9 \times 6 + 27}$　　← 赤字の部分を、電卓で左から順に計算

　　　　$\square = 81$

| 正解 | 81 |

15 $3.75 + \square = 6$　　← 3.75を右辺に移す

　　　$\square = \mathbf{6 - 3.75}$　　← 赤字の部分を、電卓で計算

　　　$\square = 2.25$　　← 分数にする

　　　$\square = \dfrac{225^{\,9}}{{}_{4}100}$　　← 約分する（分子と分母を÷25）

　　　$\square = \dfrac{9}{4}$

| 正解 | 9/4 |

> **別解** 2.25を分数にするときは、$0.25 = \dfrac{1}{4}$ だから、$2.25 = 2\dfrac{1}{4} = \dfrac{9}{4}$ と考えてもよい

第2部／Web-CAB／四則逆算／模擬テスト／解説と正解　181

16 「□×□」に当てはまる数の計算は、電卓の「√」(ルート)ボタンを使うと楽。

□×□＝576 (□には同じ値が入る) ◀ 2乗して576になる数が正解なので、√576を求める

(電卓で「576[√]」と操作すると「24」と答えが出る)

□＝24

正解	24

別解 電卓の「√」ボタンを使わずに解くときは、選択肢の10の位だけ2乗

選択肢が10きざみなので、選択肢の10の位だけ2乗して答えを推測する。
10×10＝100
20×20＝400 ⎫ 576は400〜900の間の数なので、□は20〜30の間の数。当てはまる選択肢
30×30＝900 ⎭ は「24」だけ。

17 7÷□＝6÷0.375÷8 ◀ 7を右辺に移す(「7÷」のまま右辺の先頭へ)

□＝7÷(6÷0.375÷8) ◀ かっこをはずす

□＝7÷6×0.375×8 ◀ 割り切れるように、かけ算を先にする

□＝**7×0.375×8÷6** ◀ 赤字の部分を、電卓で左から順に計算

□＝3.5

正解	3.5

別解 かっこをはずす代わりに、電卓のメモリー機能を使う

6 [÷] 0.375 [÷] 8 [M＋] ◀ かっこ内を計算してメモリーに記憶
7 [÷] [MR] [＝] ◀ [MR]でメモリー呼び出し。[＝]で答えは3.5

18 3÷4＝1/4×□÷5 ◀ 左右の式を入れ替える

$\frac{1}{4}$×□÷5＝3÷4 ◀ $\frac{1}{4}$と5を右辺に移す

□＝3÷4×5÷$\frac{1}{4}$ ◀ ÷$\frac{1}{4}$を×4にする

□＝**3÷4×5×4** ◀ 赤字の部分を、電卓で左から順に計算

□＝15

正解	15

別解 「3÷4×5×4」の「÷4」と「×4」を相殺。「3×5＝15」と暗算

19 選択肢に割り切れない分数があるので、式を分数にして筆算する。

182

$$35 \times \square - 8 = 7$$

← 35と8を右辺に移す

$$\square = \mathbf{(7 + 8)} \div 35$$

← 赤字の部分を暗算。÷35は×$\frac{1}{35}$にして計算

$$\square = \frac{\overset{3}{15} \times 1}{35_{\,7}}$$

← 約分を忘れない

$$\square = \frac{3}{7}$$

正解	3/7

20 選択肢が整数と小数なので、分数を整数の式にして、電卓で計算する。

$$6/5 = 8.4 \div \square$$

← 左右の式を入れ替える

$$8.4 \div \square = \frac{6}{5}$$

← 8.4を右辺に移す

$$\square = 8.4 \div \frac{6}{5}$$

← $\div \frac{6}{5}$ を÷6×5にする

$$\square = \mathbf{8.4 \div 6 \times 5}$$

← 赤字の部分を、電卓で左から順に計算

$$\square = 7$$

正解	7

21 $$830 - \square = 330 - (400 - 170)$$

← 830を右辺に移す

$$\square = 830 - (330 - (400 - 170))$$

← かっこをはずす

$$\square = \mathbf{830 - 330 + 400 - 170}$$

← 赤字の部分を、電卓で左から順に計算

$$\square = 730$$

正解	730

速解 電卓で「330 − 400 + 170 − 830」を計算して、プラス・マイナスを逆にする
計算すると「330 − 400 + 170 − 830 = −730」。プラスにした「730」が正解。
※引く順を逆にすると、プラス・マイナスが逆転した答えになる。

22 選択肢に割り切れない分数があるので、筆算する。

$$6 \div 27 = 1/2 \times \square$$

← 左右の式を入れ替える

$$\frac{1}{2} \times \square = 6 \div 27$$

← $\frac{1}{2}$ を右辺に移す

$$\square = 6 \div 27 \div \frac{1}{2}$$

← ÷27は×$\frac{1}{27}$、÷$\frac{1}{2}$は×2にして計算

$$\square = \frac{\overset{2}{6} \times 1 \times 2}{27_{\,9}}$$

← 約分を忘れない

$$\square = \frac{4}{9}$$

正解	4/9

23 2つの□は、数字の部分をかっこでくくってまとめる。

$$\square + 260 = \square \times 66 \quad (\square には同じ値が入る)$$ ← 左右の式を入れ替える

$$\square \times 66 = \square + 260$$ ← □を左辺に移す

$$\square \times 66 - \square = 260$$ ← $-\square$は「$\square \times (-1)$」と考える。66と1をかっこでくくる

$$\square \times (66 - 1) = 260$$ ← 赤字の部分を、暗算

$$\square \times 65 = 260$$ ← 65を右辺に移す

$$\square = 260 \div 65$$ ← 赤字の部分を、電卓で計算

$$\square = 4$$

正解	4

別解 式を1の位だけの「$\square + 0 = \square \times 6$」にして、選択肢の数値を代入

左右の1の位が一致するものが正解。該当するのは「4」だけ（左辺が $4 + 0 = 4$、右辺が $4 \times 6 = 24$）。

24
$$14 - 9 = 29 - \square - 12$$ ← 左右の式を入れ替える

$$29 - \square - 12 = 14 - 9$$ ← 29と12を右辺に移す

$$\square = 29 - (14 - 9 + 12)$$ ← かっこをはずす

$$\square = 29 - 14 + 9 - 12$$ ← 赤字の部分を、電卓で左から順に計算

$$\square = 12$$

正解	12

別解 左右の数字の部分を先に計算。「$5 = 17 - \square$」にしてから「$\square = 12$」

25 式も選択肢も分数は割り切れるものばかりなので、電卓が使える。「$1 \div 8 + \dfrac{1}{8}$」は分数で計算して、あとは電卓で計算、最後に分数にする。

$$1 \div 8 + 1/8 = 1/16 \div \square$$ ← 左右の式を入れ替える

$$\frac{1}{16} \div \square = 1 \div 8 + \frac{1}{8}$$ ← $1 \div 8$を$\frac{1}{8}$にして、右辺を足し算

$$\frac{1}{16} \div \square = \frac{2}{8}$$ ← $\frac{1}{16}$を右辺に移す

$$\square = \frac{1}{16} \div \frac{2}{8}$$ ← $\frac{1}{16}$を$1 \div 16$、$\div \frac{2}{8}$を$\div 2 \times 8$にする

$$\square = 1 \div 16 \div 2 \times 8$$ ← 赤字の部分を、電卓で左から順に計算

$$\square = 0.25$$ ← 分数にする

$$\square = \frac{1}{4}$$

正解	1/4

速解 電卓のメモリー機能を使って、計算過程のメモ書きを省く

1 [÷] 8 [M＋]　　　　　　← 1÷8を計算して、メモリーに記憶

1 [÷] 8 [M＋]　　　　　　← $\frac{1}{8}$を分子÷分母の式で計算して、メモリーに追加

1 [÷] 16 [÷] [MR] [＝]　← [MR]でメモリー呼び出し。[＝]で答えは0.25

別解 分数のほうが速いという人は、分数のまま計算してかまわない

前述の式の4行目の計算が、「$\frac{1}{16} \div \frac{2}{8} = \frac{1 \times \overset{1}{8}}{\underset{2}{16} \times 2} = \frac{1}{4}$」となる。

26 「12－」「54÷」という、右辺の先頭に符号付きで移すものばかり。まとめて移すと計算順を間違えやすいので、左辺の数を1つずつ右辺に移すとよい。

$12 - 54 \div \square = 9$　　　　← 12を右辺に移す

$54 \div \square = \mathbf{12 - 9}$　　　← 54を右辺に移す。12－9は暗算しておく

$\square = \mathbf{54 \div 3}$　　　　← 赤字の部分を、暗算または電卓で計算

$\square = 18$

正解	18

補足 まとめて移す場合の式は、「$\square = 54 \div (12 - 9)$」

27 $\mathbf{(27 - 19)} \times (\square - 4) = 96$　　　← かっこ内(赤字)を、暗算または電卓で計算

$8 \times (\square - 4) = 96$　　　　← 8と4を右辺に移す

$\square = \mathbf{96 \div 8 + 4}$　　　← 赤字の部分を、電卓で左から順に計算

$\square = 16$

正解	16

28 $76 + 43 \times 2 + 6 = 12 \times \square$　　　← 左右の式を入れ替える

$12 \times \square = 76 + 43 \times 2 + 6$　　← 12を右辺に移す

$\square = (76 + (43 \times 2) + 6) \div 12$　← 電卓で計算しやすいよう43×2を先に

$\square = \mathbf{(43 \times 2 + 76 + 6) \div 12}$　← 赤字の部分を、電卓で左から順に計算

$\square = 14$

正解	14

第2部／Web-CAB／四則逆算／模擬テスト／解説と正解　185

29 選択肢が整数と小数なので、分数を整数の式にして、電卓で計算する。

$$9/20 = 2.7 \div \square \qquad \Longleftarrow \text{左右の式を入れ替える}$$

$$2.7 \div \square = \frac{9}{20} \qquad \Longleftarrow \text{2.7を右辺に移す}$$

$$\square = 2.7 \div \frac{9}{20} \qquad \Longleftarrow \div\frac{9}{20}\text{を}\div 9 \times 20\text{にする}$$

$$\square = \mathbf{2.7 \div 9 \times 20} \qquad \Longleftarrow \text{赤字の部分を、電卓で左から順に計算}$$

$$\square = 6$$

正解	6

30
$$8 \div 0.2 = 80 \times \square \div 3.2 \qquad \Longleftarrow \text{左右の式を入れ替える}$$

$$80 \times \square \div 3.2 = 8 \div 0.2 \qquad \Longleftarrow \text{80と3.2を右辺に移す}$$

$$\square = \mathbf{8 \div 0.2 \times 3.2 \div 80} \qquad \Longleftarrow \text{赤字の部分を、電卓で左から順に計算}$$

$$\square = 1.6$$

正解	1.6

31 選択肢が％なので、分数を小数と整数の式にして、電卓で計算する。

$$2.8 \times \square = 1/5 + 9/25 \qquad \Longleftarrow \frac{1}{5}\text{を0.2、}\frac{9}{25}\text{を}9 \div 25\text{にする。足す順は逆にする}$$

$$2.8 \times \square = 9 \div 25 + 0.2 \qquad \Longleftarrow \text{2.8を右辺に移す}$$

$$\square = \mathbf{(9 \div 25 + 0.2) \div 2.8} \qquad \Longleftarrow \text{赤字の部分を、電卓で左から順に計算}$$

$$\square = 0.2 \qquad \Longleftarrow \text{選択肢が％なので、0.2を100倍する}$$

$$\square = 20\%$$

正解	20%

> **別解** 分数のまま足し算してから、分数を整数の式にする
> 足し算は分母を25に揃えて「$\frac{5}{25} + \frac{9}{25} = \frac{14}{25}$」。分数を整数の式にして「$14 \div 25 \div 2.8 = 0.2$」と電卓で計算。「$0.2 = 20\%$」と％にする。

32 選択肢に割り切れない分数があるので、式を分数にして筆算する。

$$8 \times \square \div 5 = 2.4 \times 2 \div 2.5 \qquad \Longleftarrow \text{8と5を右辺に移す}$$

$$\square = 2.4 \times 2 \div 2.5 \times 5 \div 8 \qquad \Longleftarrow \text{2.4は}\frac{24}{10}\text{、}\div 2.5\text{は}\times\frac{10}{25}\text{、}\div 8\text{は}\times\frac{1}{8}\text{にして計算}$$

$$\square = \frac{\overset{3}{24} \times 2 \times \overset{1}{10} \times \overset{1}{5} \times 1}{\underset{5}{10} \times 25 \times 8_{\,1}} \qquad \Longleftarrow \text{約分を忘れない}$$

$$\square = \frac{6}{5}$$

186

正解	6/5

別解 電卓で「$2.4 \times 2 \div 2.5 \times 5 \div 8 = 1.2$」と計算してから分数にする

33 両辺にかっこがあって間違えやすいので、先に左右の計算をすませるとよい。

$7 - (3 + \square) = -(9 - 2)$　　← 左右をそれぞれ計算

$\quad 4 - \square = -7$　　← 4を右辺に移す

$\quad\quad \square = 4 - (-7)$　　← $-(-7)$を$+7$にする

$\quad\quad \square = 4 + 7$　　← 赤字の部分を、暗算または電卓で計算

$\quad\quad \square = 11$

正解	11

34 $2.35 + 0.45 = 7 \times 5 \times \square$　　← 左右の式を入れ替える

$\quad 7 \times 5 \times \square = 2.35 + 0.45$　　← 7と5を右辺に移す

$\quad\quad \square = (2.35 + 0.45) \div 5 \div 7$　　← 赤字の部分を、電卓で左から順に計算

$\quad\quad \square = 0.08$　　← 選択肢が%なので、0.08を100倍する

$\quad\quad \square = 8\%$

正解	8%

別解 「$7 \times 5 = 35$」を暗算してから、「$(2.35 + 0.45) \div 35$」と電卓で計算

35 選択肢が小数なので、分数を整数の式にして、電卓で計算する。

$\quad\quad 7 = \square \div 5/8$　　← 左右の式を入れ替える

$\square \div \dfrac{5}{8} = 7$　　← $\dfrac{5}{8}$を右辺に移す

$\quad\quad \square = 7 \times \dfrac{5}{8}$　　← $\dfrac{5}{8}$を「$5 \div 8$」にする

$\quad\quad \square = 7 \times 5 \div 8$　　← 赤字の部分を、電卓で左から順に計算

$\quad\quad \square = 4.375$

正解	4.375

別解 分数のまま「$7 \times \dfrac{5}{8} = \dfrac{35}{8} = 4\dfrac{3}{8}$」と計算
答えは4と5の間なので、該当する選択肢の「4.375」が正解。

第2部／Web-CAB／四則逆算／模擬テスト／解説と正解　187

36 式も選択肢も分数は割り切れるものばかりなので、電卓で計算してから分数にする。

$0.6 \div \square = 12 \times 1/5$ ⬅ $\frac{1}{5}$ を0.2にする。0.6を右辺に移す

$\square = 0.6 \div (12 \times 0.2)$ ⬅ かっこをはずす

$\square = \mathbf{0.6 \div 12 \div 0.2}$ ⬅ 赤字の部分を、電卓で左から順に計算

$\square = 0.25$ ⬅ 分数にする

$\square = \dfrac{1}{4}$

正解	1/4

別解 **分数のほうが速いという人は、分数のまま計算してかまわない**

$0.6 \div \square = 12 \times 1/5$ ⬅ 0.6を $\frac{3}{5}$ にして右辺に移す

$\square = \dfrac{3}{5} \div (12 \times \dfrac{1}{5})$ ⬅ かっこをはずす

$\square = \dfrac{3}{5} \div 12 \div \dfrac{1}{5}$ ⬅ ÷12は× $\frac{1}{12}$、÷ $\frac{1}{5}$ は×5にして計算

$\square = \dfrac{\overset{1}{3} \times 1 \times \overset{1}{5}}{\underset{1}{5} \times \underset{4}{12}}$ ⬅ 約分を忘れない

$\square = \dfrac{1}{4}$

---

37 選択肢は分数だが割り切れるものばかりなので、電卓で計算してから分数にする。

$3.6 \div \square = 9$ ⬅ 3.6を右辺に移す

$\square = \mathbf{3.6 \div 9}$ ⬅ 赤字の部分を、電卓で計算

$\square = 0.4$ ⬅ 分数にする

$\square = \dfrac{2}{5}$

正解	2/5

---

38 選択肢に割り切れない分数があるので、筆算する。

$7/4 + 1/8 = \square \times 5/4$ ⬅ 左右の式を入れ替える

$\square \times \dfrac{5}{4} = \dfrac{7}{4} + \dfrac{1}{8}$ ⬅ 右辺の分母を8に揃える。$\frac{5}{4}$ を右辺に移す

$\square = (\dfrac{\mathbf{14}}{\mathbf{8}} + \dfrac{\mathbf{1}}{\mathbf{8}}) \div \dfrac{5}{4}$ ⬅ かっこ内（赤字）を計算

$\square = \dfrac{15}{8} \div \dfrac{5}{4}$ ⬅ ÷ $\frac{5}{4}$ は× $\frac{4}{5}$ にして計算

$\square = \dfrac{\overset{3}{15} \times \overset{1}{4}}{\underset{2}{8} \times \underset{1}{5}}$ ⬅ 約分を忘れない

$\square = \dfrac{3}{2}$

正解	3/2

速解 電卓のメモリー機能を使って、計算過程のメモ書きを省く

7 [÷] 4 [M+] ← $\frac{7}{4}$ を分子÷分母の式で計算して、メモリーに記憶

1 [÷] 8 [M+] ← $\frac{1}{8}$ を式で計算して、メモリーに追加

[MR] [÷] 5 [×] 4 [＝] ← [MR]でメモリー呼び出し。[＝]で答えは1.5

39 選択肢は整数だが、割り切れない分数の足し算があるので筆算する。

$35 ÷ □ = 11/14 + 1/21$ ← 右辺の分母を42に揃える。35を右辺に移す

$□ = 35 ÷ \left(\dfrac{33}{42} + \dfrac{2}{42} \right)$ ← かっこ内（赤字）を計算

$□ = 35 ÷ \dfrac{35}{42}$ ← $÷\dfrac{35}{42}$ は $×\dfrac{42}{35}$ にして計算

$□ = \dfrac{{}^{1}35 × 42}{35_{,1}}$ ← 約分を忘れない

$□ = 42$

正解	42

40 $1400 - □ × 280 = 1344$ ← 1400と280を右辺に移す

$□ = (1400 - 1344) ÷ 280$ ← 赤字の部分を、電卓で左から順に計算

$□ = 0.2$

正解	0.2

41 式も選択肢も分数は割り切れるものばかりなので、電卓で計算してから分数にする。

$3/25 + □ = 87\%$ ← 87%は0.87にする。$\dfrac{3}{25}$ を右辺に移す

$□ = 0.87 - \dfrac{3}{25}$ ← $\dfrac{3}{25}$ を「3÷25」にする

$□ = 0.87 - (3 ÷ 25)$ ← 赤字の部分を、電卓で計算

$□ = 0.87 - 0.12$ ← 赤字の部分を、暗算または電卓で計算

$□ = 0.75$ ← 分数にする

$□ = \dfrac{3}{4}$

正解	3/4

速解 電卓では、引く順を逆にして「3÷25 − 0.87 ＝ − 0.75 ➡ 0.75」と計算
あるいは、メモリー機能を使ってもよい。

3 [÷] 25 [M+] ← 3÷25を計算してメモリーに記憶

0.87 [−] [MR] [＝] ← [MR]でメモリー呼び出し。[＝]で答えは0.75

第2部／Web-CAB／四則逆算／模擬テスト／解説と正解　189

42 $0.8 + 0.1 × \square = 0.08 ÷ 1/80$ ← 0.8と0.1を右辺に移す。$÷\frac{1}{80}$は×80にする

$\square = (0.08 × 80 - 0.8) ÷ 0.1$ ← 赤字の部分を、電卓で左から順に計算

$\square = 56$

正解	56

43 選択肢が整数と小数なので、分数を小数にして、電卓で計算する。

$\square ÷ 10 = 4/5 + 7/4 - 2$ ← 10を右辺に移す

$\square = (\dfrac{4}{5} + \dfrac{7}{4} - 2) × 10$ ← 分数を小数にする

$\square = (0.8 + 1.75 - 2) × 10$ ← 赤字の部分を、電卓で左から順に計算

$\square = 5.5$

正解	5.5

> **速解** 電卓のメモリー機能を使って、計算過程のメモ書きを省く
>
> 4 [÷] 5 [M+]   ← $\frac{4}{5}$を分子÷分母の式で計算して、メモリーに記憶
>
> 7 [÷] 4 [M+]   ← $\frac{7}{4}$を式で計算して、メモリーに追加
>
> [MR] [－] 2 [×] 10 [＝]   ← [MR]でメモリー呼び出し。[＝]で答えは5.5

44 選択肢は整数だが、式には割り切れない分数の足し算がある。足し算まで筆算して、あとは電卓で計算する。

$3/4 + 5/28 = \square ÷ 196$ ← 左右の式を入れ替える

$\square ÷ 196 = \dfrac{3}{4} + \dfrac{5}{28}$ ← 右辺の分母を28に揃える。196を右辺に移す

$\square = (\dfrac{21}{28} + \dfrac{5}{28}) × 196$ ← かっこ内（赤字）を計算

$\square = \dfrac{26}{28} × 196$ ← $\frac{26}{28}$を26÷28にする。割り切れるようかけ算を先にする

$\square = 26 × 196 ÷ 28$ ← 赤字の部分を、電卓で左から順に計算

$\square = 182$

正解	182

> **速解** 電卓のメモリー機能を使って、計算過程のメモ書きを省く
>
> 3 [÷] 4 [M+]   ← $\frac{3}{4}$を分子÷分母の式で計算して、メモリーに記憶
>
> 5 [÷] 28 [M+]   ← $\frac{5}{28}$を式で計算して、メモリーに追加
>
> [MR] [×] 196 [＝]   ← [MR]でメモリー呼び出し。[＝]で答えは181.99…
>
> 割り切れないので、最も近い選択肢の「182」を選ぶ。

45 $2.1 \times \square - 3/5 \times \square = 60$ （□には同じ値が入る）　　◀ 左辺の数の部分をかっこでくくる

$(2.1 - \dfrac{3}{5}) \times \square = 60$　　◀ $\dfrac{3}{5}$を0.6にする

$(2.1 - 0.6) \times \square = 60$　　◀ 赤字の部分を、暗算または電卓で計算

$1.5 \times \square = 60$　　◀ 1.5を右辺に移す

$\square = \mathbf{60 \div 1.5}$　　◀ 赤字の部分を、電卓で計算

$\square = 40$

正解	40

46 選択肢に割り切れない分数があるが、筆算には手間がかかりそうだ。まず、式を「□＝」にしてみる。「$\square = 42 \div 3 \times 0.25 + 1.5$」で、割り算の部分が割り切れるので、電卓で計算して大丈夫だ。

$42 \div (\square - 3/2) = 3 \div 0.25$　　◀ 42と$\dfrac{3}{2}$を右辺に移す（$\dfrac{3}{2}$は1.5にする）

$\square = 42 \div (3 \div 0.25) + 1.5$　　◀ かっこをはずす

$\square = \mathbf{42 \div 3 \times 0.25 + 1.5}$　　◀ 赤字の部分を、電卓で左から順に計算

$\square = 5$

正解	5

別解 かっこをはずす代わりに、電卓のメモリー機能を使う

3 [÷] 0.25 [M＋]　　◀ かっこ内を計算して、メモリーに記憶

42 [÷] [MR] [＋] 1.5 [＝]　　◀ [MR]でメモリー呼び出し。[＝]で答えは5

別解 筆算する場合は、以下の通り

$42 \div (\square - 3/2) = 3 \div 0.25$　　◀ 42と$\dfrac{3}{2}$を右辺に移す

$\square = 42 \div (3 \div 0.25) + \dfrac{3}{2}$　　◀ かっこをはずす。0.25を$\dfrac{1}{4}$にする

$\square = 42 \div 3 \times \dfrac{1}{4} + \dfrac{3}{2}$　　◀ かけ算と割り算を先に計算

$\square = \dfrac{\overset{7}{\cancel{42}}^{14} \times 1 \times 1}{\underset{1}{\cancel{3}} \times \cancel{4}_{2}} + \dfrac{3}{2}$

$\square = \dfrac{7}{2} + \dfrac{3}{2}$　　◀ 足し算する

$\square = \dfrac{\overset{5}{\cancel{10}}}{\underset{1}{\cancel{2}}}$　　◀ 約分を忘れない

$\square = 5$

第2部／Web-CAB／四則逆算／模擬テスト／解説と正解　191

47　$330 \div \square \div 1.2 = 0.5 \times 27.5$ 　　← 330と1.2を右辺に移す

　　　　　　$\square = 330 \div (0.5 \times 27.5 \times 1.2)$ 　← かっこをはずす

　　　　　　$\square = \mathbf{330 \div 0.5 \div 27.5 \div 1.2}$ 　← 赤字の部分を、電卓で左から順に計算

　　　　　　$\square = 20$

正解　**20**

別解　**かっこをはずす代わりに、電卓のメモリー機能を使う**

0.5 [×] 27.5 [×] 1.2 [M＋]　← かっこ内を計算して、メモリーに記憶

330 [÷] [MR] [＝]　　　　← [MR]でメモリー呼び出し。[＝]で答えは20

48　$\square \div 6 + \square \times 6 - 31 = \square$ （□には同じ値が入る）　← □を左辺に、31を右辺に移す

　　$\square \div 6 + \square \times 6 - \square = 31$ 　　　← 左辺は数の部分をかっこでくくる。÷6は$\times\frac{1}{6}$とする

　　$\square \times \left(\dfrac{1}{6} + 6 - 1\right) = 31$ 　　← 赤字の部分を、計算

　　　　$\square \times \dfrac{31}{6} = 31$ 　　　　← $\dfrac{31}{6}$を、右辺に移す

　　　　　$\square = 31 \div \dfrac{31}{6}$ 　　　← $\div\dfrac{31}{6}$は$\times\dfrac{6}{31}$にして計算

　　　　　$\square = \dfrac{\overset{1}{31} \times 6}{31_{1}}$ 　　　← 約分を忘れない

　　　　　$\square = 6$

正解　**6**

別解　**「$\square \div 6 + \square \times 6 - \square = 31$」に選択肢の数値を当てはめる**

選択肢のうち、÷6しやすい「6」をまず当てはめると、以下のように31になる。これが正解。

　　　　　$(\square \div 6) + (\square \times 6) - \square$

　6の場合　$(6 \div 6) + (6 \times 6) - 6 = 31$ ➡ ○

49 選択肢は整数と小数だが、式には割り切れない分数の足し算がある。足し算まで筆算して、あとは電卓で計算することにする。

$7 \times 8 \div 5 \div \square = 5/6 + 1/10$　　← 右辺の分母を30に揃える。7、8、5を右辺に移す

$\square = 7 \times 8 \div 5 \div \left(\dfrac{25}{30} + \dfrac{3}{30} \right)$　　← かっこ内（赤字）を計算

$\square = 7 \times 8 \div 5 \div \dfrac{28}{30}$　　← $\div \dfrac{28}{30}$ を $\div 28 \times 30$ にする

$\square = \mathbf{7 \times 8 \div 5 \div 28 \times 30}$　　← 赤字の部分を、電卓で左から順に計算

$\square = 12$

正解	12

速解 電卓のメモリー機能を使って、計算過程のメモ書きを省く

$5\ [\div]\ 6\ [M+]$　　← $\dfrac{5}{6}$ を分子÷分母の式で計算して、メモリーに記憶

$1\ [\div]\ 10\ [M+]$　　← $\dfrac{1}{10}$ を式で計算して、メモリーに追加

$7\ [\times]\ 8\ [\div]\ 5\ [\div]\ [MR]\ [=]$　　← [MR]でメモリー呼び出し。[=]で答えは12

---

50 「$(1.2 + \square)(1.2 - \square)$」は、公式「$(x + a)(x - a) = x^2 - a^2$」を使って式を展開する。

$(1.2 + \square) \times (1.2 - \square) = 1.08$（$\square$には同じ値が入る）　　← 左辺を展開する

$\mathbf{1.2^2} - \square^2 = 1.08$　　← 赤字の部分を、電卓で計算（$1.2^2 = 1.2 \times 1.2$）

$1.44 - \square^2 = 1.08$　　← 1.44を右辺に移す

$\square^2 = \mathbf{1.44 - 1.08}$　　← 赤字の部分を、電卓で計算

$\square^2 = 0.36$　　← 2乗して0.36になる数が正解

　　（電卓で求めるには「0.36 [$\sqrt{\ }$]」と操作）

$\square = 0.6$　　← 分数にする

$\square = \dfrac{3}{5}$

正解	3/5

第2部／Web-CAB／四則逆算／模擬テスト／解説と正解　193

CAB
暗算の概要

🔴 四則演算を暗算で解く

　暗算は、いろいろな種類の計算問題を、暗算によって解くテストです。正確に計算することは求められていません。できるだけ速く答えを推測して、5つの選択肢の中から選びます。計算には電卓は使えません。

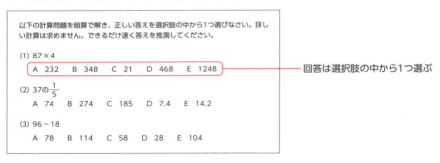

🔴 速度を競う問題

　暗算の問題数と制限時間は、以下の通りです。

科目名	方式	問題数	制限時間
暗算	ペーパー	50問	10分

　問題自体は、小学校までに習うレベルの四則演算(足し算、引き算、かけ算、割り算)です。しかし油断は禁物です。制限時間10分で50問ということは、**1問を12秒で解かなければなりません。暗算は、解けるか解けないかを問う問題ではなく、速度を競う問題なのです。**

🔴 暗算はIMAGESでも出題される

　暗算は、CABのほか、IMAGESでも出題されます。本科目の対策を、IMAGESの対策としても役立ててください。

CAB
暗算の攻略法

■● 四捨五入、切り上げ、切り捨てなどで概算をする

　CABの暗算は、四捨五入や切り上げ、切り捨てなどを使い、概算（おおよその計算）をすると、その計算結果に最も近い選択肢が正解であるように作られています。ですから、**四捨五入や切り上げ、切り捨てを上手に使うことが重要**です。

■● 足し算、引き算では小さすぎる数は省いて計算

　正確な計算は不要です。**足し算、引き算では小さすぎる数は省いて計算**しましょう。

■● 小数点やパーセントのかけ算を、分数にしたり、整数の割り算に置き換える

　小数点やパーセントのかけ算は、分数にしたり、整数の割り算に置き換えたほうが暗算しやすい場合があります。 例えば、「690×0.33」は、×0.33を約 $\frac{1}{3}$ と考えて、「690× $\frac{1}{3}$ 」としたり、分数を割り算の「690÷3」にするほうが暗算しやすくなります。

■● 割り算は、答えが決まれば、あとは「余りあり」でよい

　割る数が1桁のときは、四捨五入せずに、答えが決まるところまで割り算するほうが確実です。答えが決まれば、あとは余りでかまいません。 例えば、「148÷4」は正確に計算すると「37」ですが、選択肢に30台の数が1つしかないなら「148÷4＝30余りあり」と計算すれば充分です。選択肢をうまく使いましょう。

■● 本書の問題に繰り返し取り組んで、力をつけよう！

　暗算の問題は、計算自体は難しくはないのですが、1問を12秒で解くのは大変です。

　計算速度を上げるためには、たくさんの問題を繰り返し解いて慣れることです。本番のつもりで時間を計り、模擬テストをどこまで速く解けるか試してみましょう。

第2部／CAB／暗算／暗算の概要　195

CAB 暗算

1 足し算・引き算

●暗算で、整数と小数の足し算、引き算をする。電卓は使えない
●正確な計算は不要。四捨五入、切り上げ、切り捨てなどで概算（大まかな計算）する
●小さすぎる数は省いて計算

例題

以下の計算問題を暗算で解き、正しい答えを選択肢の中から1つ選びなさい。詳しい
計算は求めません。できるだけ速く答えを推測してください。

1 394 + 57 + 2618 + 13
A 3972　B 725　C 3082　D 1062　E 2082

2 6432 − 716 − 27
A 5798　B 5689　C 6021　D 7175　E 3853

3 2.6 + 0.018 + 6.3
A 10.3　B 8.918　C 9.5　D 89.18　E 5.328

4 9.8 − 0.002 − 5.3
A 4.8　B 0.388　C 3.4　D 2.962　E 4.498

5 72 − 47
A 25　B 39　C 119　D 35　E 45

1 選択肢の離れ具合を見て、どの桁まで計算するか決める。選択肢は大きく離れている
ので、10の位で四捨五入して、100の位以上を計算。小さすぎる13は省く。

~~394 +~~ ~~57~~ + ~~2618~~ + ~~13~~
400 + 100 + 2600　　＝3100 ➡　最も近い選択肢は「C　3082」

2 引き算も、選択肢の離れ具合でどの桁まで計算するか決めるのは同じ。選択肢の値が近いので、1の位で四捨五入して、10の位以上を計算。

~~6432 − 716 − 27~~

6430 − 720 − 30 = 5680 ➡ 最も近い選択肢は「**B**　5689」

> **別解** 選択肢の1の位はすべて異なる。1の位だけ引き算する
> 答えがマイナスにならないよう、2は32のままで「32 − 6 − 7 = 1**9**」。1の位が9の選択肢は「**B** 568**9**」だけ。

3 小数も考え方は整数と同じ。選択肢の値が近いので、2.6と6.3はそのまま計算。

2.6 + ~~0.018~~ + 6.3　※小さすぎる0.018は省いて計算

2.6　　　　+ 6.3 = 8.9 ➡ 最も近い選択肢は「**B**　8.918」

> **速解** 0.018から、末尾が「.x18」の選択肢を選ぶ
> 当てはまるのは「**B**　8.918」だけ。この方法だと計算は不要。このように、常に選択肢に答えのヒントが隠されていることを、頭に入れておこう。

4 9.8 − ~~0.002~~ − 5.3　※小さすぎる0.002は省いて計算

9.8　　　　 − 5.3 = 4.5 ➡ 最も近い選択肢は「**E**　4.498」

> **補足** 四捨五入で「10 − 5 = 5」にすると「**A**　4.8」を間違って選びやすい
> 選択肢の値が近いときは、概算しすぎないことも大事。なお、「10 − 5 = 5」と計算したときは、引く数に「0.002」があるので末尾は「.xx8」ということも考えよう。「**A**　4.8」は間違いなので、次に近い数の「**E**　4.498」に決まる。

5 ~~72 − 47~~

70 − 50 = 20 ➡ 最も近い選択肢は「**A**　25」

> **別解** 引く数の1の位を切り捨てて「72 − 40 = 32」
> 32より小さい数が正解。当てはまるのは「**A**　25」だけ。

正解	**1** C	**2** B	**3** B	**4** E	**5** A

第2部／CAB／暗算／足し算・引き算　197

練習問題① 足し算・引き算

以下の計算問題を暗算で解き、正しい答えを選択肢の中から1つ選びなさい。詳しい計算は求めません。できるだけ速く答えを推測してください。

1 368 + 83

A 431　　B 111　　C 121　　D 451　　E 471

2 7183 − 462 − 25

A 5213　　B 5780　　C 472　　D 6696　　E 3563

3 1.4 + 32 + 5.1006

A 26.214　　B 36.5006　　C 38.5006　　D 84.406　　E 40.506

4 1258 + 67 + 521

A 1946　　B 2216　　C 1656　　D 716　　E 1846

5 7843 − 427

A 7416　　B 6183　　C 7393　　D 6924　　E 5746

6 36.5 − 24 − 836

A −896.5　　B 60.5　　C −823.5　　D 765.5　　E −26.5

7 926 − 487 − 3.2

A 243.8　　B 465.8　　C 1413.8　　D 435.8　　E 510.8

---

1 ~~368 + 83~~

370 + 80 = 450　➡　最も近い選択肢は「D　451」

2 ~~7183~~ − ~~462~~ − 25　※小さすぎる25は省いて計算

7200 − 500　　　= 6700　➡　最も近い選択肢は「**D**　6696」

> **別解** **7183から、462と25を引くので、答えは6000台**
> 式を見て、答えが6000台だとあたりをつけてもよい（400台と20台の数を引くので、千の位から減る数は1だけ。5000台にはならない）。選択肢のうち6000台は「**D**　6696」だけ。

3 ~~1.4~~ + 32 + ~~5.1006~~

1 + 32 + 　5　　= 38　➡　最も近い選択肢は「**C**　38.5006」

> **別解** **5.1006の末尾「.x006」で「B　36.5006」と「C　38.5006」に絞る**
> 式のうち大きい数2つの整数部分を足すと「32 + 5 = 37」なので、それより小さい「**B**　36.5006」はあり得ない。「**C**　38.5006」に決まる。

4 ~~1258~~ + ~~67~~ + ~~521~~

1260 + 70 + 520 = 1850　➡　最も近い選択肢は「**E**　1846」

5 ~~7843~~ − ~~427~~

7840 − 430 = 7410　➡　最も近い選択肢は「**A**　7416」

> **別解** **「7800 − 400 = 7400」で「A　7416」「C　7393」に絞って1の位を計算**
> 1の位は「3 − 7」。答えがマイナスにならないよう、3を13にして「13 − 7 = 6」。選択肢**A**と**C**のうち、1の位が6なのは「**A**　741**6**」。

6 ~~36.5~~ − ~~24~~ − ~~836~~

40 − 20 − 840 = −820　➡　最も近い選択肢は「**C**　−823.5」

> **別解** **−836に近い数で、−836より大きい数を探す**
> 式から答えは−836に近い数だと予想がつく。当てはまるのは「**A**　−896.5」と「**C**　−823.5」。式の残りの「36.5 − 24」の答えはプラスの数なので、「36.5 − 24 − 836」の答えは−836より大きい。当てはまるのは「**C**　−823.5」。

7 ~~926~~ − ~~487~~ − ~~3.2~~　※小さすぎる3.2は省いて計算

930 − 490　　　= 440　➡　最も近い選択肢は「**D**　435.8」

正解	**1** D	**2** D	**3** C	**4** E	**5** A	**6** C	**7** D

第2部／CAB／暗算／足し算・引き算　199

CAB　暗算

2 かけ算・割り算（整数と小数）

● 暗算で、整数と小数のかけ算、割り算をする
● 足し算や引き算よりも、概算で答えが離れる危険がある。概算結果が、正解よりも大きい数なのか小さい数なのかを気にとめながら計算するとよい

例題

以下の計算問題を暗算で解き、正しい答えを選択肢の中から1つ選びなさい。詳しい計算は求めません。できるだけ速く答えを推測してください。

1 68×32

A　196　　B　312　　C　2176　　D　1286　　E　18076

2 58×9

A　522　　B　589　　C　8.2　　D　902　　E　378

3 1.2÷1.6

A　0.021　　B　8　　C　3.2　　D　0.75　　E　3.6

4 45÷8

A　4.91　　B　5.52　　C　5.625　　D　4.861　　E　5.9

5 46×0.01×4

A　16.4　　B　1.84　　C　264　　D　184　　E　26.4

1 かけ算も、足し算や引き算と同じく、四捨五入や切り上げ、切り捨てなどで概算する。

~~68×32~~

70×30＝2100　➡　最も近い選択肢は「C　2176」

2 九九で暗算しやすいように、四捨五入で58を60に切り上げる。

5̶8̶×9

60×9＝540 ➡ 少し小さい選択肢は「**A** 522」

> **補足** 両方を切り上げて「60×10＝600」にすると「**B** 589」と間違えやすい
> かけ算では両方の数を切り上げると、答えから離れることがあるので気をつけよう。少し大きいかけ算の「58×10＝580」よりも大きい選択肢が正解ということはあり得ない。
> ※なお、「58×10＝580」と概算したときには、580より少し小さい「**A** 522」を選べばよい（「60×9＝540」よりも誤差は大きくなる。かけ算で、片方だけを切り上げるときは、大きい数を切り上げるほうが誤差は小さい）。

3 割り算も、四捨五入や切り上げ、切り捨てなどで概算するのは同じ。ただし、片方を切り上げて、片方を切り捨てると、答えから離れることがある。この問題では、割る数だけ切り上げて整数にして、答えより少し大きいものを選ぶ。

1.2÷1̶.̶6̶

1.2÷ 2 ＝0.6 ➡ 少し大きい選択肢は「**D** 0.75」

> **速解** 割る数の1.6のほうが大きいので、答えは1未満
> 1未満は「**A** 0.021」と「**D** 0.75」。「**A** 0.021」は小さすぎるので、正解は「**D** 0.75」。

4 割る数が1桁のときは、四捨五入せずに、答えが決まるところまで割り算するほうが確実だ。この問題では、「45÷8＝5余りあり」だけでは候補の選択肢が3つあるので、もう1桁計算する。

45÷8＝5.6余りあり ➡ 5.6より大きくて5.7より小さい選択肢は「**C** 5.625」

5 4̶6̶×0.01×4

50×0.01×4＝2 ➡ 少し小さい選択肢は「**B** 1.84」

> **速解** 先に「46×0.01＝0.46」を計算。4より小さい数を選ぶ
> 「0.46×4」は、4の0.46倍なので、答えは4より小さい。当てはまるのは「**B** 1.84」だけ。

正解	**1** C	**2** A	**3** D	**4** C	**5** B

練習問題① かけ算・割り算 (整数と小数)

以下の計算問題を暗算で解き、正しい答えを選択肢の中から1つ選びなさい。詳しい計算は求めません。できるだけ速く答えを推測してください。

1 330 ÷ 25
A 11.32　　B 18.26　　C 13.2　　D 8.12　　E 26

2 76 × 52
A 3952　　B 41284　　C 4190　　D 3546　　E 670

3 0.0073 ÷ 0.00008
A 9.125　　B 0.09125　　C 0.0915　　D 91.25　　E 0.9125

4 6.3 × 6.3
A 36.9　　B 397　　C 39.69　　D 12.6　　E 32.69

5 52173 ÷ 3162
A 1.65　　B 246　　C 12.6　　D 24.6　　E 16.5

6 17 × 32 × 95
A 144　　B 51680　　C 1529　　D 38640　　E 6370

---

1 割り算では、割る数と割られる数に同じ数をかけても、答えは同じ。両方に2をかけて「660 ÷ 50」にすると、割る数が50になって計算しやすい。

~~330 ÷ 25~~

660 ÷ 50 = 13 余りあり　➡　13より大きくて14より小さい選択肢は「C　13.2」

> **別解** 両方を同じ数で割ってもよい
> 「330 ÷ 25」の割る数と割られる数を5で割って「66 ÷ 5 = 13 余りあり」と計算してもよい。

2 「80×50＝4000」だと選択肢が決めづらい。76はそのまま計算する。

76×~~52~~

76×50＝3800 ➡ 少し大きい選択肢は「**A** 3952」

> **速解** 1の位だけかけ算する
> 計算すると「6×2＝1**2**」。選択肢で1の位が2なのは「**A** 395**2**」だけ。

3 桁間違いを防ぐため、0.0073と0.00008に100000をかけて、整数にしてから計算する。

~~0.0073÷0.00008~~

730 ÷ 8 ＝90余りあり ➡ 90より大きい選択肢は「**D** 91.25」

> **補足** 計算は選択肢が決まるところまですればよい
> 「730÷8＝91余りあり」だが、90台の選択肢は「**D** 91.25」だけ。「90余りあり」まで計算すればよい。

> **速解** 両方に10000をかけて「73÷0.8」で73より大きい数を選ぶ
> 割る数が0.8なので、答えは73より大きい。当てはまるのは「**D** 91.25」だけ。

4 「6×6」で選択肢を絞り、「0.3×0.3＝0.09」で末尾の値が正しいものを選ぶ。

~~6.3×6.3~~

6 × 6 ＝36 ➡ 近い選択肢は「**A** 36.9」と「**C** 39.69」。そのうち、末尾が「.x9」なのは「**C** 39.69」。

5 ~~52173÷3162~~

~~50000÷3000~~ ※両方を1000で割り、数を単純化

50 ÷ 3 ＝16余りあり ➡ 最も近い選択肢は「**E** 16.5」

6 ~~17×32× 95~~

20×30×100＝60000 ➡ 最も近い選択肢は「**B** 51680」

> **補足** 選択肢の値が離れている。「**D** 38640」より大きいことがわかればよい
> すべての数を小さめに「15×30×90＝40500」と計算してもよい。

正解	**1** C	**2** A	**3** D	**4** C	**5** E	**6** B

第2部／CAB／暗算／かけ算・割り算（整数と小数）　203

CAB　暗算

3 かけ算・割り算（％と分数）

- ●暗算で、％と分数のかけ算をする。出題されるのは「数の何％」「数の分数の値」
- ●「の」をかけ算の式にする。小数は計算しやすい値に四捨五入。分数は整数の割り算にしたり、「分子÷分母」で整数の式にする

例題

以下の計算問題を暗算で解き、正しい答えを選択肢の中から1つ選びなさい。詳しい計算は求めません。できるだけ速く答えを推測してください。

1 87の18％

A　11.26　　B　15.66　　C　13.66　　D　9.7　　E　19.26

2 541の33％

A　270.53　　B　108.2　　C　178.53　　D　16.3　　E　54.1

3 3963の140％

A　4730　　B　554.82　　C　47300　　D　5548.2　　E　28046

4 34の$\frac{1}{4}$

A　7.25　　B 1.7　　C　12.5　　D　17　　E　8.5

5 47の$\frac{2}{3}$

A　33.66　　B　19.63　　C　31.33　　D　18.43　　E　7.23

---

1 ％を小数にして、「の」をかけ算の式にする。九九で計算できるように四捨五入する。

~~87の18％~~

90×0.2 ＝18　➡　少し小さい選択肢は「B　15.66」

> **別解** もう少し近い数にしたいときは「90×0.18 ＝ 16.2」と計算

204

2 選択肢の値が離れているので、541を500と大きく切り捨てる。

~~541~~ の 33%

~~500~~ × ~~0.33~~　※片方を100で割り、片方に100をかけ、整数にする

5 × 33 ＝165 ➡ 少し大きい選択肢は「**C　178.53**」

> **補足** 片方を100で割り、片方に100をかけるのは、以下の式の変形と同じ
> $$\begin{aligned}&\quad 500 \qquad\ \times 0.33\\ &=\ 5\ \times 100 \times 0.33\\ &=\ 5\qquad\quad \times (100 \times 0.33)\\ &=\ 5\qquad\quad \times 33\end{aligned}$$

> **別解** 0.33を約 $\frac{1}{3}$ と考えて、「$541 \times \frac{1}{3}$」➡「$541 \div 3$」を計算
> 「$\times \frac{1}{3}$」は「$\div 3$」と同じ。計算すると「$541 \div 3 = 180$ 余りあり」。こちらのほうが正解に近い数が求められる。

3 ~~3963~~ の140%

4000 × 1.4　＝5600 ➡ 少し小さい選択肢は「**D　5548.2**」

4 分数も同じく「の」をかけ算の式にする。「$\times \frac{1}{4}$」は「$\div 4$」と同じ。

34の $\frac{1}{4}$

34 ÷ 4　＝8 余りあり ➡ 8より大きくて9より小さい選択肢は「**E　8.5**」

> **別解** 34を4で割り切れる数にして「$32 \div 4 = 8$」
> 割られる数を元より小さくして計算したので、答えは8より少し大きくなる。

5 分数を「分子÷分母」（2÷3）で整数の式にして、暗算しやすくする。

47の $\frac{2}{3}$

47 × 2 ÷ 3 ＝31 余りあり ➡ 31より大きくて32より小さい選択肢は「**C　31.33**」

> **補足** 正確に計算すると「$47 \times 2 \div 3 = 31.3333\cdots$」。四捨五入した数が正解
> CABの暗算の割り算では、四捨五入した数が正解ということもある。覚えておこう。

> **別解** 47を3で割り切れる数にして、割り算を先にして「$48 \div 3 \times 2 = 32$」

正解	**1** B	**2** C	**3** D	**4** E	**5** C

CAB

暗算　模擬テスト

制限時間10分　問題数50問

以下の計算問題を暗算で解き、正しい答えを選択肢の中から1つ選びなさい。詳しい計算は求めません。できるだけ速く答えを推測してください。

---

1 87×4

　A　232　　B　348　　C　21　　D　468　　E　1248

---

2 $37の\frac{1}{5}$

　A　74　　B　274　　C　185　　D　7.4　　E　14.2

---

3 $96 - 18$

　A　78　　B　114　　C　58　　D　28　　E　104

---

4 $168 + 64$

　A　32　　B　12　　C　232　　D　112　　E　632

---

5 $156 \div 4$

　A　390　　B　500　　C　50　　D　39　　E　5

---

6 $464の25\%$

　A　11600　　B　218　　C　28　　D　810　　E　116

---

7 $274 - 146$

　A　420　　B　128　　C　62　　D　142　　E　238

---

8 $27 \div 6$

　A　30　　B　11.5　　C　300　　D　3　　E　4.5

---

9 1.4×0.4

　A　56　　B　0.56　　C　5.6　　D　576　　E　9.6

---

10 $63の\frac{5}{9}$

　A　20　　B　54.6　　C　35　　D　38.5　　E　8.5

11 51×24

A 1224　B 2424　C 10000　D 204　E 44

12 $3282 - 132$

A 3624　B 1324　C 310　D 130　E 3150

13 666の94%

A 33.33　B 64.3　C 1332　D 626.04　E 133.04

14 $523 + 31 + 1194$

A 1643　B 418　C 1748　D 643　E 858

15 $892 - 351$

A 414　B 901　C 541　D 11　E 24

16 $518 \div 20$

A 54　B 259　C 1.54　D 25.9　E 954

17 290の17%

A 273　B 49.3　C 243　D 24.3　E 423

18 $10.7 + 3.24 + 5.3$

A 34.94　B 291　C 29.94　D 18.5　E 19.24

19 $9527 + 153$

A 60　B 680　C 9680　D 1280　E 12180

20 $2432 - 243$

A 2189　B 89　C 218　D 809　E 18

21 $2563 + 436 + 96$

A 31165　B 4445　C 5265　D 3595　E 3095

22 $4362 + 2447$

A 1309　B 5719　C 6809　D 8279　E 4179

23 $852 + 132 + 53$

A 1137　B 1037　C 937　D 7037　E 1537

24 $0.9 + 0.002 + 1.1$

A 1.002　B 22　C 12　D 2.002　E 22

第2部／CAB／暗算／模擬テスト　207

25 520の30%

A 27.3　　B 17　　C 273　　D 1.56　　E 156

26 74×31

A 229　　B 2294　　C 229.4　　D 1694　　E 654

27 3.4の45%

A 1.53　　B 170　　C 15.6　　D 0.17　　E 17.3

28 7280÷140

A 5.2　　B 182　　C 57.25　　D 705　　E 52

29 596の23%

A 431　　B 274.26　　C 137.08　　D 58　　E 924

30 7541÷48

A 1230　　B 12.7　　C 1277　　D 157.1　　E 521.7

31 44783−37552−107

A 70004　　B 17704　　C 6424　　D 7124　　E 6324

32 1157の72%

A 393.04　　B 9204　　C 1734　　D 833.04　　E 34

33 582+2184+433

A 3199　　B 4299　　C 3809　　D 1243.2　　E 12.6

34 582+2271+38+473

A 6734　　B 674　　C 3364　　D 1264　　E 12364

35 73692÷2136

A 42.5　　B 345　　C 425　　D 34.5　　E 4205

36 213+2163+27+761

A 1364　　B 3164　　C 16004　　D 11024　　E 74

37 9722−538−30

A 3153　　B 12034　　C 10224　　D 9154　　E 453

38 894−132−3.2

A 7　　B 1167.3　　C 116.4　　D 801.8　　E 758.8

39 23.75 ＋ 12.92 ＋ 318.82

A 35549   B 685.49   C 90.89   D 355.49   E 908

40 44の400％

A 1760   B 176   C 2200   D 22   E 40

41 78 × 32 × 19

A 732   B 72512   C 7424   D 1322   E 47424

42 435の62％

A 269.7   B 12.9   C 129   D 1290   E 549

43 36.4 － 25.125

A 17.15   B 10.219   C 11.275   D － 29021   E － 12.9

44 0.8 ÷ 0.64

A 12.5   B 1.25   C 0.175   D 1.75   E 0.8

45 7.6 × 7.6

A 52.6   B 29.86   C 57.76   D 5.16   E 0.62

46 0.4 × 2.2

A 0.08   B 88   C 8.8   D 0.88   E 18

47 8356 ÷ 222

A 20.3   B 56.6   C 37.6   D 253.3   E 358.6

48 0.081 ÷ 0.0018

A 0.045   B 450   C 4.5   D 45   E 0.45

49 0.6 ÷ 1.5

A 0.4   B 4   C 0.04   D 9   E 0.9

50 56 × 0.01 × 6

A 313   B 336   C 6.6   D 660   E 3.36

・第2部／CAB／暗算／模擬テスト　209

CAB

暗算　模擬テスト

解説と正解

1 87 × 4

90 × 4 ＝ 360 ➡ 少し小さい選択肢は「**B**　348」

正解	B

2 「×$\frac{1}{5}$」は「÷5」と同じ。選択肢が決まるところまで割り算して、残りは余りとする。

37の$\frac{1}{5}$

37 ÷ 5 ＝ 7余りあり ➡ 7より大きく8より小さい選択肢は「**D**　7.4」

正解	D

別解 37を切り上げて「40 ÷ 5 ＝ 8」と計算。少し小さい数を選ぶ

3 96 − 18

100 − 20 ＝ 80 ➡ 最も近い選択肢は「**A**　78」

正解	A

4 168 ＋ 64

170 ＋ 60 ＝ 230 ➡ 最も近い選択肢は「**C**　232」

正解	C

5 156 ÷ 4 ＝ 30余りあり ➡ 30より大きく40より小さい選択肢は「**D**　39」

正解	D

補足 計算は選択肢が決まるところまですればよい

「156 ÷ 4 ＝ 39」だが、30台の選択肢は「**D**　39」だけ。「30余りあり」まで計算すればよい。

別解 156を切り上げて「160÷4＝40」と計算。少し小さい数を選ぶ

6 464の25%

~~500~~ × ~~0.25~~ 　※片方を100で割り、片方に100をかけ、整数にする

　5 × 25 ＝125 ➡ 少し小さい選択肢は「**E** 116」

正解 **E**

別解 25%を$\frac{1}{4}$と考えて「464×$\frac{1}{4}$」➡「464÷4＝100余りあり」と計算
「464÷4＝116」だが、100台の選択肢は「**E** 116」だけ。「100余りあり」まで計算すればよい。

7 ~~274~~ － ~~146~~

270 － 150 ＝ 120 ➡ 最も近い選択肢は「**B** 128」

正解 **B**

8 27÷6＝4余りあり ➡ 4より大きくて5より小さい選択肢は「**E** 4.5」

正解 **E**

別解 27を切り上げて「30÷6＝5」と計算。少し小さい数を選ぶ

9 ~~1.4~~ × 0.4

　1 × 0.4 ＝ 0.4 ➡ 少し大きい選択肢は「**B** 0.56」

正解 **B**

別解 もう少し近い数にしたいときは「1.5×0.4＝0.6」と計算

速解 1.4より小さい数を選ぶ
「1.4×0.4」なので、答えは1.4よりも小さい。当てはまるのは「**B** 0.56」だけ。

第2部／CAB／暗算／模擬テスト／解説と正解　211

10 $\dfrac{5}{9}$ を「分子÷分母」(5÷9)で整数の式にする。63は9で割り切れるので、四捨五入せずにそのまま計算。

63の $\dfrac{5}{9}$

63×5÷9　※計算しやすいように÷9を先にする

63÷9×5＝35

正解	C

11 ~~51×24~~

50×20＝1000　➡　少し大きい選択肢は「A　1224」

正解	A

> **別解** もう少し近い数にしたいときは「50×24＝1200」と計算

12 ~~3282－132~~

3300－100＝3200　➡　最も近い選択肢は「E　3150」

正解	E

13 ~~666の94%~~

700×0.9＝630　➡　最も近い選択肢は「D　626.04」

正解	D

> **別解** 94%は100%より少し小さい。666より少し小さい数を選ぶ

14 ~~523＋31＋1194~~

520＋30＋1190＝1740　➡　最も近い選択肢は「C　1748」

正解	C

> **別解** 523を切り捨てて500にして「1194＋500＝1694」だけ計算
> 答えは1694より大きい。当てはまるのは「C　1748」だけ。
> あるいは、まず、式の中で一番大きい1194より大きい「A　1643」と「C　1748」に絞る。2つの選択肢は1の位が異なる。1の位の足し算「3＋1＋4＝8」で「C　1748」に決まる。

15 ~~892 - 351~~

$900 - 400 = 500$ ➡ 最も近い選択肢は「C　541」

| 正解 | C |

16 ~~518~~ ÷ 20

~~500 ÷ 20~~　※両方を10で割り、数を単純化

$50 ÷ 2 = 25$ ➡ 少し大きい選択肢は「D　25.9」

| 正解 | D |

17 ~~290~~ の 17%

$300 × 0.17 = 51$ ➡ 少し小さい選択肢は「B　49.3」

| 正解 | B |

> **別解** 17%を約 $\frac{1}{6}$ と考えて「$290 × \frac{1}{6}$」➡「$290 ÷ 6$」➡「$300 ÷ 6 = 50$」と計算
> あるいは、290の10%は29なので、それより小さい「D　24.3」を除外して、次に大きい「B　49.3」を選んでもよい（その次に大きい数は「C　243」で大きすぎるのであり得ない）。

18 10.7と5.3を足すと16になる。この2つを先に足し算すると計算しやすい。

$10.7 + 3.24 + 5.3$

$\underbrace{10.7 + 5.3}_{16} + 3.24$

$16 + 3.24 = 19.24$

| 正解 | E |

> **補足** 選択肢の値が近いので、概算するよりも上記の方法が確実
> あるいは、小数点以下だけを足し算する。「$0.7 + 0.24 + 0.3 = 1.24$」。選択肢のうち小数点以下が「.24」なのは「E　19.24」だけ。

19 ~~9527~~ + ~~153~~

$9500 + 200 = 9700$ ➡ 最も近い選択肢は「C　9680」

| 正解 | C |

第2部／CAB／暗算／模擬テスト／解説と正解　213

20 ~~2432 − 243~~

$2400 − 200 = 2200$ ➡ 最も近い選択肢は「**A** 2189」

正解	A

21 ~~2563 + 436 +~~ ~~96~~

$2600 + 400 + 100 = 3100$ ➡ 最も近い選択肢は「**E** 3095」

正解	E

22 ~~4362 + 2447~~

$4400 + 2400 = 6800$ ➡ 最も近い選択肢は「**C** 6809」

正解	C

23 ~~852 + 132 + 53~~

$850 + 130 + 50 = 1030$ ➡ 最も近い選択肢は「**B** 1037」

正解	B

24 0.9 + ~~0.002~~ + 1.1　※小さすぎる0.002は省いて計算

$0.9 \qquad + 1.1 = 2$ ➡ 最も近い選択肢は「**D** 2.002」

正解	D

25 ~~520~~の30%

$500 × 0.3 = 150$ ➡ 少し大きい選択肢は「**E** 156」

正解	E

26 ~~74 × 31~~

$70 × 30 = 2100$ ➡ 少し大きい選択肢は「**B** 2294」

正解	B

27 ~~3.4~~の~~45~~%

$3 × 0.5 = 1.5$ ➡ 最も近い選択肢は「**A** 1.53」

正解 **A**

別解 45%は半分弱と考えて、3.4の半分の1.7より少し小さい数を選ぶ

28 選択肢の値が近いので、四捨五入するよりも、140を70と2に分けて、2回正確に計算するほうが確実。

7280 ÷ 140　※両方を70で割り、数を単純化

104 ÷ 2 ＝52

正解 **E**

別解 上記のうち、「104÷2」は「100÷2＝50」と概算してもよい

29 596の23%

600 × 0.2 ＝120　➡　最も近い選択肢は「C　137.08」

正解 **C**

30 7541 ÷ 48

8000 ÷ 50 ＝160　➡　最も近い選択肢は「D　157.1」

正解 **D**

補足 正確に計算すると「157.104…」。正解の選択肢は四捨五入した数

31 44783 − 37552 − 107　※小さすぎる107は省いて計算

45000 − 38000　＝7000　➡　最も近い選択肢は「D　7124」

正解 **D**

32 1157の72%

1000 × 0.7 ＝700　➡　少し大きい選択肢は「D　833.04」

正解 **D**

33 ~~582~~ + ~~2184~~ + ~~433~~

$600 + 2200 + 400 = 3200$ ➡ 最も近い選択肢は「**A** 3199」

正解	A

34 ~~582~~ + ~~2271~~ + ~~38~~ + ~~473~~　※小さすぎる38は省いて計算

$600 + 2300 \qquad + 500 = 3400$ ➡ 最も近い選択肢は「**C** 3364」

正解	C

35 ~~73692 ÷ 2136~~

~~70000 ÷ 2000~~　※両方を1000で割り、数を単純化

$70 \div 2 = 35$ ➡ 最も近い選択肢は「**D** 34.5」

正解	D

36 ~~213~~ + ~~2163~~ + ~~27~~ + ~~761~~　※小さすぎる27は省いて計算

$200 + 2200 \qquad + 800 = 3200$ ➡ 最も近い選択肢は「**B** 3164」

正解	B

37 ~~9722 − 538 − 30~~　※小さすぎる30は省いて計算

$9700 − 500 \qquad = 9200$ ➡ 最も近い選択肢は「**D** 9154」

正解	D

38 ~~894 − 132 − 3.2~~　※小さすぎる3.2は省いて計算

$890 − 130 \qquad = 760$ ➡ 最も近い選択肢は「**E** 758.8」

正解	E

39 ~~23.75~~ + ~~12.92~~ + ~~318.82~~

$20 + 10 + 320 = 350$ ➡ 最も近い選択肢は「**D** 355.49」

正解	D

40 ~~44~~の~~400%~~

40 × 　4　 = 160 　➡　 少し大きい選択肢は「**B**　176」

| 正解 | **B** |

41 ~~78~~ × ~~32~~ × ~~19~~

80 × 30 × 20 = 48000 　➡　 最も近い選択肢は「**E**　47424」

| 正解 | **E** |

42 ~~435~~の~~62%~~

400 × 0.6 = 240 　➡　 少し大きい選択肢は「**A**　269.7」

| 正解 | **A** |

43 ~~36.4~~ − ~~25.125~~

36 − 　25　 = 11 　➡　 最も近い選択肢は「**C**　11.275」

| 正解 | **C** |

44 0.8 ÷ ~~0.64~~

~~0.8~~ ÷ ~~0.6~~ 　※両方に10をかけ、整数にする

8 ÷ 　6　 = 1.3余りあり 　➡　 少し小さい選択肢は「**B**　1.25」

| 正解 | **B** |

> **別解** 0.64を「0.8 × 0.8」と考える
> 「0.8 ÷ (0.8 × 0.8)」となり、かっこをはずすと「0.8 ÷ 0.8 ÷ 0.8」で「1 ÷ 0.8 = 1.25」。

45 「7 × 7」で選択肢を絞り、「0.6 × 0.6 = 0.36」で末尾の値が正しいものを選ぶ。

~~7.6~~ × ~~7.6~~

7 × 　7　 = 49 　➡　 近い選択肢は「**A**　52.6」と「**C**　57.76」。そのうち、末尾が「.x6」なのは「**C**　57.76」。

| 正解 | **C** |

第2部／CAB／暗算／模擬テスト／解説と正解　217

46 0.4 × ~~2.2~~

0.4 × 2 = 0.8 ➡ 少し大きい選択肢は「D 0.88」

正解	D

47 ~~8356 ÷ 222~~

8000 ÷ 200 = 40 ➡ 最も近い選択肢は「C 37.6」

正解	C

補足 正確に計算すると「37.639…」。正解の選択肢は四捨五入した数

48 ~~0.081 ÷ 0.0018~~

~~0.08~~ ÷ ~~0.002~~ ※両方に1000をかけ、整数にする

80 ÷ 2 = 40 ➡ 最も近い選択肢は「D 45」

正解	D

別解 両方に10000をかけ「810 ÷ 18」にした後、「810 ÷ 9 ÷ 2 = 45」

49 「÷1.5」だと暗算しづらい。1.5を分数の $\frac{3}{2}$ にしてから、「÷ $\frac{3}{2}$」を「÷ 3 × 2」と整数の式にする。

0.6 ÷ 1.5

0.6 ÷ $\frac{3}{2}$

0.6 ÷ 3 × 2 = 0.4

正解	A

別解 1.5を切り上げて「0.6 ÷ 2 = 0.3」と計算。少し大きい数を選ぶ

50 ~~56~~ × 0.01 × 6

60 × 0.01 × 6 = 3.6 ➡ 少し小さい選択肢は「E 3.36」

正解	E

第 3 部

GAB
計数・言語

計数→ 222 ページ
言語→ 254 ページ

GABとは？

◖◗ 総合適性テスト

　GABは、新卒総合職の採用で使われる総合適性テストです。ペーパーテストのみで、能力テストと性格テストで構成されています。

◖◗ 能力テスト＋性格テストの組み合わせ

　GABの能力テストは2科目です。

	科目名	方式	問題数	制限時間	詳しい対策
能力	計数	ペーパー	40問	35分	P.222
	言語	ペーパー	52問	25分	P.254
性格		ペーパー	68問	約30分	P.332

　GABの計数では、7～8つ程度の図表を用いた計算問題が出題されます。また、言語では、長文を読んで、設問文が論理的に正しいかどうかを判断する問題が出題されます。

◖◗ 電卓は使えない

　GABの計数では、四則計算や百分率計算で答えを出す問題が出題されますが、電卓は使えません。大きな数を計算する問題も出るので、**筆算の工夫が必要です。**

◖◗ 「慣れ」と「時間配分」が大事

　1つの科目では1種類の問題が出続けるので、**問題形式に慣れておくことが大事です。**
　また、1問あたりにかけられる時間が短いので、**時間配分が大事です。** 問題の難易度によって使う時間を変えるなど、工夫をしましょう。

◖◗ 玉手箱の計数・言語と問題形式が同じ

　GABの計数は、玉手箱の計数の「図表の読み取り」と同じ問題形式です。また、言語は玉手箱の言語の「論理的読解」と同じ問題形式です。

ただし、問題形式は同じでも、GABと玉手箱は、電卓が使えるかどうかや図表の数、長文の文章量などに違いがあります。また、問題の難易度も違います。

■● Webテストの「GAB」の対策は、玉手箱の対策をしよう

　SHL社には、ペーパーのGABなどをもとにしたWebテスト「玉手箱」や、テストセンターで玉手箱を受ける「C-GAB」があります。企業によっては、これらのテストとペーパーのGABを特に区別せず、まとめて「GAB」と呼び、「どこで受けるか」で使い分けることがあります。

　玉手箱やC-GABは、ペーパーのGABとは出題内容や難易度が違います。受検指示などから「どこで受けるか」でテストを見分け、適切な対策をしましょう。

※玉手箱、C-GABの対策は、『これが本当のWebテストだ！①』（講談社）をご参照ください。

第3部／GAB／GABとは？　221

GAB
計数の概要

◼◯ 図表の数値を読み取って設問に答える

　GABの計数は、**図表の意味を理解した上で、それに基づいた四則計算や百分率計算ができるか、効率のよい作業手順で答えを出せるかを調べるテスト**です。図表は、7〜8つ程度が一度に提示されます。図表の内容は、大卒の就職先調査、ある商品の価格指数、ある企業の財務内容、果物の収穫数など、それぞれが別の内容で関連性はありません。1問につき、使う図表は1つです。

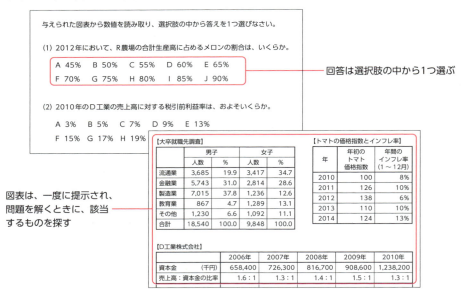

◼◯ 問題数と制限時間

　1問あたりに使える時間が短いので、常に手早く解くことを心がける必要があります。

科目名	方式	問題数	制限時間
計数	ペーパー	40問	35分

■● 玉手箱の「図表の読み取り」との違い

GABの計数は、玉手箱の計数の「図表の読み取り」のもとになったテストです。このため、玉手箱の「図表の読み取り」と同じ問題形式で、解き方も似ています。違うのは、以下の点です。

①GABは一度に複数の図表が示される。玉手箱は1問ごとに1組の図表が示される

GABの計数では、一度に7〜8つ程度の図表が示されます。どの図表を使って解くかは、設問ごとに探していきます。1つの図表につき5〜6問程度が出題されます。

玉手箱の「図表の読み取り」では、1問ごとに1組、その問題に関する図表が示されます。1回の受検内に、同じ図表が、設問を変えて複数回登場することもあります。

②GABは表が中心でグラフは少ない。玉手箱はGABよりグラフが多い

GABの計数で出題される図表は、表が中心です。グラフも出題されますが、数は多くはありません。

玉手箱の「図表の読み取り」では、GABの計数に比べると、グラフが多く出題されます。

③GABは電卓が使えない。玉手箱は電卓が使える

GABの計数では、電卓が使えません。筆算で答えを求める必要があります。

玉手箱の「図表の読み取り」では、電卓が使えます。

④GABは問題を行き来できる。玉手箱は多くの場合、問題を行き来できない

GABの計数では、テスト開始後に全問に目を通すことができます。わからない問題は飛ばしてわかるものから解くなど、問題を行き来して取り組むことができます。

玉手箱の「図表の読み取り」では、1画面に表示される問題は1問です。多くの場合、次の問題に進むと、前の問題には戻れません。

第3部／GAB／計数／計数の概要　223

GAB
計数の攻略法

🔴 図表に「印」をつけて検索しやすくする

　図表は一度に7〜8つ程度が提示され、問題を解くときに、該当するものを探します。**見つけやすいように、最初に図表にキーワードとなる言葉を「印」として書き込んでおく**とよいでしょう。例えば、大卒に関する表であれば「大」と大きい字で書き込みます。

🔴 手がかりは必ず設問文にある

　図表をじっくりと読み込む必要はありません。**設問文に出てくる項目名や年などを手がかりにして、手早く数値を拾いましょう。たいていは、同じ用語が図表の題名や項目名に登場**します。よく知らない用語があっても、図表から同じものを探せば大丈夫です。

🔴 選択肢の離れ具合に応じて、概算する

　GABの計数では、筆算が前提です。大きな数を計算する問題も出るので、筆算の工夫が必要です。計算時間を短縮するためには、適度な概算（おおまかな計算）が欠か

せません。どの程度まで概算するかは、選択肢から判断します。

　計算の前に、選択肢を見る癖をつけましょう。選択肢どうしの値が大きく離れていれば、大胆に概算をしても大丈夫です。反対に選択肢どうしの値が近いときは、概算を控えめにしたり、概算はせずに正確な計算をするほうが安全です。

●○ 同じ図表に関する問題を連続して解くと効率的

　同じ図表に関する問題を事前に分類して、連続して解くと効率的です。計算結果を図表の横にメモしておくと、後の問題で使えることがあります。

　図表によって、比較的速く計算できる問題が多いものと、計算に時間がかかるものがあります。時間が足りなくなりそうなときは、自分が短い時間で解けそうな図表を優先して、1問でも多くの問題を解きましょう。

第3部／GAB／計数／計数の攻略法　225

1 割合・増減率

GAB　計数

- 何%かなどの割合、増加した割合（増加率）、減少した割合（減少率）などを求める
- 「AはBの何%か」の計算方法は「A÷B×100」。
  増減率は「後ろの年月÷前の年月−1」（答えがプラスなら増加率、マイナスなら減少率）
- 電卓は使えない。選択肢の離れ具合に応じて、概算する

例題

与えられた図表（巻末折り込みの「GAB計数表」）から数値を読み取り、選択肢の中から答えを1つ選びなさい。

1 2012年において、R農場の合計生産高に占めるメロンの割合は、いくらか。

A 45%　B 50%　C 55%　D 60%　E 65%　F 70%
G 75%　H 80%　I 85%　J 90%

2 2010年のD工業の売上高に対する税引前利益率は、およそいくらか。

A 3%　B 5%　C 7%　D 9%　E 13%　F 15%　G 17%
H 19%　I 21%　J 23%

1 「R農場の生産高」のグラフを使う。
メロンの生産高は「合計生産高−スイカの生産高」で求められる。2012年について、メロンの生産高を求めてから、「メロンの生産高÷合計生産高」で、合計生産高に占めるメロンの割合を求める。扱う数値が簡単なので、概算はせずにそのまま計算する。

合計　スイカ　メロン
40　−　10　＝　30

メロン　合計　合計に占めるメロンの割合
30　÷　40　＝　0.75　＝　75%　← 選択肢は、いずれも%。100倍して%にする

226

> **補足** **メロンの生産高はグラフの目盛りを数えてもよい**
> グラフには5トンごとに横線が引かれている。2012年の合計生産高とスイカの生産高の間は6目盛りなので、メロンは「5×6＝30」。この問題の場合は引き算のほうが速いが、2010年のように、間に目盛りが1つしかないときは、目盛りを数えるほうが速い。

2 「D工業株式会社」の表を使う。

売上高の金額は表にはないが、計算で求められる。
2010年は「売上高：資本金の比率」が「1.3：1」なので、資本金を1.3倍すると売上高。売上高がわ

【D工業株式会社】

		2010年
資本金 （千円）	…	1,238,200
売上高：資本金の比率	(略)	1.3：1
税引前利益 （千円）		247,640

かったら、「税引前利益÷売上高」で、売上高に対する税引前利益率を求める。数値が大きいので、そのまま筆算すると時間がかかる。有効数字の上3桁までを使って概算（千は省略）。選択肢の値が近いので、これ以上の大胆な概算は危険。

※有効数字は、始まりの0を除いた数字。例えば「0.015」なら「15」、「1,038」なら「1,038」。かけ算、割り算の概算では、有効数字の上から何桁までを使うのかを揃えて、その下の桁で四捨五入するという方法がよく用いられる。

　資本金　　　比率　　　売上高
　~~1,238,200~~ × 1.3
　1,240,000 × 1.3 ＝ 1,612,000

　税引前利益　　　売上高　　　売上高に対する税引前利益率
　~~247,640~~ ÷ ~~1,612,000~~
　248,000 ÷ 1,610,000 ─── 割る数と割られる数の0を同じだけ省いて計算すると楽
　　248　 ÷　 1,610　 ＝ 0.154… ≒ 15%

> **参考** **概算しないときの計算結果は、以下の通り**
> 247,640 ÷ (1,238,200 × 1.3) ＝ 0.153… ≒ 15%

正解	**1** G	**2** F

第3部／GAB／計数／割合・増減率　227

練習問題① 割合・増減率

与えられた図表（巻末折り込みの「GAB計数表」）から数値を読み取り、選択肢の中から答えを1つ選びなさい。

1 大卒のうち流通業に就職した人の割合は、男女合計でおよそどれだけか。

A 5%　**B** 10%　**C** 15%　**D** 20%　**E** 25%　**F** 30%

G 35%　**H** 40%　**I** 45%　**J** 50%

2 2006年と2010年を比較して、D工業の売上高は、およそ何%増加したか。

A 2%　**B** 9%　**C** 18%　**D** 24%　**E** 30%　**F** 41%

G 53%　**H** 69%　**I** 81%　**J** 答えられない

---

1 「大卒就職先調査」の表を使う。

まず、足し算で「流通業に就職した男女の合計人数」と「大卒の男女の合計人数」をそれぞれ求める。次に、「流通業に就職した男女の合計人数÷大卒の男女の合計人数」で、流通業に就職した人の割合を求める。

【大卒就職先調査】

	男子		女子	
	人数	%	人数	%
流通業	3,685	19.9	3,417	34.7
：（略）				
合計	18,540	100.0	9,848	100.0

足し算、引き算の概算では四捨五入する位を揃える。選択肢はそれなりに離れているので、10の位で四捨五入する。割り算は、有効数字の上2桁までを使って概算。

　　　　　　男子　　　女子　　　男女
流通業　　3,685 ＋ 3,417

　　　　　3,700 ＋ 3,400 ＝ 7,100人

大卒　　~~18,540~~ ＋ ~~9,848~~

　　　　18,500 ＋ 9,800 ＝ 28,300人

流通業男女　大卒男女　　流通業の割合
7,100 ÷ ~~28,300~~

~~7,100~~ ÷ ~~28,000~~

　71 ÷ 　280 ＝ 0.253… ≒ 25%

参考 概算しないときの計算結果は、以下の通り

（3,685 ＋ 3,417）÷（18,540 ＋ 9,848）＝ 0.250… ≒ 25%

2 「D工業株式会社」の表を使う。

売上高は資本金に、「売上高：資本金の

比率」の売上高の比率をかけ算する。

2006年と2010年についてそれぞれ

【D工業株式会社】

		2006年		2010年
資本金 （千円）		658,400		1,238,200
売上高：資本金の比率		1.6：1	…(略)	1.3：1
税引前利益 （千円）		131,680		247,640

求めてから、「2010年の売上高 ÷ 2006年の売上高 − 1」で増加率を求める。有効数字

の上3桁までを使って概算（千は省略）。

※選択肢の値はそれなりに離れているが、かけ算した結果どうしをさらに割り算するので、有効数字の
　上2桁だと概算のくり返しで答えが離れる危険がある。

資本金　　比率　　売上高

2006年　~~658,400~~ × 1.6

　　　　 658,000 × 1.6 = 1,052,800

2010年　~~1,238,200~~ × 1.3

　　　　 1,240,000 × 1.3 = 1,612,000

2010年売上高　　2006年売上高　　　　増加率

~~1,612,000~~ ÷ ~~1,052,800~~ − 1

~~1,610,000~~ ÷ ~~1,050,000~~ − 1

　　161　　 ÷ 　　105　　 − 1 = 0.533… ≒ 53%

参考 概算しないときの計算結果は、以下の通り

$(1,238,200 \times 1.3) \div (658,400 \times 1.6) - 1 = 0.528\cdots ≒ 53\%$

正解	**1** E	**2** G

2 数量

GAB 計数

● 金額や人数などの数値を求める
● 「AのB％はいくつ」の計算方法は「A×（B÷100）」

例題

与えられた図表（巻末折り込みの「GAB計数表」）から数値を読み取り、選択肢の中から答えを1つ選びなさい。

1 J国の、1人あたりの自動車保有台数はおよそ何台か。

A 0.1台　B 0.2台　C 0.3台　D 0.4台　E 0.5台　F 0.6台
G 2.0台　H 3.0台　I 4.0台　J 答えられない

2 大卒の男子の10％が教育業に就職する場合、教育業に就職する男子の数は、表に示された数からさらに何人増えることになるか。1の位を四捨五入して答えよ。

A 930人　B 940人　C 950人　D 960人　E 970人　F 980人
G 990人　H 1,000人　I 1,010人　J 1,020人

3 A国B港から、Q国S港へ行く便は1日何便か。

A 4便　B 5便　C 6便　D 7便　E 8便　F 9便　G 10便
H 11便　I 12便　J 該当なし

1 「国別統計」の表を使う。
J国について、「自動車保有台数÷人口」を求める。選択肢の値はそれなりに離れているので、有効数字の上2桁までを使って概算（百万は省略）。

```
  自動車保有台数　人口　　1人あたりの自動車保有台数
      15.6   ÷  38.6
      16    ÷  39  =  0.41… ≒ 0.4台
```

> **参考** 概算しないときの計算結果は、以下の通り
> 15.6÷38.6＝0.404…≒0.4台

2 「大卒就職先調査」の表を使う。

まず、「大卒の男子の人数×0.1」で大卒の男子の10%の人数を求める。これから、教育業の男子の人数を引けば、何人増えるかがわかる。選択肢の値が近いので、概算はせずにそのまま計算して、最後に1の位を四捨五入する。

【大卒就職先調査】

	男子	
	人数	%
	︙	(略)
教育業	867	4.7
その他	1,230	6.6	…(略)
合計	18,540	100.0

　　大卒男子　　10%　　大卒男子の10%
　　18,540 × 0.1 ＝ 1,854人

　　大卒男子の10%　教育業の男子　　表から増える人数
　　　1,854　－　　867　　＝ 987人 ≒ 990人

3 「A国B港発着のフェリー時刻表」を使う。

A国B港から、Q国S港へ行く便は、同間隔で出港している。最初が4:30で次が6:45なので、便どうしの間隔は2時間15分。1日何便出ているのかは「(最後の便－最初の便)÷2時間15分＋1」で求める（1を足すのは最初の便の分を加えるため）。

【A国B港発着のフェリー時刻表】

A国B港発 (Q国S港行)	
4:30	
6:45	
9:00	…(略)
～ 同間隔	
18:00まで	
︙ (略)	

扱う数値が簡単なので、概算はせずにそのまま計算する。計算しやすいように「15分＝0.25時間」「30分＝0.5時間」と置き換える。

　　最後　　最初　　　　間隔　　　　1日何便
　（ 18 － 4.5 ）÷ 2.25 ＋ 1 ＝ 7便

> **別解** 9:00以降の出港時間を2時間15分間隔で書き出して便数を数える
> 9:00以降の出港時間を書き出して、1日に出港する便を数えると、以下の7便。
> 4:30　6:45　9:00　11:15　13:30　15:45　18:00

正解　**1** D　**2** G　**3** D

練習問題① 数量

与えられた図表(巻末折り込みの「GAB計数表」)から数値を読み取り、選択肢の中から答えを1つ選びなさい。

1 2014年において、R農場のスイカとメロンの売上金額が同じ場合、メロンがトンあたり900千円だとすると、スイカはトンあたりいくらか。

A 425千円　B 500千円　C 525千円　D 550千円　E 575千円
F 600千円　G 625千円　H 650千円　I 675千円　J 725千円

2 2009年のP-101とP-105の2つの採掘地における1日平均産油量の合計は、千バレル単位でいくらか。

A 316千バレル　B 350千バレル　C 385千バレル　D 428千バレル
E 465千バレル　F 502千バレル　G 554千バレル　H 620千バレル
I 786千バレル　J 答えられない

1 「R農場の生産高」のグラフを使う。

まず、2014年について「合計生産高－スイカの生産高」でメロンの生産高を求め、トンあたりの価格900千円をかけ算して、メロンの売上金額を求める。

次に、「メロンの売上金額÷スイカの生産高」で、スイカのトンあたりの価格を求める。

※スイカとメロンの売上金額は同じ。メロンの売上金額をスイカの売上金額の代わりに使う。

扱う数値が簡単なので、概算はせずにそのまま計算する(千は省略)。

　　　　メロン生産高
　　　合計　スイカ　　トンあたり価格　　メロン売上
　　（ 25 － 15 ）×　　　900　　　 ＝ 9,000

　　　メロン売上　　スイカ生産高　　スイカのトンあたり価格
　　　9,000　　÷　　　15　　　＝ 600 ➡ 600千円

2「P油田（2010年）」の表を使う。

2009年の1日平均産油量は表にはないが、「1日平均産油量÷年間産油量の前年比較」で求められる。

P-101とP-105について、それぞれ求めて足す。

有効数字の上2桁までを使って概算（千は省略）。

【P油田 （2010年）】 ※1バレルあたり（

採掘地	1日平均産油量（千バレル）	年間産油量の前年比較	
P-101	164	80%	(略)
⋮(略)			
P-105	390	150%	

```
         2010年の1日    前年    2009年の1日         P-101   P-105   合計
         平均産油量    比較    平均産油量         200  +  260  =  460
P-101    ̶1̶6̶4̶       ÷ 0.8                    ➡ 460千バレル。最も近い選択肢は
         160         ÷ 0.8 =  200                 「E  465千バレル」
P-105    390         ÷ 1.5 =  260
```

参考 概算しないときの計算結果は、以下の通り
(164÷0.8)＋(390÷1.5)＝465 ➡ 465千バレル

正解	**1** F	**2** E

GAB 計数

3 割合や数量の比較

●割合や数量を比較して、最も大きいものなどを選ぶ
●絞り込めるときは、当てはまる可能性が高いものだけ計算

例題

与えられた図表（巻末折り込みの「GAB計数表」）から数値を読み取り、選択肢の中から
答えを1つ選びなさい。

1 人口密度が最も高い国はどこか。

A J国　　B K国　　C L国　　D M国　　E N国

2 2011〜2014年について、前年初と比較したときに、年初のトマト価格指数の変動
の割合が最も大きかったのはいつか。

A 2011年　　B 2012年　　C 2013年　　D 2014年　　E 答えられない

1 「国別統計」の表を使う。

「人口÷面積」で各国の人口密度を求めて、最も高い
国を選ぶ。面積に対して人口が多いほど、人口密度
は高くなる。単位を除いた表の数で、J国は面積
「428.3」、人口「38.6」で、人口は面積の0.1倍に満
たない。0.1倍以上はL国、M国、N国。この3国だ

【国別統計】

	面積 （千㎢）	人口 （百万人）	
J国	428.3	38.6	…
K国	572.9	52.3	（略）
L国	303.2	61.2	
M国	56.1	6.8	
N国	48.6	8.1	

けを計算する。有効数字の上2桁までを使って概算（人口の百万、面積の千は省略）。

　　　　人口　　　面積　　　人口密度

L国　~~61.2~~ ÷ ~~303.2~~

　　　　61 ÷ 300 ＝ 0.20…

M国　6.8 ÷ ~~56.1~~

　　　6.8 ÷ 56 ＝ 0.12…

N国　8.1 ÷ ~~48.6~~

　　　8.1 ÷ 49 ＝ 0.16…

} 人口密度が最も高いのはL国

> **参考** 概算しないときの各国の計算結果は、以下の通り
> J国 $38.6 \div 428.3 = 0.09\cdots$　　K国 $52.3 \div 572.9 = 0.09\cdots$
> L国 $61.2 \div 303.2 = 0.20\cdots$　　M国 $6.8 \div 56.1 = 0.12\cdots$
> N国 $8.1 \div 48.6 = 0.16\cdots$

2 「トマトの価格指数とインフレ率」の表を使う。

2011〜2014年について、「年初のトマト価格指数÷前年初のトマト価格指数−1」をそれぞれ求めて、絶対値（プラス・マイナスの記号を除いた数）で最も大きい年を選ぶ。

前年初と指数の差が大きいのは、2011年と2013

【トマトの価格指数とインフレ率】

年	年初の トマト 価格指数	年間の インフレ率 （1〜12月）
2010	100	8%
2011	126	10%
2012	138	6%
2013	110	10%
2014	124	13%

年（年初または前年初の指数の値が小さく、なおかつ指数どうしの差が大きい。よって、変動の割合が大きいことが予想できる）。この2つだけを計算する。扱う数値が簡単なので、概算はせずにそのまま計算する。

※「指数」は、数値の時間的な変動をとらえるために使われるもので、ある時点の数値を100として表す。
この設問では2010年初のトマトの価格を100としている。

　　　　　　　年初　　前年初　　　変動の割合
2011年　$126 \div 100 - 1 = 0.26$

2013年　$110 \div 138 - 1 = -0.20\cdots$ ➡ 絶対値で0.20…

変動の割合が最も大きいのは、2011年

> **参考** 計算を省略した年の計算結果は、以下の通り
> 2012年　$138 \div 126 - 1 = 0.09\cdots$　　2014年　$124 \div 110 - 1 = 0.12\cdots$

正解　**1** C　　**2** A

練習問題① 割合や数量の比較

与えられた図表(巻末折り込みの「GAB計数表」)から数値を読み取り、選択肢の中から答えを1つ選びなさい。

1 1人あたりのGDPが最も高い国はどこか。

A J国　　B K国　　C L国　　D M国　　E N国

2 D工業で、前年と比べて資本金に対する税引前利益率の増加の割合が最大になったのは、どの期間か。

A 2006〜2007年　　B 2007〜2008年　　C 2008〜2009年

D 2009〜2010年　　E 答えられない

---

1 「国別統計」の表を使う。

「GDP÷人口」で各国の1人あたりのGDPを求めて、最も高い国を選ぶ。人口に対してGDPが高いほど、1人あたりのGDPは高くなる。単位を除いた表の数で、GDPが人口の20倍以上なのはN国だけ。きちんと計算するまでもなく、N国と決まる。

【国別統計】

		人口 (百万人)	GDP (十億米ドル)	
J国	…	38.6	283	…
K国	(略)	52.3	856	(略)
L国		61.2	680	
M国		6.8	98	
N国		8.1	167	

参考 計算で求めたときの結果は、以下の通り

J国　283÷38.6＝7.3…　　K国　856÷52.3＝16.3…　L国　680÷61.2＝11.1…

M国　98÷6.8＝14.4…　　N国　167÷8.1＝20.6…

2 「D工業株式会社」の表を使う。

資本金に対する税引前利益率は、「税引前利益÷資本金」で求められる。各年について求めて、前年からの増加の割合が最大のものを探す。それぞれ、有効数字の上2桁までを使って概算(千は省略)。

236

【D工業株式会社】

	2006年	2007年	2008年	2009年	2010年
資本金 （千円）	658,400	726,300	816,700	908,600	1,238,200
売上高：資本金の比率	1.6：1	1.3：1	1.4：1	1.5：1	1.3：1
税引前利益 （千円）	131,680	145,260	201,300	198,600	247,640

税引前利益　　　資本金　　　資本金に対する税引前利益率

2006年　~~131,680~~ ÷ ~~658,400~~

　　　　~~130,000~~ ÷ ~~660,000~~

　　　　　13　　÷　　66　　= 0.196…

2007年　~~145,260~~ ÷ ~~726,300~~　　　　　　増加した

　　　　~~150,000~~ ÷ ~~730,000~~

　　　　　15　　÷　　73　　= 0.205…

2008年　~~201,300~~ ÷ ~~816,700~~　　　　　　増加した

　　　　~~200,000~~ ÷ ~~820,000~~

　　　　　20　　÷　　82　　= 0.243…

2009年　~~198,600~~ ÷ ~~908,600~~　　　　　　増加しなかった

　　　　~~200,000~~ ÷ ~~910,000~~

　　　　　20　　÷　　91　　= 0.219…

2010年　~~247,640~~ ÷ ~~1,238,200~~　　　　　増加しなかった

　　　　~~250,000~~ ÷ ~~1,200,000~~

　　　　　25　　÷　　120　　= 0.208…

増加した期間は2006〜2007年と、2007〜2008年。それぞれ、資本金に対する税引前利益率について「後ろの年÷前の年－1」で増加の割合を求めて、大きいほうを選べばよいが、きちんと計算するまでもなく、2007〜2008年のほうが大きい。

※2006〜2007年は「0.21÷0.20－1＝0.05」、2007〜2008年は「0.24÷0.21－1＝0.142…」。

参考 概算しないときの計算結果は、以下の通り

2006年　131,680 ÷ 658,400 = 0.2　　　　2007年　145,260 ÷ 726,300 = 0.2

2008年　201,300 ÷ 816,700 = 0.246…　　2009年　198,600 ÷ 908,600 = 0.218…

2010年　247,640 ÷ 1,238,200 = 0.2

※正確に計算すると、増加したのは2007〜2008年だけ。2006〜2007年は増加しなかった。

正解　**1** E　**2** B

第3部／GAB／計数／割合や数量の比較　237

GAB

計数　模擬テスト

制限時間17分30秒　問題数20問

※実物は制限時間35分、問題数40問

与えられた図表（巻末折り込みの「GAB計数表」）から数値を読み取り、選択肢の中から答えを1つ選びなさい。

1　2008年におけるD工業の売上高は、百万円単位でおよそいくらか。

A　115百万円　　B　207百万円　　C　368百万円　　D　473百万円

E　698百万円　　F　905百万円　　G　1,143百万円　　H　1,367百万円

I　1,600百万円　　J　1,873百万円

2　14:45以降に、A国B港から、Q国S港またはT港に向けて出港するフェリーのうち、最も早く利用できるのはどれか。

A　Q国S港行き15:00　　B　Q国S港行き15:15　　C　Q国S港行き15:30

D　Q国S港行き15:45　　E　Q国S港行き16:00　　F　Q国T港行き15:00

G　Q国T港行き15:15　　H　Q国T港行き15:30　　I　Q国T港行き15:45

J　該当なし

3　大卒の就職先で、就職者の割合が最も多いのはどの業種か。

A　流通業　　B　金融業　　C　製造業　　D　教育業　　E　答えられない

4　2010年初のトマト価格指数が、仮に2010年と2011年に年間のインフレ率で上がった場合、2012年初の実際のトマト価格指数との差はいくらか。

A　9.4　　B　12.2　　C　14.4　　D　15.2　　E　17.4　　F　19.2　　G　21.4

H　22.4　　I　24.2　　J　答えられない

5 2010～2012年の間にR農場で生産されたメロンは、合計何トンか。

A 35トン　　B 40トン　　C 45トン　　D 50トン　　E 55トン

F 60トン　　G 70トン　　H 75トン　　I 80トン　　J 95トン

---

6 失業者数が最も多い国はどこか。

A J国　　B K国　　C L国　　D M国　　E N国

---

7 2009年に産油量が最も多かったのは、どの採掘地か。

A P-101　　B P-102　　C P-103　　D P-104　　E P-105

---

8 2014年初のトマト価格指数が、仮にその年の年間のインフレ率で上がった場合、2015年初のトマト価格指数と2010年初のトマト価格指数の差はおよそいくらか。

A 23　　B 28　　C 34　　D 40　　E 45　　F 51　　G 56　　H 62

I 67　　J 答えられない

---

9 Q国S港またはT港から出港して、A国B港にその日最も遅く到着するフェリーの到着時刻は、A国時間にするといつか。

A 20:15　　B 20:45　　C 21:30　　D 21:45　　E 22:15　　F 22:45

G 23:00　　H 23:45　　I 0:00　　J 0:30

---

10 大卒の就職者数が男女同数であり、業種別就職率は男女とも表に示されたまま変わらない場合、製造業に就職した人の割合は、男女合計でおよそ何％か。

A 14%　　B 16%　　C 18%　　D 20%　　E 22%　　F 25%

G 27%　　H 30%　　I 38%　　J 50%

11 2011年にP-102が前年比較で50%増加したとすると、2009年と比較して2011年のP-102の1日平均産油量は、千バレル単位でどれだけ増減したことになるか。

A 30千バレル減少　　B 10千バレル減少　　C 変化なし

D 10千バレル増加　　E 30千バレル増加　　F 50千バレル増加

G 80千バレル増加　　H 120千バレル増加　　I 150千バレル増加

J 答えられない

12 D工業で、資本金に対する税引前利益率が減少したのは、どの期間か。

A 2006～2007年と2007～2008年　　B 2006～2007年と2008～2009年

C 2007～2008年と2008～2009年　　D 2007～2008年と2009～2010年

E 2008～2009年と2009～2010年

13 メロンがトンあたり865千円で売れたとすると、2015年におけるR農場のメロンの売上はいくらか。

A 14,125千円　　B 16,125千円　　C 18,125千円　　D 19,625千円

E 20,625千円　　F 21,625千円　　G 22,625千円　　H 23,625千円

I 25,625千円　　J 26,625千円

14 同じ燃費の自動車で走行したときに、100kmの走行に必要なガソリン価格が最も安い国はどこか。

A J国　　B K国　　C L国　　D M国　　E N国

15 大卒の就職先において、女子の人数を1とした場合に、男子の人数の割合が5を超えるのはどの業種か。

A 流通業　　B 金融業　　C 製造業　　D 教育業　　E 該当なし

16 2012年初～2013年初にかけて、トマト価格指数は約何%減少したか。

A 変化なし　　B 5%　　C 10%　　D 15%　　E 20%　　F 25%

G 30%　　H 35%　　I 40%　　J 45%

17 Q国S港とT港から出港して、A国B港に、A国時間で14:00〜16:50の間に到着する予定のフェリーは何便あるか。

A 0便　　B 1便　　C 2便　　D 3便　　E 4便　　F 5便　　G 6便

H 7便　　I 8便　　J 該当なし

---

18 2年間の合計で、R農場のスイカの生産高とメロンの生産高が同じなのはいつか。

A 2010〜2011年　　B 2011〜2012年　　C 2012〜2013年

D 2013〜2014年　　E 2014〜2015年

---

19 1k㎡あたりの自動車保有台数が最も少ない国はどこか。

A J国　　B K国　　C L国　　D M国　　E N国

---

20 2010年初のトマト価格指数が、仮に2010〜2013年にかけて年間のインフレ率で上がった場合、2014年初のトマト価格指数は、実際のものと比べておよそどれだけ増減するか。

A 23減少　　B 15減少　　C 9減少　　D 2減少　　E 変化なし

F 2増加　　G 9増加　　H 15増加　　I 23増加　　J 答えられない

第3部／GAB／計数／模擬テスト　241

GAB
計数　模擬テスト

解説と正解

1 「D工業株式会社」の表を使う。

2008年は「売上高：資本金の比率」が「1.4：1」なので、資本金を1.4倍すると売上高。選択肢の値はそれなりに離れている。有効数字の上2桁までを使って概算（千は省略）。

　　　資本金　　　比率　　　売上高
　　~~816,700~~ × 1.4
　　820,000 × 1.4 ＝ 1,148,000 ➡ 1,148,000千円＝1,148百万円。

最も近い選択肢は「G　1,143百万円」

正解　G

参考　概算しないときの計算結果は、以下の通り
816,700 × 1.4 ＝ 1,143,380 ≒ 1,143,000 ➡ 1,143,000千円＝1,143百万円

2 「A国B港発着のフェリー時刻表」を使う。

A国B港発のフェリーについて、出港時刻を列挙して、14：45以降最も早い便を選ぶ。

Q国S港行きは、同間隔で出港しており、最初が4：30で次が6：45なので、便どうしの間隔は2時間15分。9：00以降は、「11：15、13：30、15：45…」。

Q国T港行きは、同間隔で出港しており、最初が4：00で次が7：30なので、便どうしの間隔は3時間30分。11：00以降は、「14：30、18：00…」。

よって、14：45以降に、A国B港から、Q国S港またはT港に向けて出港するフェリーのうち、最も早く利用できるのは、Q国S港行き15：45。

正解　D

3 「大卒就職先調査」の表を使う。

就職者の割合が最も多い業種とは、男女の合計人数が最も多い業種のこと。明らかに人数が少ない教育業は除外して、流通業、金融業、製造業の男女の人数を足し算して比べる。10の位で四捨五入して概算。

【大卒就職先調査】

	男子		女子	
	人数		人数	
流通業	3,685		3,417	
金融業	5,743	…	2,814	…
製造業	7,015	(略)	1,236	(略)
教育業	867		1,289	
その他	1,230		1,092	
合計	18,540		9,848	

男子　　　女子　　　男女

流通業　3,685 + 3,417

　　　　3,700 + 3,400 = 7,100人

金融業　5,743 + 2,814

　　　　5,700 + 2,800 = 8,500人

製造業　7,015 + 1,236

　　　　7,000 + 1,200 = 8,200人

就職者の割合が最も多い業種は、金融業

正解　**B**

参考 概算しないときの各業種の計算結果は、以下の通り

流通業　3,685 + 3,417 = 7,102人　　金融業　5,743 + 2,814 = 8,557人

製造業　7,015 + 1,236 = 8,251人　　教育業　867 + 1,289 = 2,156人

---

4 「トマトの価格指数とインフレ率」の表を使う。

2010年初のトマト価格指数は100。「仮に2010年と2011年に年間のインフレ率で上がった場合」は、「1 + 年間のインフレ率」をかけ算する。これと、2012年初の実際のトマト価格指数の差を求める（大

【トマトの価格指数とインフレ率】

年	年初の トマト 価格指数	年間の インフレ率 （1～12月）
2010	100	8%
2011	126	10%
2012	138	6%
：（略）		

きいほうから小さいほうを引く）。扱う数値が簡単なので、概算はせずにそのまま計算する。

2010年初　　2010年間　　2011年間　　　　年間インフレ率で上がった
価格指数　　インフレ率　インフレ率　　　　場合の2012年初価格指数

　100　　×　1.08　×　1.1　　= 118.8

2012年初　　年間インフレ率で上がった
価格指数　　場合の2012年初価格指数　　　　差

　138　　-　　　118.8　　　= 19.2

正解　**F**

第3部／GAB／計数／模擬テスト／解説と正解　243

5 「R農場の生産高」のグラフを使う。

2010~2012年について、それぞれ「合計生産高－スイカの生産高」でメロンの生産高を求めて、足し算する。扱う数値が簡単なので、概算はせずにそのまま計算する。

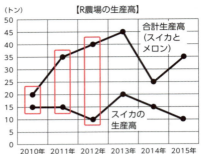

```
           合計   スイカ   メロン
2010年    20  －  15  ＝  5
2011年    35  －  15  ＝ 20
2012年    40  －  10  ＝ 30
```

2010年　2011年　2012年　2010~2012年
　5　＋　20　＋　30　＝ 55トン

正解　E

別解 グラフの目盛りでメロンの生産高を数える

グラフには5トンごとに横線が引かれている。合計生産高とスイカの生産高の間は、2010年が1目盛り、2011年が4目盛り、2012年が6目盛りなので「(1＋4＋6)×5＝55」。

6 「国別統計」の表を使う。

「人口×失業率」で各国の失業者数を求めて、最も多い国を選ぶ。人口が多く、失業率が高い国ほど、失業者数は多くなる。

M国とN国は、J国より人口が少なく、失業率が低いので除外。J国、K国、L国だけ計算する。有効数字の上2桁までを使って概算(百万は省略)。

【国別統計】

	人口 (百万人)		失業率 (％)	
J国	38.6	… (略)	12.9	… (略)
K国	52.3		7.8	
L国	61.2		5.7	
M国	6.8		5.3	
N国	8.1		9.5	

```
          人口      失業率      失業者数
J国   ̶3̶8̶.̶6̶ × ̶0̶.̶1̶2̶9̶
       39  ×  0.13  ＝ 5.07
K国   ̶5̶2̶.̶3̶ × 0.078
       52  ×  0.078 ＝ 4.056
L国   ̶6̶1̶.̶2̶ × 0.057
       61  ×  0.057 ＝ 3.477
```

失業者数が最も多いのはJ国

正解　A

> **参考** 概算しないときの各国の計算結果は、以下の通り
>
> J国　38.6×0.129＝4.9794　　K国　52.3×0.078＝4.0794
>
> L国　61.2×0.057＝3.4884　　M国　6.8×0.053＝0.3604
>
> N国　8.1×0.095＝0.7695

7 「P油田（2010年）」の表を使う。

2009年の1日平均産油量を「1日平均産油量÷年間産油量の前年比較」で求めて、最も多い採掘地を選ぶ。

※問われているのは、2009年の産油量だが、1日平均のまま比較してかまわない（日数をかけ算しても多い順は変わらない）。

【P油田（2010年）】 ※1バレルあたり（

採掘地	1日平均産油量（千バレル）	年間産油量の前年比較	…（略）
P-101	164	80%	
P-102	180	75%	
P-103	348	120%	
P-104	170	95%	
P-105	390	150%	

2010年の1日平均産油量が多く、年間産油量の前年比較の値が小さいものほど、2009年の1日平均産油量は多くなる。ここから、P-102、P-103、P-105だけ計算する。有効数字の上2桁までを使って概算（千は省略）。

※P-101とP-104は、P-102と比べると、2010年の1日平均産油量が少なく、年間産油量の前年比較の値が大きい。ここから、P-101とP-104の2009年産油量は、P-102より少ない。よって除外する。

	2010年の1日平均産油量	前年比較	2009年の1日平均産油量
P-102	180	÷ 0.75	＝ 240
P-103	~~348~~	÷ 1.2	
	350	÷ 1.2	＝ 291.6…
P-105	390	÷ 1.5	＝ 260

2009年に産油量が最も多かったのは、P-103

正解　C

> **参考** 計算を省略した採掘地、および概算しないときのP-103の計算結果は、以下の通り
>
> P-101　164÷0.8＝205　　P-103　348÷1.2＝290　　P-104　170÷0.95＝178.9…

8 「トマトの価格指数とインフレ率」の表を使う。

2014年初のトマト価格指数は124。「仮にその年の年間のインフレ率で上がった場合」は、「1＋年間のインフレ率」をかけ算する。これと、2010年初の実際のトマト価格指数の差を求める（大きいほうから小さいほうを引く）。扱う数値が簡単なので、概算はせずにそのまま計算する。

【トマトの価格指数とインフレ率】

年	年初の トマト 価格指数	年間の インフレ率 （1〜12月）
2010	100	8%
：（略）		
2014	124	13%

2014年初　　2014年間　　　年間インフレ率で上がった
価格指数　　インフレ率　　　場合の2015年初価格指数
$$124 \times 1.13 = 140.12$$

年間インフレ率で上がった　　　2010年初
場合の2015年初価格指数　　　価格指数　　　差
$$140.12 - 100 = 40.12 \fallingdotseq 40$$

正解　**D**

---

9 「A国B港発着のフェリー時刻表」を使う。

【A国B港発着のフェリー時刻表】

A国B港発 （Q国S港行）	A国B港発 （Q国T港行）	Q国S港発 （A国B港行）	Q国T港発 （A国B港行）
4:30	4:00	6:00	3:30
6:45	7:30	8:15	7:00
9:00	11:00	10:30	10:30
≀同間隔	≀同間隔	≀同間隔	≀同間隔
18:00まで	21:30まで	19:30まで	21:00まで

◎B港の発時間はA国時間。S港、T港の発時間はQ国時間。
◎S港、T港（Q国時間）は時差のため、B港（A国時間）に比べて1時間進んでいる。
◎B港↔S港間の所要時間は、2時間45分。
◎B港↔T港間の所要時間は、2時間15分。

Q国からA国B港に向かう最後の便は、Q国時間で、

　Q国S港発　19:30　➡　A国B港には2時間45分後に着くので、22:15着

　Q国T港発　21:00　➡　A国B港には2時間15分後に着くので、23:15着

A国B港にその日最も遅く到着するフェリーの到着時刻は、Q国時間で23:15。A国時間は、これより1時間遅れているので22:15。

正解　**E**

10 「大卒就職先調査」の表を使う。

「大卒の就職者数が男女同数であり、業種別就職率は男女とも表に示されたまま変わらない場合」とあるので、製造業の男女の数を%のまま足し算して、2で割ればよい。

扱う数値が簡単なので、概算はせずにそのまま計算する。

【大卒就職先調査】

	男子		女子	
	人数	%	人数	%
：（略）				
製造業	7,015	37.8	1,236	12.6
：（略）				

男子割合　女子割合　　　男女割合
（ 37.8 ＋ 12.6 ）÷ 2 = 25.2 ≒ 25%

正解　**F**

別解　仮の人数を当てはめて計算

割合だけだと計算しづらい人は、仮の人数を当てはめて計算してもかまわない。

男子1,000人と仮定すると、製造業は37.8%なので378人。女子1,000人と仮定すると、製造業は12.6%なので126人。「（製造業の男子＋製造業の女子）÷男女合計」を求めると、「（378＋126）÷（1,000＋1,000）＝0.252≒25%」。

---

11 「P油田（2010年）」の表を使う。

「2011年にP-102が前年比較で50%増加」したときの1日平均産油量は、2010年の「1日平均産油量×1.5」で求める。2009年のP-102の1日平均産油量は、2010年の「1日平均産油量÷年間産油量の前年比較」で求める。それぞれ求めてから2011年から2009年を引き算する。答えがプラスならば増加、マイナスならば減少。扱う数値が簡単なので、概算はせずにそのまま計算する（千は省略）。

【P油田（2010年）】　　※1バレルあたり0

採掘地	1日平均産油量（千バレル）	年間産油量の前年比較	…
P-101	164	80%	（略）
P-102	180	75%	
：（略）			

2010年の1日
平均産油量　　　2011年の1日
　　　　　　　平均産油量
2011年　180　×　1.5 = 270

2010年の1日　前年　　2009年の1日
平均産油量　　比較　　平均産油量
2009年　180　÷　0.75 = 240

2011年　2009年　プラスなら増加
270 － 240 = 30

➡ 30千バレル増加

正解　**E**

第3部／GAB／計数／模擬テスト／解説と正解　247

12 「D工業株式会社」の表を使う。

資本金に対する税引前利益率は、「税引前利益÷資本金」で求められる。各年について求めて、翌年にかけて減っている期間を探す。それぞれ、有効数字の上2桁までを使って概算(千は省略)。

【D工業株式会社】

	2006年	2007年	2008年	2009年	2010年
資本金 (千円)	658,400	726,300	816,700	908,600	1,238,200
売上高：資本金の比率	1.6:1	1.3:1	1.4:1	1.5:1	1.3:1
税引前利益 (千円)	131,680	145,260	201,300	198,600	247,640

減少した期間は、2008〜2009年と2009〜2010年。

正解 **E**

参考 概算しないときの計算結果は、以下の通り
2006年 131,680÷658,400=0.2 2007年 145,260÷726,300=0.2
2008年 201,300÷816,700=0.246… 2009年 198,600÷908,600=0.218…
2010年 247,640÷1,238,200=0.2

13 「R農場の生産高」のグラフを使う。

2015年について「合計生産高－スイカの生産高」でメロンの生産高を求め、トンあたりの価格865千円をかけ算する。選択肢はそれなりに離れている。有効数字の上2桁までを使って概算（千は省略）。

```
          メロン生産高
        ┌─────────┐
        合計   スイカ   トンあたり価格    メロン売上
      （ 35 － 10 ） ×    865
           25       ×    870     = 21,750
```
→ 21,750千円。最も近い選択肢は「**F** 21,625千円」

正解　F

> **補足** 「25×870」は「870÷2×50」にすると計算しやすい
> 25を「50÷2」にして、「50÷2×870」とした上で、順番を入れ替えて「870÷2×50」にすると計算しやすい。
> ※あるいは25を「100÷4」にして、「870÷4×100」にしてもよい。

> **参考** 概算しないときの計算結果は、以下の通り
> （35－10）×865＝21,625 → 21,625千円

---

14 「国別統計」の表を使う。

ガソリン価格が最も安い国を選ぶ。当てはまるのは、M国。

正解　D

15 「大卒就職先調査」の表を使う。

男子の人数が、女子の5倍超の業種を選ぶ。選択肢の4業種のうち、教育業は男子のほうが少ないので除外。流通業と金融業も人数から、計算するまでもなく5倍は超えない。残る製造業だけ計算する（選択肢に「該当なし」があるので、製造業の人数確認は必要）。

女子の人数を10の位で切り上げて概算。

※切り捨ては、男子が5倍に少しだけ満たないときに、間違った計算結果となるので不適切。

【大卒就職先調査】

	男子		女子
	人数		人数
流通業	3,685		3,417
金融業	5,743		2,814
製造業	7,015	…(略)	1,236 …(略)
教育業	867		1,289
その他	1,230		1,092
合計	18,540		9,848

女子　　5倍
~~1,236~~ × 5

1,300 × 5 ＝ 6,500 ➡ 男子は7,015人なので、製造業は、女子の人数を1とした場合に、男子の人数の割合が5を超えるといえる

正解　**C**

参考 「男子÷女子」（女子を1とした場合の男子）の計算結果は、以下の通り

流通業　3,685 ÷ 3,417 ＝ 1.07…　　金融業　5,743 ÷ 2,814 ＝ 2.04…

製造業　7,015 ÷ 1,236 ＝ 5.67…　　教育業　867 ÷ 1,289 ＝ 0.67…

---

16 「トマトの価格指数とインフレ率」の表を使う。

トマト価格指数について、「2013年初÷2012年初－1」で減少率を求める。扱う数値が簡単なので、概算はせずにそのまま計算する。

【トマトの価格指数とインフレ率】

年	年初のトマト価格指数	年間のインフレ率（1〜12月）
：(略)		
2012	138	6%
2013	110	10%
：(略)		

2013年初　　2012年初　　　マイナスなら減少率
110　÷　138　－　1　＝　－0.202… ➡ 約20%減少

正解　**E**

17 「A国B港発着のフェリー時刻表」を使う。

【A国B港発着のフェリー時刻表】

A国B港発 （Q国S港行）	A国B港発 （Q国T港行）	Q国S港発 （A国B港行）	Q国T港発 （A国B港行）
4:30	4:00	6:00	3:30
6:45	7:30	8:15	7:00
9:00	11:00	10:30	10:30
〜同間隔	〜同間隔	〜同間隔	〜同間隔
18:00まで	21:30まで	19:30まで	21:00まで

◎B港の発時間はA国時間。S港、T港の発時間はQ国時間。

◎S港、T港（Q国時間）は時差のため、B港（A国時間）に比べて1時間進んでいる。

◎B港↔S港間の所要時間は、2時間45分。

◎B港↔T港間の所要時間は、2時間15分。

まず、Q国S港発のフェリーは10:30発がA国B港に着くのが2時間45分後なので13:15。これをA国時間で1時間遅れさせると12:15。以降は出港間隔（同間隔なので、6:00と8:15の時間差から求める）と同じ2時間15分ごとに到着するので書き出す。

　Q国S港発　×12:15着　〇14:30着　〇16:45着　×19:00着

次に、Q国T港発のフェリーは10:30発がA国B港に着くのが2時間15分後なので12:45。これをA国時間で1時間遅れさせると11:45。以降は出港間隔（同間隔なので、3:30と7:00の時間差から求める）と同じ3時間30分ごとに到着するので書き出す。

　Q国T港発　×11:45着　〇15:15着　×18:45着

A国時間で14:00〜16:50の間に到着する予定のフェリーは3便。

正解	D

18 「R農場の生産高」のグラフを使う。

各年のメロンの生産高を「合計生産高－スイカの生産高」で求めてから、2年ごとの合計生産高を足し算で求める。これを2年ごとのスイカの合計生産高と比べる。扱う数値が簡単なので、概算はせずにそのまま計算する。

```
      合計   スイカ   メロン    メロンの2年間の合計
2010年  20  －  15  ＝   5  ┐
                            ├ 25   2010～2011年のスイカは15＋15＝30
2011年  35  －  15  ＝  20  ┘
                            ┐ 50   2011～2012年のスイカは15＋10＝25
2012年  40  －  10  ＝  30  ┤
                            ├ 55   2012～2013年のスイカは10＋20＝30
2013年  45  －  20  ＝  25  ┘
                            ┐ 35   2013～2014年のスイカは20＋15＝35
2014年  25  －  15  ＝  10  ┤
                            ├ 35   2014～2015年のスイカは15＋10＝25
2015年  35  －  10  ＝  25  ┘
```

2年間の合計で、スイカとメロンの生産高が同じなのは、2013～2014年。

正解　**D**

別解 グラフの目盛りで生産高を数える

メロンは合計生産高とスイカの生産高の間の目盛りを数える。スイカは0からの目盛りを数える。それぞれ2年ずつの目盛りの数を足し算して同じものを選ぶ。

	メロン	スイカ			メロン	スイカ
✕ 2010～2011年	1＋4＝5	3＋3＝6	✕ 2011～2012年		4＋6＝10	3＋2＝5
✕ 2012～2013年	6＋5＝11	2＋4＝6	○ 2013～2014年		5＋2＝7	4＋3＝7
✕ 2014～2015年	2＋5＝7	3＋2＝5				

---

19 「国別統計」の表を使う。

「自動車保有台数÷面積」で1k㎡あたりの自動車保有台数を求めて、最も少ない国を選ぶ。自動車保有台数が少なく、面積が大きい国ほど、1k㎡あたりの自動車保有台数が少なくなる。

【国別統計】

	面積 (千k㎡)		自動車保有台数 (百万台)	
J国	428.3	…(略)	15.6	…(略)
K国	572.9		12.4	
L国	303.2		10.8	
M国	56.1		2.9	
N国	48.6		1.7	

252

J国は、K国より自動車保有台数が多く、面積が小さいので除外。M国とN国はそれ
ぞれ10倍すると、K国より自動車保有台数が多く、面積が小さくなるので除外。K国
とL国だけ計算する。有効数字の上2桁までを使って概算（自動車保有台数の百万、面積の
千は省略）。

	自動車保有台数		面積		1㎢あたりの 自動車保有台数
K国	~~12.4~~	÷	~~572.9~~		
	12	÷	570	=	0.021…
L国	~~10.8~~	÷	~~303.2~~		
	11	÷	300	=	0.036…

1㎢あたりの自動車保有台数が
最も少ないのはK国

正解　B

参考　概算しないときの各国の計算結果は、以下の通り

J国　15.6 ÷ 428.3 = 0.036…　　K国　12.4 ÷ 572.9 = 0.021…
L国　10.8 ÷ 303.2 = 0.035…　　M国　2.9 ÷ 56.1 = 0.051…
N国　1.7 ÷ 48.6 = 0.034…

20　「トマトの価格指数とインフレ率」の表を使う。
2010年初のトマト価格指数は100。「仮に2010〜
2013年にかけて年間のインフレ率で上がった場合」
は、「1＋年間のインフレ率」をかけ算する。これと、
2014年初の実際のトマト価格指数の差を求める。
2014年初の実際のトマト価格指数のほうが小さい
ときは増加、大きいときは減少となる。

【トマトの価格指数とインフレ率】

年	年初の トマト 価格指数	年間の インフレ率 （1〜12月）
2010	100	8%
2011	126	10%
2012	138	6%
2013	110	10%
2014	124	13%

扱う数値は簡単だが、計算量が多い。以下では、概算しなかったときの結果を載せる
が、実際には、かけ算をしてはその答えが有効数字の上3桁になるように四捨五入し
て、次のかけ算をするという繰り返しで概算するとよい。

2010年初　　2010年間　　2011年間　　2012年間　　2013年間　　年間インフレ率で上がった
価格指数　　インフレ率　インフレ率　インフレ率　インフレ率　場合の2014年初価格指数
100　　×　1.08　×　1.1　×　1.06　×　1.1　= 138.5… ≒ 139

年間インフレ率で上がった　　2014年初
場合の2014年初価格指数　　価格指数　　　差
139　　　−　　124　　=　15　➡　15増加

正解　H

第3部／GAB／計数／模擬テスト／解説と正解　253

GAB
言語の概要

■◐ 長文を読んで、設問文の論理的な正誤を判断する

GABの言語は、長文を読んで、設問文が論理的に正しいかどうかを判断するテスト
です。特徴は以下の通りです。

・200 〜 700字程度の長文

・1長文につき4問

・長文のテーマは人文系、自然科学系などさまざま。経済に関するものがやや多い。
　明治時代以前の古い文章が使われることもある

・設問文が、以下のいずれであるかを判断する
　「論理的に正しい」「論理的に間違い」「論理的に正誤の判断ができない」

※GABの言語は、玉手箱の言語の「論理的読解」のもとになったテストです。このため、玉手箱の「論理的読解」と同じ問題形式で、解き方も似ています。

■◐ 選択肢は常に同じ

GABの言語では、選択肢は常に同じです。

次の文章を読み、設問文1つ1つについてA・B・Cのいずれに当てはまるか答えなさい。

　熱暑のニュースが耳に入ってくると、私はギリシャのミコノス島を思い出す。
エーゲ海の白い宝石といわれる美しい島には、アテネからフェリーに揺られて
行った。数年前の8月のことだ。青い海と青い空に囲まれた真っ白い町。東京で四
角いビルの隙間から眺めるのと同じとは思えない広い空の下には、小さな道が複
雑に入り組んだ迷路のようなミコノスタウンが広がっている。東京とミコノス島

1　白い町を白く保つ努力こそが、そこに暮らす人の文化だ。
　　A　B　C
2　ミコノス島の生活と東京の生活とでは、流れる時間の質が違う。
　　A　B　C
3　ミコノス島と東京の暑さに違いはない。
　　A　B　C
4　人々が急ぐように歩くのは、世界中で東京だけだ。
　　A　B　C

A　本文から論理的に考えて、設問文は明らかに正しい。
B　本文から論理的に考えて、設問文は明らかに間違っている。
C　本文だけでは、設問文が正しいか間違っているかは判断できない。

← 選択肢は常にこの3つが表示される

一般的な国語の長文読解では、1つの長文からいろいろな種類の問題が出題されますが、**GABの言語で問われるのは、「設問文が論理的に正しいか」の判断だけです。**

◗ 問題数と制限時間

　GABの言語では、13長文52問を25分で解きます。1問あたりに使える時間が短いので、常に手早く解くことを心がける必要があります。

科目名	方式	問題数	制限時間
言語	ペーパー	52問	25分

◗ 玉手箱の「論理的読解」との違い

①GABの長文は短め、玉手箱はそれより長めの長文が出題

　GABの言語では、200〜400字程度の長文が多く出題されます。 700字程度の長文が出題されることもありますが、数はそれほど多くありません。

　玉手箱の「論理的読解」では、600字程度の長文が多く出題されます。

②GABは問題を行き来できる。玉手箱は多くの場合、問題を行き来できない

　GABの言語では、テスト開始後に全問に目を通すことができます。わからない問題は飛ばしてわかるものから解くなど、問題を行き来して取り組むことができます。

　玉手箱の「論理的読解」では、1画面に表示される問題は常に1問です。多くの場合、次の問題に進むと、前の問題には戻れません。

GAB
言語の攻略法

■○ 設問文に先に目を通し、あたりをつけて本文を読む

　GABの言語では、1長文4問にかけられる時間は2分足らずです。本文をていねいに読み込んでから1つ1つ判断していては、時間が足りなくなります。先に4つの設問文すべてに目を通し、正誤の判断に関係がありそうな部分のあたりをつけながら本文をざっと読んで、「A」「B」「C」を判定するとよいでしょう。

■○ 「A」「B」「C」がどの場合に当てはまるかをマスターする

　本文の内容が違っていても、選択肢の選び方の要領は同じです。

①本文の論理に沿っていれば「A　本文から論理的に考えて、設問文は明らかに正しい」が正解

　設問文の内容が、本文の論理に沿っていれば「A」が正解です。設問文の内容が、本文の内容から正しいといえるかどうかで判断します。

②本文の内容と設問文に食い違いがあれば「B　本文から論理的に考えて、設問文は明らかに間違っている」が正解

　設問文の内容が、本文の論理に沿っていなければ「B」が正解です。設問文の内容に、本文の内容と食い違いがあるかどうかで判断します。

③本文だけでは設問文の正誤を判断できない場合は「C　本文だけでは、設問文が正しいか間違っているかは判断できない」が正解

　設問文の内容が、本文だけでは正しいか間違っているかを判断できない場合は、「C」が正解です。設問文の内容が、本文で述べられているかどうかで判断します。

常識や自分の意見で判断してはいけない

GABの言語で問われる「設問文が論理的に正しいか」は、言い換えれば「設問文が正しいといえる根拠が本文にあるか」です。

本文に根拠があるかどうかが大事なので、**一般的な常識や自分の意見をもとに判断してはいけません。**本文が一般的な常識からかけ離れた内容でも、設問文が本文の論理に沿っていれば、「A」が正解です。

実物の選択肢を読み替える

実物の選択肢は、文章がややわかりづらいので、読み替えるとよいでしょう。本書の問題では、読み替え後の選択肢を掲載します。

【実物の選択肢】

A　文脈の論理から明らかに正しい。または正しい内容を含んでいる。

B　文脈の論理から明らかに間違っている。または間違った内容を含んでいる。

C　問題文の内容だけからでは、設問文は論理的に導けない。

【読み替え後の選択肢】

A　本文から論理的に考えて、設問文は明らかに正しい。

B　本文から論理的に考えて、設問文は明らかに間違っている。

C　本文だけでは、設問文が正しいか間違っているかは判断できない。

正答率を高める努力をするより、全問回答を目指そう

GABの言語では、受け取り方によって、論理的に正しいかどうかの判断が分かれるような問題が出ることがあります。

GABでは、誤謬率（回答のうち、どれだけ間違ったかという割合）を測定していません。**言語では、時間をかけて正答率を高める努力をするよりも、全問回答を目指しましょう。判定に迷ったら、正解の可能性が高いものを選んですぐ次に進みます。**

1問あたりにかける時間を少しでも短縮できるよう、なるべく多くの問題に取り組んで慣れておきましょう。

第3部／GAB／言語／言語の攻略法　257

GAB　言語

1　人文系の文章（経済）

●経済に関する文章が出題される
●設問文が本文の論理に沿っていれば「A」、本文の内容と食い違っていれば「B」が正解

例題

次の文章を読み、設問文1つ1つについてA・B・Cのいずれに当てはまるか答えなさい。

> 　1988年度の日本経済は絶好調にみえた。急激な円高を克服して経済は順調に発展、卸売物価は安定基調にあり、雇用は完全に満たされ、失業率は2.2％にまで下がっていた。企業の利益は史上最高、倒産件数は近年最低、株価と地価は急騰を続け、半導体をはじめとする設備投資は旺盛で、大都市には大型開発が、地方にはゴルフ場とコンドミニアムの並ぶリゾート開発が進められていた。高騰した土地を担保とする融資やエクイティー・ファイナンスで低利資金を入手した日本の企業は、海外の不動産や企業を数多く買収、日本型経営は「無敵不敗」のようにいわれた。しかし、この時期にこそ、経済の矛盾が積み上げられていた。
>
> 　　　　　　　　　　　　　　　　　　　　　　　　（『平成11年度　年次経済報告』経済企画庁）

A　本文から論理的に考えて、設問文は明らかに正しい。
B　本文から論理的に考えて、設問文は明らかに間違っている。
C　本文だけでは、設問文が正しいか間違っているかは判断できない。

1　1988年度の日本では、土地を所有する企業が、大きな資金力を有するようになった。

　　A　B　C

2　日本の企業はゴルフ場の経営から得た利益で、海外の不動産や企業を数多く買収した。

　　A　B　C

3　日本型経営について、海外ではその矛盾点が指摘されていた。

　　A　B　C

4　地価が急騰したため、半導体などの設備投資は減退した。

　　A　B　C

本文中の「エクイティー・ファイナンス」(5行目)は、「新株発行を伴う資金調達」を指す用語。

1 1988年度の日本の、土地に関することとして、本文では「地価は急騰を続け」(3行目)、「高騰した土地を担保とする融資(略)を入手した日本の企業」(4〜5行目)とある。土地を所有する企業が、高騰した土地を担保にすることで、海外の不動産や企業を数多く買収できる資金力を有していたといえる。設問文は正しい。

2 海外の不動産や企業を買収した手段として、本文では「高騰した土地を担保とする融資やエクイティー・ファイナンスで低利資金を入手」(4〜5行目)とある。ゴルフ場の経営ではない。設問文は間違い。

3 本文では「日本型経営は『無敵不敗』のようにいわれた」(6行目)とあるが、海外で矛盾点を指摘されていたかどうかは述べられていない。設問文の正誤は判断できない。

4 企業の設備投資について、本文では「半導体をはじめとする設備投資は旺盛」(3行目)とある。減退ではない。設問文は間違い。

正解　**1** A　**2** B　**3** C　**4** B

※言葉の定義は『大辞林第四版』(三省堂)から引用しました。

練習問題① 人文系の文章（経済）

次の文章を読み、設問文1つ1つについて**A・B・C**のいずれに当てはまるか答えなさい。

> 景気は本来、企業の生産・雇用に関する概念であるから、それが消費者の消費活動に影響すると考えるのは無理もない。しかし、消費者が感じる景気とは結局のところ、賃金・所得の動向である。そして賃金・所得は、消費者が何らかの生産活動に従事しなければ得ることができないものである。生産活動と消費の間には所得分配という営為があって、国によっては賃金・所得が生産活動の結果を100%反映して動くとは言えない場合がある（ちょうど近年の日本のように）。すると消費者の実感は、しばしば景気の実態とは関わりが薄くなる。そうなると、たとえ政府が「景気は緩やかに回復している」と言っても、消費者はその実感がないということになる。
>
> （『景気変動論』妹尾芳彦、新評論）

A 本文から論理的に考えて、設問文は明らかに正しい。
B 本文から論理的に考えて、設問文は明らかに間違っている。
C 本文だけでは、設問文が正しいか間違っているかは判断できない。

1 賃金・所得が生産活動の結果を100%反映して動けば、消費者の実感は景気の実態に沿ったものになる。

A　B　C

2 景気は本来、消費者の賃金・所得の動向である。

A　B　C

3 欧米では、生産活動の結果は常に賃金・所得に100%反映して動く。

A　B　C

4 政府が景気回復を宣言すれば、消費者の消費行動は変わる。

A　B　C

1 賃金・所得の動向と、消費者が感じる景気について、本文では次のことが述べられている。

「消費者が感じる景気とは結局のところ、賃金・所得の動向」(2行目)

↓

「賃金・所得が生産活動の結果を100％反映して動くとは言えない場合がある」(4〜5行目)

↓

「すると消費者の実感は、しばしば景気の実態とは関わりが薄くなる」(5〜6行目)

消費者の実感が、景気の実態と関わりが薄くなる理由は、消費者の賃金・所得の動向が、生産活動の結果を充分に反映しないため。ここから、賃金・所得が生産活動の結果を100％反映して動けば、消費者の実感は景気の実態に沿ったものになるといえる。設問文は正しい。

2 景気について、本文では「本来、企業の生産・雇用に関する概念である」(1行目)とある。消費者の賃金・所得の動向ではない。設問文は間違い。

3 本文では、欧米の生産活動については述べられていない。設問文の正誤は判断できない。

4 本文では、消費者の消費行動を変えることについては述べられていない。設問文の正誤は判断できない。

正解　**1** A　**2** B　**3** C　**4** C

GAB　言語

2 人文系の文章（文化・社会）

● 経済以外の人文系。テーマは多岐にわたる。明治時代以前の古い文が出題されることも
● 本文だけでは設問文の正誤を判断できない場合は「C」が正解

例題

次の文章を読み、設問文1つ1つについて**A・B・C**のいずれに当てはまるか答えなさい。

> 　自嘲は「どうせ私は」といって、人から笑い者にされる状況を先取りして、自分自身を笑い者にすることである。
> 　日本人の自嘲は、外国人に理解しにくい日本的な笑いをともなう。それは自分を笑うことであり、内的客我の姿を笑いの対象にすることである。それは大声の笑いではなく自分をさげすみ、あわれむ意味の薄笑いであり、力のない笑いである。
> 　自嘲の笑いは、日常生活で何か失敗したときに、他人から笑われるのに先立って、まず自分から自分を笑ってしまう態度であり、照れかくしの笑いにも似ている。その笑いは頭をかくとか赤面するとか、自分を卑下する独特な表情をともなっている。自嘲の笑いは、それを他者に見せることで、他者からの笑いを幾分でも軽くしてもらおうとする無意識の自己防衛でもある。
> 　おそらくアメリカ人ならば、自分の失敗は失敗として認め、他者からの笑いを当然のものとして受けとめる態度が望ましいとされるだろう。このように日本人の自嘲は、表面的には反省と自罰の心理がはたらいているように見えるが、実際には自罰という先取りによって、他者から受ける罰を軽くし、あるいはまぬがれようとするエゴイズムが潜んでいるのである。
> 　だからこのような自嘲は、また他者から責任を問われるのに先立って、自分で自分の責任を問う意味での、自責と懺悔に結びついている。
>
> （『日本的自我』南博、岩波新書）

A　本文から論理的に考えて、設問文は明らかに正しい。
B　本文から論理的に考えて、設問文は明らかに間違っている。
C　本文だけでは、設問文が正しいか間違っているかは判断できない。

1 失敗を失敗として認め、自分をあわれむことをやめることが、精神的な成長につながる。

　A　B　C

2 日本人の自嘲の笑いは、ある種のエゴイズムによるものだろう。

　A　B　C

3 日本人は、失敗を失敗と認め、他者からの笑いを当然のものとして受け止める。

A B C

4 日本人の自嘲は、懺悔に結びついている。

A B C

本文中の「内的客我」(2段落目)は、ここでは、自分の内面を自分自身が観察し、内省する結果得られるものを指す言葉として使われている。

1 本文では、精神的な成長については述べられていない。設問文の正誤は判断できない。

2 日本人の自嘲について、本文では「自罰という先取りによって、他者から受ける罰を軽くし、あるいはまぬがれようとするエゴイズムが潜んでいる」(4段落目)とある。日本人の自嘲の笑いは、ある種のエゴイズムによるものといえる。設問文は正しい。

3 「失敗は失敗として認め、他者からの笑いを当然のものとして受けとめる態度」(4段落目)は、アメリカ人が望ましいと思う態度。日本人の態度ではない。設問文は間違い。

4 **2**で見たように、日本人の自嘲には、自罰によって他者からの罰を軽くしたり、まぬがれようとするエゴイズムが潜んでいる。これを受けて、本文では「だからこのような自嘲は、また他者から責任を問われるのに先立って、自分で自分の責任を問う意味での、自責と懺悔に結びついている」(5段落目)と述べられている。日本人の自嘲は、懺悔に結びついているといえる。設問文は正しい。

正解	**1** C	**2** A	**3** B	**4** A

練習問題① 人文系の文章（文化・社会）

次の文章を読み、設問文1つ1つについて**A・B・C**のいずれに当てはまるか答えなさい。

　およそ人として我が思うところを施行せんと欲せざる者なし。すなわち専制の精神なり。故に専制は今の人類の性と云うも可なり。人にして然り。政府にして然らざるを得ず。政府の専制は咎むべからざるなり。

　政府の専制咎むべからずといえども、これを放頓すれば際限あることなし。またこれを防ざるべからず。今これを防ぐの術は、ただこれに抵抗するの一法あるのみ。世界に専制の行わるる間は、これに対するに抵抗の精神を要す。その趣は天地の間に火のあらん限りは水の入用なるがごとし。

　近来日本の景況を察するに、文明の虚説に欺かれて抵抗の精神は次第に衰頽するがごとし。いやしくも憂国の士はこれを救うの術を求めざるべからず。抵抗の法一様ならず。或は文を以てし、或は武を以てし、また或は金を以てする者あり。今、西郷氏は政府に抗するに武力を用いたる者にて、余輩の考とは少しく趣を殊にするところあれども、結局その精神に至ては間然すべきものなし。

（『明治十年　丁丑公論・瘠我慢の説』福沢諭吉、講談社）

> **A**　本文から論理的に考えて、設問文は明らかに正しい。
> **B**　本文から論理的に考えて、設問文は明らかに間違っている。
> **C**　本文だけでは、設問文が正しいか間違っているかは判断できない。

1　言論の自由を守るためには、政府の専制をとがめるべきではない。

　A　B　C

2　憂国の士は、政府の専制に抵抗すべきである。

　A　B　C

3　抵抗の精神を衰退させているのは、政府である。

　A　B　C

4　政府に抵抗する方法は武力しかない。

　A　B　C

1　本文では言論の自由を守ることについては述べられていない。設問文の正誤は判断できない。

※本文の3段落目で、「抵抗の法一様ならず。或は文を以て（略）する者あり」とある。「文（文筆）」には「言論」も含まれるといえるが、ここで述べられているのは政府の専制への抵抗手段で、言論の自由ではない。

2 政府の専制について、本文では「世界に専制の行わるる間は、これに対するに抵抗の精神を要す」（2段落目）と、専制への抵抗の精神の必要性が述べられている。また、憂国の士については、「近来日本の景況を察するに（略）抵抗の精神は次第に衰頽するがごとし。いやしくも憂国の士はこれを救うの術を求めざるべからず」（3段落目）とある。続いて「抵抗の法一様ならず」とあることからも、憂国の士は政府の専制に抵抗すべきといえる。設問文は正しい。

3 抵抗の精神について、本文では「近来日本の景況を察するに、文明の虚説に欺かれて抵抗の精神は次第に衰頽するがごとし」（3段落目）とある。抵抗の精神を衰退させているのは、政府ではなく「文明の虚説」。設問文は間違い。

4 政府に抵抗する方法として、本文では「抵抗の法一様ならず。或は文を以てし、或は武を以てし、また或は金を以てする者あり」（3段落目）とある。抵抗の手段は武力だけではない。設問文は間違い。

正解	**1** C	**2** A	**3** B	**4** B

参考 本文の現代語訳

　およそ人は、自分の思い通りに物事を行いたいと欲するものだ。それが専制の精神である。専制は今の人類の本能と言ってもよい。個々人であってもそうなのだから、人が集まって作った政府は専制にならざるを得ない。政府の専制は咎（とが）めることができない。

　政府の専制は咎めることができないとはいえ、放っておくと際限（きり）がないから防がざるを得ない。今、これを防ぐ方策は抵抗することだけだ。世界に専制が行われる間は、抵抗の精神が必要である。それは、天地の間に火がある限りは、水が必要であるようなものである。

　最近の日本の状況を見ると、文明という言葉にだまされて、抵抗の精神は次第に衰退しているようである。国を憂える者は、これを救う手立てを求めざるをえない。抵抗の方法はさまざまにあるものだ。文筆で、あるいは武力で、またあるいは金銭をもって行う者があるだろう。今、西郷隆盛氏は、政府に抵抗するため武力を用いた。私の考えとは少し趣を異にするところがあるが、その精神に至ってはそれほど差がない。

（『現代語訳　福澤諭吉　幕末・維新論集』福澤諭吉　著、山本博文　訳、筑摩書房）

GAB　言語

3 自然科学系・エッセー風の文章

●科学・生物など自然科学系の文章とエッセー風の文。IT系の文章が出ることもある
●エッセー風の文章は文章の構造があまり明快でないものもある。本書で慣れておこう

例題

次の文章を読み、設問文1つ1つについて**A・B・C**のいずれに当てはまるか答えなさい。

「食品照射」は、放射線による生物学的作用（致死作用、代謝撹乱作用）を利用して食品の衛生化（病原菌、寄生虫の殺滅）や保存性の延長（腐敗菌、食害昆虫の殺滅、発芽防止や熟度調整）、あるいは化学的作用（重合、分解）及び物理的作用（高分子化合物の高次構造変化）による改質効果を期待して、食品・食品原材料に放射線を照射する技術であり、食品照射の有用な特徴の1つは非加熱処理技術であることである。なお、放射線を照射された食品を「照射食品」又は「放射線照射食品」という。

　これまで、食品の衛生化や保存性の延長を加熱せずに行う「非加熱処理」が求められる場合、化学薬剤の使用や冷蔵などによって実施されてきている。しかし、対象とする食品によっては、期待される効用に関して、食品照射が他の技術と比較して優位性のあることや、食品照射の固有の特徴が必要不可欠なことについて検討し肯定的な判断が得られるとともに、安全が確保されることなどについて一定の見通しがある場合には、当該食品に対する放射線照射の適用に向けて必要な検討や取組を進めることが適切であると考える。

（『食品への放射線照射について』原子力委員会　食品照射専門部会）

A　本文から論理的に考えて、設問文は明らかに正しい。
B　本文から論理的に考えて、設問文は明らかに間違っている。
C　本文だけでは、設問文が正しいか間違っているかは判断できない。

1 「食品照射」によって初めて、食品の非加熱処理が実現する。

A B C

2 他の技術に対する優位性があることなど、条件を満たせば、食品の非加熱処理に放射線照射の適用を検討すべきだ。

A B C

3 過去には、改質効果を期待した安易な食品照射が実施されてきた。

A B C

4 食品照射の固有の特徴の必要性に対して肯定的な判断が得られなくても、安全の確保に一定の見通しがあれば、放射線照射の適用の取り組みを進めるべきだ。
A B C

1 食品の非加熱処理の実現について、本文では「これまで（略）『非加熱処理』が求められる場合、化学薬剤の使用や冷蔵などによって実施されてきている」（2段落目）とある。食品の非加熱処理は、食品照射によって初めて実現するのではない。設問文は間違い。

2 **1**で見たように、これまで、非加熱処理は化学薬剤の使用や冷蔵などによって実施されてきた。この非加熱処理について、2段落目の後半では、他の技術より優位性があり、固有の特徴が必要と判断され、かつ安全確保などに見通しがある場合は、放射線照射の適用に向けて検討や取り組みを進めるべきと述べられている。設問文は正しい。

3 本文では、過去に、改質効果を期待した安易な食品照射が実施されてきたかどうかは述べられていない。設問文の正誤は判断できない。

4 放射線照射の適用の取り組みを進めるにあたって、本文では、「食品照射の固有の特徴が必要不可欠なことについて検討し肯定的な判断が得られるとともに、安全が確保されることなどについて一定の見通しがある場合」（2段落目）と述べられている。肯定的な判断が得られることと、安全の確保は、両方とも必要。設問文は間違い。

正解　**1** B　**2** A　**3** C　**4** B

練習問題① 自然科学系・エッセー風の文章

次の文章を読み、設問文1つ1つについてA・B・Cのいずれに当てはまるか答えなさい。

> 熱暑のニュースが耳に入ってくると、私はギリシャのミコノス島を思い出す。
> エーゲ海の白い宝石といわれる美しい島には、アテネからフェリーに揺られて行った。数年前の8月のことだ。青い海と青い空に囲まれた真っ白い町。東京で四角いビルの隙間から眺めるのと同じとは思えない広い空の下には、小さな道が複雑に入り組んだ迷路のようなミコノスタウンが広がっている。東京とミコノス島は何もかもが違った。暑さもそうだ。そして、ミコノス島の時間はゆるやかに流れていた。
> 好奇心に任せて町中を歩いたあのときの解放感を、私は忘れることができない。何もかもが焦って先へ先へと急ぐような東京の日々が嫌になり、仕事をつめこむのは、もうやめにした。おかげで、いまでは無用なストレスをためることもなく、風通しよく暮らしている。人にはその人にあった人生の速度があるのだろう。豊かな気持ちでいられるのだから、私はこのゆっくりした歩き方で十分だ。

A 本文から論理的に考えて、設問文は明らかに正しい。
B 本文から論理的に考えて、設問文は明らかに間違っている。
C 本文だけでは、設問文が正しいか間違っているかは判断できない。

1 白い町を白く保つ努力こそが、そこに暮らす人の文化だ。

A B C

2 ミコノス島の生活と東京の生活とでは、流れる時間の質が違う。

A B C

3 ミコノス島と東京の暑さに違いはない。

A B C

4 人々が急ぐように歩くのは、世界中で東京だけだ。

A B C

1　「白い町」について、本文では「青い海と青い空に囲まれた真っ白い町」(2段落目)とあるが、その町を白く保つ努力については述べられていない。設問文の正誤は判断できない。

2　時間の流れについて、本文では「ミコノス島の時間はゆるやか」(2段落目)、「何もかもが焦って先へ先へと急ぐような東京の日々」(3段落目)と、対照的な印象が述べられている。ミコノス島と東京では、流れる時間の質が違うといえる。設問文は正しい。

3　ミコノス島の暑さについて、本文では「東京とミコノス島は何もかもが違った。暑さもそうだ」(2段落目)とある。暑さに違いはある。設問文は間違い。

4　本文では、東京について「何もかもが焦って先へ先へと急ぐような東京の日々」(3段落目)とあるが、世界中で東京の人だけが急ぐように歩くかどうかについては述べられていない。設問文の正誤は判断できない。

正解　**1** C　**2** A　**3** B　**4** C

GAB

言語　模擬テスト

制限時間25分　問題数52問

次の文章を読み、設問文1つ1つについて**A・B・C**のいずれに当てはまるか答えなさい。

> 　エキスパートにとっては常識となっているノウハウについては、それが彼らにとって常識であるがゆえに、ことさら言及されないことがあります。しかし、この常識こそエキスパートシステムの根幹となる知識なのですから、細心の注意を払って聞き出していただく必要があります。
> 　エキスパートからノウハウを聞き出す苦労は、システムエンジニアがシステム設計に先立って顧客の希望や悩みを聞き出す苦労とよく似ています。顧客自身が気がついていない希望や、うまく説明できない要求を、顧客との会話を通じて探り出さなければならないところなど、そっくりです。そこで、エキスパートの知識を引き出す作業には、ベテランのシステムエンジニアの参加が勧められています。
>
> （『人工知能（AI）のはなし［改訂版］』大村平、日科技連出版社）

A　本文から論理的に考えて、設問文は明らかに正しい。
B　本文から論理的に考えて、設問文は明らかに間違っている。
C　本文だけでは、設問文が正しいか間違っているかは判断できない。

1 エキスパートが常識と思っているノウハウこそが、エキスパートシステムの根幹だ。

A　B　C

2 本来、ベテランのシステムエンジニアがいれば、エキスパートシステムは必要ない。

A　B　C

3 システムエンジニアは、システム設計にあたり、顧客自身が説明できない要求を考慮すべきでない。

A　B　C

4 エキスパートが常識と思っているノウハウを聞き出すために、ベテランのシステムエンジニアの力を借りるべきだ。

A　B　C

次の文章を読み、設問文1つ1つについて**A・B・C**のいずれに当てはまるか答えなさい。

職業生涯の長期化や、激しい環境変化による企業寿命の短縮、技術や職務の変化等に伴う転職の可能性の増大など、労働者個人が自らの職業キャリアの方向づけを迫られる機会が拡大している。さらに産業構造の変化が激しくなる中で、成長産業等において必要な人的資源を確保するとともに、「適材」が「適所」で働くことによって、人材の能力を最大限発揮することができる外部労働市場の活性化が求められている。こうした状況を踏まえると、過度に企業に依存した職業キャリア形成から、労働者個人が主体性をもって自らのキャリアをデザインできるとともに、その希望に応じた働き方ができる環境整備が今後更に重要となる。　　　　　（『平成26年版　労働経済の分析』厚生労働省）

A　本文から論理的に考えて、設問文は明らかに正しい。
B　本文から論理的に考えて、設問文は明らかに間違っている。
C　本文だけでは、設問文が正しいか間違っているかは判断できない。

5 環境変化によって企業寿命が延びたことで、労働者個人が職業キャリアの方向づけを迫られる機会が増えた。

A　B　C

6 日本の高度成長は、労働者個人の職業キャリア形成を企業に依存することで実現した。

A　B　C

7 労働者個人が主体性を持って職業キャリアを形成するために、環境整備が重要だ。

A　B　C

8 企業が成長し続けることで、産業構造が変化する速度を遅くすることができる。

A　B　C

次の文章を読み、設問文1つ1つについて**A・B・C**のいずれに当てはまるか答えなさい。

東京に住むなら東京の言葉を話せないと恥ずかしい、と公言する人もいれば、故郷の方言を大事にして何が悪いという人もいる。東京に住んで、ふだんは故郷の方言など忘れてしまったような顔をしていても、自分が育てられた土地の言葉を愛さない人は少ない。石川啄木の有名な「ふるさとの訛りなつかし」の歌は、今でも故郷を遠く離れた人の胸を打つ。
　方言は「母の言葉」といわれる。人が故郷の方言を愛するのは、母が愛情を込めて自分に話しかけてくれた言葉だからだ。自分が大人になるまで育った土地の方言は母だけでなく、自分を育ててくれたすべての人の言葉でもある。そうはいっても、自分が慣れ親しんだ言葉とは違う言葉を耳にすると、「なんだか少し変だな」と思ってしまうことも確かである。

A　本文から論理的に考えて、設問文は明らかに正しい。
B　本文から論理的に考えて、設問文は明らかに間違っている。
C　本文だけでは、設問文が正しいか間違っているかは判断できない。

第3部／GAB／言語／模擬テスト　271

9 東京に住んで故郷の言葉を話さなくなると、方言への愛着は薄れる。

A B C

10 多くの人が故郷の方言を愛するのは、自分を育ててくれた人の言葉だからだ。

A B C

11 「母の言葉」である方言を卒業して、親離れをすべきだ。

A B C

12 故郷の方言を愛していても、親しみのない言葉には違和感を覚えるものだ。

A B C

次の文章を読み、設問文1つ1つについて**A・B・C**のいずれに当てはまるか答えなさい。

> マーケティングの中心課題は、競合企業との競争のなかで、標的とする顧客（標的市場）のニーズとマーケティング・ミックスをよりよく適合させることです。したがって、市場環境とともに、競争環境を理解することは非常に大切です。いかに新たなニーズを発見し、それに対応する製品を提供しても、競合企業がそれよりよい製品を提供すれば、あるいは同等の製品をより安い価格やより強力な流通を通じて提供すれば、十分な成果を達成することは困難になります。また、それらに対抗しようとした結果、期待していた利益が得られないということもあります。
>
> （『新版入門・マーケティング戦略』池尾恭一、有斐閣）

A	本文から論理的に考えて、設問文は明らかに正しい。
B	本文から論理的に考えて、設問文は明らかに間違っている。
C	本文だけでは、設問文が正しいか間違っているかは判断できない。

13 マーケティングでは、市場環境と競争環境の両方を理解することが大切だ。

A B C

14 顧客にとって望ましいのは、競合企業どうしが価格競争をすることだ。

A B C

15 標的市場とは、製品を提供するときに競合相手となる企業のことである。

A B C

16 競合企業の動向にかかわらず、顧客のニーズに適合した製品を提供すれば、利益は得られる。

A B C

次の文章を読み、設問文1つ1つについて**A・B・C**のいずれに当てはまるか答えなさい。

植物学的にいうと、ジャガイモはトマトやタバコ、トウガラシ、そしてナスなどと同じナス科の植物であり、ソラヌム属に属している。このソラヌム属の植物はきわめて多く、1500種も知られているが、このうちの約150種がイモ（塊茎）をつける、いわゆるジャガイモの仲間である。ただし、ジャガイモの仲間とはいっても、これらのほとんどが野生種であり、栽培種は7種しか知られていない。また、この7種の栽培種のうち世界中で広く栽培されているのは1種だけであり、残りの栽培種はいずれもアンデス高地に分布が限られている。

一方、野生種の分布は広く、北はロッキー山脈から南はアンデス最南端のパタゴニアまでのアメリカ大陸で見られる。また、高度のうえでは海岸地帯から標高4500メートルあたりの高地にまでおよぶ。　　　　　　　　　　　　　　　　　　　　　　　（『ジャガイモのきた道』山本紀夫、岩波書店）

A　本文から論理的に考えて、設問文は明らかに正しい。
B　本文から論理的に考えて、設問文は明らかに間違っている。
C　本文だけでは、設問文が正しいか間違っているかは判断できない。

17 ソラヌム属の植物の種はきわめて多いが、いわゆるジャガイモの仲間は7種しかない。

A　B　C

18 ソラヌム属の植物の種が多いことと、世界中で広く栽培されているジャガイモの栽培種が1種しかないことには関係はない。

A　B　C

19 イモをつけるソラヌム属の植物のうち、栽培種の6種はアンデス高地にしか分布していない。

A　B　C

20 世界中で広く栽培される栽培種の数が今より増えれば、野生種の分布は今より狭くなるだろう。

A　B　C

次の文章を読み、設問文1つ1つについて**A・B・C**のいずれに当てはまるか答えなさい。

ヒトの生老病死は自然であって、根本的には意識で統御可能なものではない。それを意識的に統御しようとするのが、たとえば老化を防ごうとか、遺伝子を操作してしまおうというタイプの医学なのである。自然環境については、さすがに公害問題、環境問題を経て、自然をあまり意識的にいじっては具合が悪いということが、なんとなくはわかってきた。ところが身体が自然だという感覚はまだ薄い。だから現代の老化防止の医学は、環境問題を引き起こしたことを、今度はヒトの身体でやろうとしている。私にはそう見える。　　　　　　（『「都市主義」の限界』養老孟司、中央公論新社）

第3部／GAB／言語／模擬テスト　273

> A 本文から論理的に考えて、設問文は明らかに正しい。
> B 本文から論理的に考えて、設問文は明らかに間違っている。
> C 本文だけでは、設問文が正しいか間違っているかは判断できない。

21 遺伝子操作の研究によって、人間の寿命は飛躍的に延びた。

A B C

22 公害問題、環境問題を経て、身体が自然だという感覚が、強く意識されるようになってきた。

A B C

23 老化防止の医学が発展すれば、環境問題も解決する。

A B C

24 老化防止の医学は、根本的には意識で統御できないはずの自然を統御しようとしている。

A B C

次の文章を読み、設問文1つ1つについて**A・B・C**のいずれに当てはまるか答えなさい。

> 賭のパトスは絶対的な喪失に九分どおり賭けているという戦慄に存する。その時彼は99パーセントまでの敗北を予感しているのである。勝利の機会はただ1パーセントである。確率的にはどうあろうと、心理的にはまさにそうである。客観的に賭の偶然性を支配する確率の法則と、賭ける者の情熱とは全く別のものである。勝利した時の喜びは、むしろ奇妙な期待はずれの失望感をまじえた安堵（あんど）にさえ似ている。だから彼は再び賭けるのだ。彼は負けるまで賭ける。あたかも、賭は負けなければならないものであるかのように。敗北することにこそ賭の目的があるかのように。
> 　確率論の上からいえば50パーセントずつの確率が存在しなければ、賭は成立しない。しかし、2つの場合の確率が単に50パーセントずつあるというのはいわば無関心の立場であって、賭をおこなうものには、その一方に圧倒的な関心があるのであり、そのような幸運に絶望的な情熱と関心を注げばこそ、その確率を1パーセントとするのである。
>
> （『石原吉郎詩文集』石原吉郎、講談社）

> A 本文から論理的に考えて、設問文は明らかに正しい。
> B 本文から論理的に考えて、設問文は明らかに間違っている。
> C 本文だけでは、設問文が正しいか間違っているかは判断できない。

25 賭ける者は、勝利の確率を99％と予測している。

A B C

26 確率論にもとづいた賭の確率と、賭ける者にとっての賭の確率は違う。

A B C

27 確率の法則を知れば、賭で勝つ確率は上がる。

A　B　C

28 賭をする者は、勝利の確率と敗北の確率の両方に同じだけの関心がある。

A　B　C

次の文章を読み、設問文1つ1つについて**A・B・C**のいずれに当てはまるか答えなさい。

　14、15世紀の西欧では、「黒死病（ペスト）」の広がりや度重なる戦争、飢餓などの要因によって、大幅な人口減少が起きたが、経済はむしろそうした人口減少によって成長した面があった。その背景としては、人口減少によって、生産要素としての土地が労働力に対して相対的に豊富になり、生産性の低い耕作地が放棄され、生産性の高い土地が集中的に利用されたことが挙げられる。労働需給の逼迫（ひっぱく）から賃金が上昇した一方で、小麦を中心とする農産物の生産量がある程度確保されたため、一般物価の急激な上昇が起きなかったことが指摘されている。結局、農産物価格の相対的低下と、賃金の相対的上昇によって、実質ベースでみた1人当たりの国民所得が増加した。ただし、同時期のドイツでは、封建領主の権力が強かったために農民の移動が自由ではなく、生産性の高い土地の集中的な利用も行われなかったことで経済が停滞したという。

　また、技術進歩による生産性上昇があったことは見逃せない。14世紀以降の西欧では、生産性の高い土地への集中化とあわせて、例えば、「フランドル農法」と呼ばれる、同じ土地で季節ごとに栽培作物を入れ替え一年中利用するという生産技術が普及していったことなどもあり、その後、17世紀まで穀物の生産性の上昇が続いたことが指摘されている。

　西欧以外に同様な現象が、18世紀の日本（天明の飢饉（ききん）などによる人口減少）、19世紀後半のアイルランド（飢饉と海外移民による人口減少）、1980年以降のハンガリー（出生率低下による人口減少）でも生じたとされる。

（『平成20年度　年次経済財政報告』内閣府）

A　本文から論理的に考えて、設問文は明らかに正しい。
B　本文から論理的に考えて、設問文は明らかに間違っている。
C　本文だけでは、設問文が正しいか間違っているかは判断できない。

29 14、15世紀の西欧では、人口減少によって、生産性の高い土地が集中的に利用された。

A　B　C

30 土地の集中化に代わって「フランドル農法」が普及したため、17世紀まで生産性の向上は続いた。

A　B　C

31 封建領主の権力が強い国では、他国よりも早く「フランドル農法」が普及した。

A　B　C

第3部／GAB／言語／模擬テスト　　275

32 人口減少下で経済成長した例は14、15世紀の西欧に限らず複数ある。

A　B　C

次の文章を読み、設問文1つ1つについて**A・B・C**のいずれに当てはまるか答えなさい。

> 天動説の英語表記は「geocentric theory」（geoは地球の意）、つまり〝地球中心説〟であり、地動説は「heliocentric theory」（helioは太陽の意）、つまり〝太陽中心説〟となる。両者とも「centric」という言葉に共通するように、宇宙に不動の中心を設定しており、その中心の周りに同心球状に惑星が配置されている。そして、一番外側には恒星（星座を形づくる星々）の天球が描かれているという構図もまったく同じである。要するに、その立体構造に着目してみれば、天動説と地動説は完全に相似形を成している。
>
> 古代ギリシャの時代から中世を経て近代に入るまで、天動説（地球中心説）が連綿と受け継がれてきたのは、地球が動いているはずはないという固定観念に縛られていたからにほかならない。ところが、地動説（太陽中心説）が唱えられても、地球が占めていた位置に太陽が入れ替わっただけで、宇宙には不動の中心があるという強い思い込みは疑われることなく、そのまま温存されたのである。
>
> 　　　　　　　　　　　　　　（『〈どんでん返し〉の科学史』小山慶太、中央公論新社）

> **A**　本文から論理的に考えて、設問文は明らかに正しい。
> **B**　本文から論理的に考えて、設問文は明らかに間違っている。
> **C**　本文だけでは、設問文が正しいか間違っているかは判断できない。

33 天動説と地動説は、両者とも地球を中心として設定している。

A　B　C

34 天動説と地動説の英語表記は、現代の主流の学説に合わせて修正すべきだ。

A　B　C

35 天動説と地動説の立体構造は、完全に相似している。

A　B　C

36 天動説は、地動説を受け入れられない人によって現代まで受け継がれている。

A　B　C

次の文章を読み、設問文1つ1つについて**A・B・C**のいずれに当てはまるか答えなさい。

最近の創作物では、相手に面と向かって悪口を言う場面が減ったように思う。日常生活の中でも同じだ。遠回しに嫌味を言うのがせいぜいで、遠慮のない悪口は、本人がいないとき限定の、いわゆる陰口くらいしかない。

本音をぶつけあう、ストレートな人間関係が減っているからかもしれない。言葉で人を傷つけることには敏感なのに、刃物で人を傷つけるような犯罪は一時期よりも増えている。昔の「悪」は今よりわかりやすかった。現在の「悪」のありようは複雑でわかりにくい。しかし、「悪」をあばき、非難する悪口は、むしろ衰退している。

「人の悪口を言ってはいけません」と親は子に教える。そのまま大人になった人が多いのが今の世の中なのかもしれない。しかし、世の中には悪口も必要だと思うのだ。

A 本文から論理的に考えて、設問文は明らかに正しい。
B 本文から論理的に考えて、設問文は明らかに間違っている。
C 本文だけでは、設問文が正しいか間違っているかは判断できない。

37 現代は、親から教えられたとおりに悪口を言わずに大人になる人が多い。

A B C

38 「悪」のありようが複雑になればなるほど、「悪」を非難する悪口も多くなる。

A B C

39 子に善悪の区別を教えるのが、親の役目だ。

A B C

40 最近の創作物で悪口が減ったのは、ストレートな人間関係が少なくなったからだ。

A B C

次の文章を読み、設問文1つ1つについて**A・B・C**のいずれに当てはまるか答えなさい。

わが国は、いい古されたことではあるが、国土狭小にして、耕地面積も少なく、また地下資源にも恵まれず、一方人口が過剰のため、永年貧困問題に苦しんできた。敗戦により領土が半減した当時は、国民すべてが生きてゆくことができるかどうかさえ疑われたほどであった。それから、わずか14年、今日みられるような経済の繁栄をだれが予想しえたであろう。わずかの歳月の間に世界の人人も目をみはるほどの経済発展を可能にしてきたものは何であったろうか。

本来、経済の発展は、天然の資源と、人人のえい知と努力の結合により行なわれるのである。前者の資源には恵まれないわが国も、後者には恵まれているのである。この後者の力が主として今日の隆昌を招いたといってよいのではないか。

（『厚生白書　昭和34年度版』厚生省）

第3部／GAB／言語／模擬テスト　277

A 本文から論理的に考えて、設問文は明らかに正しい。
B 本文から論理的に考えて、設問文は明らかに間違っている。
C 本文だけでは、設問文が正しいか間違っているかは判断できない。

41 今後の経済発展のためには、天然資源の開発が必要である。

A B C

42 わが国の人々のえい知と努力が、敗戦からわずかな期間での経済発展を可能にした。

A B C

43 わが国が貧困問題に苦しんできたのは、国民の努力が不足していたからである。

A B C

44 わが国は、戦後14年たって初めて、国土の狭さや耕地面積の少なさを自覚した。

A B C

次の文章を読み、設問文1つ1つについて**A・B・C**のいずれに当てはまるか答えなさい。

昭和のころに「男は黙って〇〇」というキャッチコピーがあった。男はぺらぺらしゃべるものではないという考え方で、今の時代では通用しないといっていいだろう。人づきあいにおいて適度な「会話」は大いに必要だし、その会話においては話すためのマナーも心がけなければならない。
話すためのマナーとは、自分が話したいことを一方的にしゃべることではない。漫才でもするように、身振り手振りをつけて面白おかしい話をすることが、相手へのサービスだと思っている人も見られるが、間違いだ。かといって、有用だが堅苦しい話を押し付けるのもよろしくない。
会話はキャッチボールに例えることができる。自分の話はなるべくわかりやすく伝える、相手の話には耳を傾ける。変に構えたり格好をつけたりせず、言葉というボールのやり取りを誠実に実行することが大切なのである。

A 本文から論理的に考えて、設問文は明らかに正しい。
B 本文から論理的に考えて、設問文は明らかに間違っている。
C 本文だけでは、設問文が正しいか間違っているかは判断できない。

45 昭和のころ、男性は適度な「会話」をしないため、人づきあいに支障があった。

A B C

46 会話で大事なことは、誠実に言葉をやり取りすることだ。

A B C

47 その場で必要なこと以外をしゃべるのは、話すためのマナーに反する。

A B C

48 相手のことを考えて、身振り手振りをつけて面白おかしい話をすることも大切だ。

A　B　C

次の文章を読み、設問文1つ1つについて**A・B・C**のいずれに当てはまるか答えなさい。

> われわれが作るいろいろなイメージというものは、簡単に申しますと、人間が自分の環境に対して適応するために作る潤滑油の一種だろうと思うのです。つまり、自分が環境から急激なショックを受けないように、あらかじめ個々の人間について、あるいはある集団、ある制度、ある民族について、それぞれイメージを作り、それを頼りに思考し行動するわけであります。そういうイメージは、他の人間あるいは非人格的な組織のうごき方に対するわれわれの期待と予測のもとになるものでありますから、ある程度持続的でないとイメージとしての意味はない。持続的であるところにイメージの役割があるわけでありますが、イメージがあまり本物から離れ、くい違いがはなはだしくなると、潤滑油としての役目を喪失する、つまりなんらかの機会に「案外」な行動とか、予想外の出来事に直面して、その人やそのものについて新しくイメージをつくりなおす必要が生まれてくる。こうしてわれわれはイメージを修正あるいは再修正しながら、変転する環境に適応していくわけであります。
>
> (『日本の思想』丸山真男、岩波新書)

> A　本文から論理的に考えて、設問文は明らかに正しい。
> B　本文から論理的に考えて、設問文は明らかに間違っている。
> C　本文だけでは、設問文が正しいか間違っているかは判断できない。

49 人や集団、制度にあらかじめイメージを作ることは、人間の環境への適応の妨げになる。

A　B　C

50 他者のイメージを作るときは、将来の修正が少なく済むように考慮すべきだ。

A　B　C

51 イメージを修正すると、潤滑油としての役目は失われる。

A　B　C

52 より多くの情報を簡単に入手できるようになった現代では、他者についてイメージを作る意義は薄れているといえる。

A　B　C

GAB

言語　模擬テスト

解説と正解

1 エキスパートが常識と思っているノウハウについて、本文では「彼らにとって常識であるがゆえに、ことさら言及されない」「しかし、この常識こそエキスパートシステムの根幹となる知識」（1段落目）とある。設問文は正しい。

正解　**A**

2 本文では、ベテランのシステムエンジニアがいれば、エキスパートシステムは必要ないとは述べられていない。設問文の正誤は判断できない。

正解　**C**

3 本文の2段落目で、システムエンジニアがシステム設計に先立って顧客から希望や悩みを聞き出すこと、その際に顧客自身がうまく説明できない要求を探り出さなければならないことが述べられている。システムエンジニアは、顧客自身が説明できない要求を考慮する必要があるといえる。設問文は間違い。

正解　**B**

4 ノウハウを聞き出すことについて、本文では「エキスパートの知識を引き出す作業には、ベテランのシステムエンジニアの参加が勧められています」（2段落目）とある。設問文は正しい。

正解　**A**

5 企業寿命について、本文では「激しい環境変化による企業寿命の短縮」（1行目）とある。環境変化によって企業の寿命は延びたのではなく、短くなった。設問文は間違い。

正解　**B**

6 本文では、日本の高度成長については述べられていない。設問文の正誤は判断できない。

正解 C

7 環境整備について、本文では「労働者個人が主体性をもって自らのキャリアをデザインできるとともに、その希望に応じた働き方ができる環境整備が今後更に重要となる」（6〜7行目）とある。設問文は正しい。

正解 A

8 産業構造の変化について、本文ではその速度を遅くすることについては述べられていない。設問文の正誤は判断できない。

正解 C

9 方言への愛着について、本文では「東京に住んで、ふだんは故郷の方言など忘れてしまったような顔をしていても、自分が育てられた土地の言葉を愛さない人は少ない」（1段落目）とある。故郷の言葉を話さなくなっても、方言への愛着が薄れるわけではない。設問文は間違い。

正解 B

10 故郷の方言を愛することについて、本文では「母が愛情を込めて自分に話しかけてくれた言葉だから」「自分を育ててくれたすべての人の言葉でもある」（2段落目）とある。多くの人が方言を愛するのは、自分を育ててくれた人の言葉だからといえる。設問文は正しい。

正解 A

11 本文では、親離れについては述べられていない。設問文の正誤は判断できない。

正解 C

第3部／GAB／言語／模擬テスト／解説と正解 281

12 故郷の方言を愛することについて、本文では「自分が育てられた土地の言葉を愛さない人は少ない」(1段落目)とある。また、違和感については「自分が慣れ親しんだ言葉とは違う言葉を耳にすると、『なんだか少し変だな』と思ってしまうことも確か」(2段落目)とある。故郷の方言を愛していても、親しみのない言葉には違和感を覚えるといえる。設問文は正しい。

正解 　A

13 市場環境と競争環境について、本文では「市場環境とともに、競争環境を理解することは非常に大切」(2〜3行目)とある。その理由は、「マーケティングの中心課題は、競合企業との競争のなかで、標的とする顧客(標的市場)のニーズとマーケティング・ミックスをよりよく適合させること」(1〜2行目)だから。マーケティングでは、市場環境と競争環境の理解が大切といえる。設問文は正しい。

正解 　A

14 本文では、競合企業との価格競争を、顧客がどう思うかについて述べられていない。設問文の正誤は判断できない。

正解 　C

15 本文では、「標的市場」とは「標的とする顧客」(1行目)のこと。製品を提供するときに競合相手となる企業のことではない。設問文は間違い。

正解 　B

16 本文の後半で、ニーズに対応する製品を提供しても、競合企業の動きによっては成果の達成が困難になること、それらへ対抗しようとした結果、期待した利益が得られないこともあると述べられている。設問文は間違い。

正解 　B

17 いわゆるジャガイモの仲間について、本文では「ソラヌム属の植物はきわめて多く、1500種も知られているが、このうちの約150種が（略）いわゆるジャガイモの仲間」（1段落目）とある。約150種であり、7種ではない。設問文は間違い。

正解　**B**

18 **17**で見たように、ソラヌム属の植物は多い。一方、「いわゆるジャガイモの仲間」は、「7種の栽培種のうち世界中で広く栽培されているのは1種だけ」（1段落目）。しかし、本文では、この2つが関係ないといえる内容は述べられていない。設問文の正誤は判断できない。

正解　**C**

19 **18**で見たように、イモをつけるソラヌム属の植物（いわゆるジャガイモの仲間）の栽培種は7種あるが、世界中で広く栽培されているのは1種だけ。「残りの栽培種はいずれもアンデス高地に分布が限られている」（1段落目）とあるので、栽培種の6種はアンデス高地にしか分布していないといえる。設問文は正しい。

正解　**A**

20 本文では、栽培種の数が増えることについては述べられていない。また、栽培種の数と野生種の分布の関連についても述べられていない。設問文の正誤は判断できない。

正解　**C**

21 本文では、遺伝子操作の研究によって、人間の寿命が延びたかどうかは述べられていない。設問文の正誤は判断できない。

正解　**C**

22 身体が自然だという感覚について、本文では「身体が自然だという感覚はまだ薄い」（4〜5行目）とある。強く意識されるようになってきていない。設問文は間違い。

正解　**B**

第3部／GAB／言語／模擬テスト／解説と正解　283

23 本文では、老化防止の医学の発展については述べられていない。また、環境問題の解決についても述べられていない。設問文の正誤は判断できない。

正解 **C**

24 本文の1〜3行目で述べられているように、「ヒトの生老病死は自然」であり、老化防止の医学は、「根本的には意識で統御可能なものではない」ヒトの生老病死を、意識的に統御しようとするものの1つ。設問文は正しい。

正解 **A**

25 賭ける者の予測について、本文では「その時彼は99パーセントまでの敗北を予感しているのである」（1段落目）とある。99％は敗北の予感で、勝利の確率ではない。設問文は間違い。

正解 **B**

26 **25**で見たように、賭ける者は、99％敗北すると予感している。一方で、「確率論の上からいえば50パーセントずつの確率が存在しなければ、賭は成立しない」（2段落目）。確率論にもとづいた賭の確率と、賭ける者にとっての賭の確率は違うといえる。設問文は正しい。

正解 **A**

27 本文では、賭で勝つ確率を上げることについては述べられていない。設問文の正誤は判断できない。

正解 **C**

28 賭をする者の関心について、本文では「2つの場合の確率が単に50パーセントずつあるというのはいわば無関心の立場であって、賭をおこなうものには、その一方に圧倒的な関心がある」（2段落目）とある。同じだけの関心があるのではない。設問文は間違い。

正解 **B**

29 14、15世紀の西欧について、本文の1段落目で、病気や戦争、飢餓などによって人口が減少したにもかかわらず経済が成長したこと、その背景として、人口減少によって生産性の低い耕作地が放棄され、生産性の高い土地が集中的に利用されたことが述べられている。設問文は正しい。

正解 **A**

30 フランドル農法の普及について、本文では「14世紀以降の西欧では、生産性の高い土地への集中化とあわせて、例えば、『フランドル農法』と呼ばれる(略)生産技術が普及していった」(2段落目)とある。フランドル農法は、土地の集中化とあわせて普及した。設問文は間違い。

正解 **B**

31 本文では、封建領主の権力が強い国で、フランドル農法が他国よりも早く普及したとは述べられていない。設問文の正誤は判断できない。

正解 **C**

32 人口減少下で経済成長した例について、本文では「西欧以外に同様な現象が、18世紀の日本(略)、19世紀後半のアイルランド(略)、1980年以降のハンガリー(略)でも生じた」(3段落目)とある。設問文は正しい。

正解 **A**

33 本文の1段落目で、天動説と地動説の英語表記から、天動説は「地球中心説」、地動説は「太陽中心説」だと述べられている。地球を中心として設定しているのは天動説だけ。設問文は間違い。

正解 **B**

34 本文では、天動説と地動説の英語表記を修正することについて述べられていない。設問文の正誤は判断できない。

正解 **C**

35 天動説と地動説はどちらも「宇宙に不動の中心を設定しており、その中心の周りに同心球状に惑星が配置されている。そして、一番外側には恒星（星座を形づくる星々）の天球が描かれているという構図もまったく同じ」（1段落目）と述べられている。構図が同じことを言い換えたのが、「その立体構造に着目してみれば、天動説と地動説は完全に相似形を成している」（1段落目）。設問文は正しい。

正解 **A**

36 本文では、天動説が現代まで受け継がれているかどうかについて述べられていない。設問文の正誤は判断できない。

正解 **C**

37 「『人の悪口を言ってはいけません』と親は子に教える。そのまま大人になった人が多いのが今の世の中なのかもしれない」（3段落目）とある。親から教えられた通りに悪口を言わずに大人になる人が多いといえる。設問文は正しい。

正解 **A**

38 「悪」と悪口の関係について、本文では「現在の『悪』のありようは複雑でわかりにくい。しかし、『悪』をあばき、非難する悪口は、むしろ衰退している」（2段落目）とある。「悪」のありようが複雑になるほど、「悪」を非難する悪口は衰退するといえる。設問文は間違い。

正解 **B**

39 本文では、親の役目が何かについては述べられていない。設問文の正誤は判断できない。

正解 **C**

40 「最近の創作物では（略）悪口を言う場面が減ったように思う」（1段落目）を受けて、「本音をぶつけあう、ストレートな人間関係が減っているからかもしれない」（2段落目）と述べられている。悪口が減ったのは、ストレートな人間関係が少なくなったからといえる。設問文は正しい。

正解 **A**

41 本文では、今後の経済発展については述べられていない。設問文の正誤は判断できない。

正解 **C**

42 わが国がわずかな期間で経済発展したことについて、本文では「（敗戦から）わずか14年、今日みられるような経済の繁栄」（1段落目）とある。また、経済発展を可能にするものについて、「天然の資源と、人人のえい知と努力の結合により行なわれる」（2段落目の前半）とある。わが国は天然の資源には恵まれていないが、人々のえい知と努力には恵まれており、「この後者の力が主として今日の隆昌を招いた」（2段落目の後半）。わが国の人々のえい知と努力によって、わずかな期間で経済発展が可能になったといえる。設問文は正しい。

正解 **A**

43 貧困問題について、本文では、「わが国は（略）国土狭小にして、耕地面積も少なく、また地下資源にも恵まれず、一方人口が過剰のため、永年貧困問題に苦しんできた」（1段落目）とある。貧困の原因は、国土が狭く耕地面積が少ないことと、地下資源に恵まれないことと、人口過剰。国民の努力不足ではない。設問文は間違い。

正解 **B**

44 国土の狭さや耕地面積の少なさについて、本文では「わが国は、いい古されたことではあるが」（1段落目）とある。これらは昔から言われていたことで、戦後14年たって初めて自覚したのではない。設問文は間違い。

正解 **B**

第3部／GAB／言語／模擬テスト／解説と正解　287

45 本文では、昭和の男性が適度な「会話」をしていたかどうかや、人づきあいがどうだったかは述べられていない。設問文の正誤は判断できない。

正解 **C**

46 本文の3段落目で、会話はキャッチボールに例えることができること、言葉というボールのやり取りを誠実に実行することが大切だと述べられている。設問文は正しい。

正解 **A**

47 本文では、話すためのマナーとして、必要なこと以外をしゃべってはいけないとは述べられていない。設問文の正誤は判断できない。

正解 **C**

48 身振り手振りをつけて面白おかしい話をすることについて、本文では「漫才でもするように、身振り手振りをつけて面白おかしい話をすることが、相手へのサービスだと思っている人も見られるが、間違いだ」（2段落目）と述べられている。設問文は間違い。

正解 **B**

49 人や集団、制度にあらかじめイメージを作ることについて、本文では「われわれが作るいろいろなイメージというものは（略）、人間が自分の環境に対して適応するために作る潤滑油の一種」（1〜2行目）と述べられている。適応の妨げではない。設問文は間違い。

正解 **B**

50 本文では、イメージを作るときに、将来の修正のことを考慮すべきとは述べられていない。設問文の正誤は判断できない。

正解 **C**

51 イメージが潤滑油としての役目を失うのは、「イメージがあまり本物から離れ、くい違いがはなはだしくなる」（7～8行目）場合。イメージと本物の食い違いが大きくなった場合には「新しくイメージをつくりなおす必要が生まれてくる」（9行目）。つまり、イメージの修正は、潤滑油としての役目を失わせないために行うこと。設問文は間違い。

正解 B

52 本文では、より多くの情報が簡単に入手できるようになったとは述べられていない。設問文の正誤は判断できない。

正解 C

特報 コロナ影響で自宅受検型の増加続く。SPIとSCOAでテストセンター自宅受検開始

　2023年度の本選考（2022年3月1日に広報解禁）と2024年度の夏インターンシップでは、昨年に引き続き新型コロナウイルス感染症の影響が見られました。以前はテストセンターやペーパーテストを実施していた企業が自宅受検型Webテストに変更する傾向が続いています。SPIを実施している企業では、テストセンターとWEBテスティングのどちらを受けるか、受検者が選べるところもあります。

●オンライン監視テストの拡大続く。SPIとSCOAでテストセンターの自宅受検が可能に

　2021年に登場したオンライン監視の仕組み（SPIのWEBテスティング、C-GAB、TG-WEB）は、実施企業が着実に増えています。2022年は、新しくSPIとSCOAのテストセンターに、オンライン監視による自宅受検の仕組みが登場しました。

主なオンライン監視テスト（2022年10月現在）

テスト名	方式	説明
SPI	テストセンター (2022年10月開始)	予約時に会場受検か自宅受検かを選べる。自宅で受検するときは、パソコンのWebカメラなどを通じ、監督者が受検を監視する ※どの企業でも自宅受検を選べる
	WEBテスティング (自宅受検)	パソコンのWebカメラなどを通じ、監督者が受検を監視する ※監視の有無は企業により異なる
C-GAB	テストセンター	予約時に会場受検か自宅受検かを選べる。自宅で受検するときは、パソコンのWebカメラなどを通じ、監督者が受検を監視する ※自宅受検を選べるようにするかどうかは企業により異なる
TG-WEB	自宅受検	「TG-WEB eye」というテストで、AIが受検を監視する
SCOA	テストセンター (2022年6月開始)	「SCOA cross」というテストセンター方式のテストが登場。受検者は予約時に会場受検か自宅受検かを選べる。自宅で受検するときは、パソコンのWebカメラなどを通じ、監督者が受検を監視する ※従来のSCOAのテストセンター（会場受検のみ）も引き続き実施

●情報を収集し、臨機応変に見極めながら就職活動を進めよう

　企業が自宅受検型Webテストに変更する動きは、今後もしばらく続くことが予想されます。オンライン監視テストの実施企業もさらに増えるでしょう。就活生の皆さんは、志望業界や企業についてきちんと情報収集し、臨機応変に見極めながら就職活動を進めてください。例年、テストセンターやペーパーテストを実施している企業を志望する人は、同系列の自宅受検型Webテストの対策もしておきましょう。

テストセンター・ペーパーテスト			同系列の自宅受検型Webテスト
SPI	テ	テストセンター	WEBテスティング
	紙	ペーパーテスト	
SHL社のテスト	テ	C-GAB・C-CAB	玉手箱・Web-CAB
	紙	CAB・GAB・IMAGES	
ヒューマネージ社のテスト	テ	ヒューマネージ社のテストセンター	TG-WEB
	紙	i9	

※ SCOAにもテストセンター、ペーパーテストがありますが、内容は同じです。
※ C-CABは、テストセンターに出向いてWeb-CABの能力テストを受けるテストです。C-GABと同じ会場で実施されます。

第4部

IMAGES
言語・英語

・・・・・・・・・・・・・・・・・・・・・・・・・・・・・・・・・・・・

言語→ 294 ページ
英語→ 314 ページ
※これ以外に、「暗算」（P.194）が出題されます。

IMAGESとは？

●● 簡易版の総合適性テスト

IMAGESは、簡易版の総合適性テストです。**同じ総合適性テストであるGABと比べて、能力テストの実施時間が短いことと、GABにはない英語の能力テストがあることが特徴です。**ペーパーテストのみで、能力テストと性格テストで構成されています。

●● 能力テスト＋性格テストの組み合わせ

IMAGESの能力テストは3科目です。

	科目名	方式	問題数	制限時間	詳しい対策
能力	暗算	ペーパー	50問	10分	P.194
	言語	ペーパー	24問	10分	P.294
	英語	ペーパー	20問	10分	P.314
性格		ペーパー	68問	約30分	P.332

IMAGESの暗算は、ペーパーのCABの暗算と同じです。言語では、長文を読んで、設問文の趣旨を判断する問題が出題されます。英語は、実用文の読解です。

●● 「慣れ」と「時間配分」が大事

1つの科目では1種類の問題が出続けるので、**問題形式に慣れておくことが大事です。**

また、1問あたりにかけられる時間が短いので、**時間配分が大事です。**問題の難易度によって使う時間を変えるなど、工夫をしましょう。

●● 玉手箱の言語・英語と問題形式が同じ

IMAGESの言語は、玉手箱の言語の「趣旨判定」と同じ問題形式です。また、英語は玉手箱の英語の「長文読解」と同じ問題形式です。

ただし、問題形式は同じでも、IMAGESと玉手箱は、長文の文章量やタイトルの有無などに違いがあります。また、英語では問題の難易度も違います。

Web サイトでも貴重な情報をお知らせしています

本書の著者「SPI ノートの会」は、独自の Web サイトを開設しています。
https://www.spinote.jp/

就活生、転職志望者、大学就職課、そして、企業の人事担当者にも活用していただける貴重な採用テスト情報・就活情報を公開しています。今後も続々と新情報を掲載しますので、乞うご期待！

IMAGES
言語の概要

⬛◯ 長文を読んで、設問文が趣旨かどうかを判断する

IMAGESの言語は、長文を読んで、設問文が「筆者が一番訴えたいこと（趣旨）」かどうかを判断するテストです。特徴は以下の通りです。

・700 〜 1000字程度の長文

・1長文につき4問

・設問文が、以下のいずれであるかを判断する

「筆者が一番訴えたいこと（趣旨）」「本文に書かれているが、趣旨ではない」「本文とは関係ない」

※IMAGESの言語は、玉手箱の言語の「趣旨判定」のもとになったテストです。このため、玉手箱の「趣旨判定」と同じ問題形式で、解き方も似ています。

⬛◯ 選択肢は常に同じ

IMAGESの言語では、選択肢は常に同じです。

次の文章を読み、設問文についてそれぞれＡ・Ｂ・Ｃのいずれであるか判断して答えなさい。

数人で旅行に行くとき、1人に旅の手配を頼むと、その人の性質がなんとなくわかる。最も多いのは、インターネットを駆使して情報を集めたり、旅行代理店を積極的に利用して細かく旅程を組むタイプ。これとは逆に、往復の交通手段と宿泊先の確保はするけれど、それ以上は決めず、現地で成り行きにまかせようとする大雑把なタイプもいる。

1 緻密に計画した旅行には、安心感がある。
　Ａ　Ｂ　Ｃ
2 縁は人生をどう過ごすかで変わる。
　Ａ　Ｂ　Ｃ
3 結婚や就職は、やってみなければわからない。縁を大切にすべきだ。
　Ａ　Ｂ　Ｃ
4 細かく旅程を組むタイプの人は、誰と結婚するかにこだわった方がうまくいく。
　Ａ　Ｂ　Ｃ

Ａ　筆者が一番訴えたいこと（趣旨）が述べられている。
Ｂ　本文に書かれているが、一番訴えたいことではない。
Ｃ　この本文とは関係ないことが書かれている。

──── 選択肢は常にこの3つが表示される

IMAGESの言語で問われるのは、「設問文が趣旨であるかどうか」の判断だけです。

● 問題数と制限時間

IMAGESの言語では、6長文24問を10分で解きます。1問あたりに使える時間が短いので、常に手早く解くことを心がける必要があります。

科目名	方式	問題数	制限時間
言語	ペーパー	24問	10分

● 玉手箱の「趣旨判定」との違い

① IMAGESの長文は長め、玉手箱はそれより短めの長文が出題

IMAGESの言語では、700〜1000字程度の長文が多く出題されます。

玉手箱の「趣旨判定」では、400〜600字程度の長文が多く出題されます。

② IMAGESの長文はタイトルなし、玉手箱は長文の先頭にタイトルが表示

IMAGESの言語の長文は、GABの言語と同じくタイトルがありません。

玉手箱の「趣旨判定」では、長文の先頭にタイトルが表示されます。

③ IMAGESはＡ〜Ｃの数の指定なし、玉手箱はＡとＣが必ず1つ以上含まれる

IMAGESの言語では、1長文4問に含まれるＡ〜Ｃの数に指定はありません。

玉手箱の「趣旨判定」では、「設問文には、ＡとＣに該当するものが必ず1つ以上含まれています」という注意書きが表示されます。

※IMAGESでも、たいていの場合、1つの長文にＡとＣが1つ以上含まれます。しかし、そうでない可能性もあることを覚えておきましょう。

④ IMAGESは問題を行き来できる。玉手箱は1長文4問ずつ表示され、行き来できない

IMAGESの言語では、テスト開始後に全問に目を通すことができます。わからない問題は飛ばしてわかるものから解くなど、問題を行き来して取り組むことができます。

玉手箱の「趣旨判定」では、1画面に1長文4問が表示されます。多くの場合、次の長文に進むと、前には戻れません。

IMAGES
言語の攻略法

●○ ななめ読みして大体の趣旨をつかむ

　IMAGESの言語では、1長文4問にかけられる時間は1分40秒しかありません。本文をていねいに読み込んでいては、時間が足りなくなります。しかし、IMAGESの言語は、本文全体を読んでいないと判定できないものがほとんどです。**まずは、本文を短時間でざっと読み、大ざっぱでいいから趣旨をつかむことが大事です。**

●○ 先に「C（この本文とは関係ないことが書かれている）」を明らかにする

　本文をななめ読みしたあとで、判定を行います。**まずは「設問文の内容が、本文に書いてあるかどうか」だけを見て、「C」と「C以外」に分類します。**設問文の内容が本文に書いてあれば「C以外」です。書いていなければ「C」です。

　なお、趣旨や設問文が比較的明快な場合、この時点で「A」「B」を判定できることもあります。

●○ 「C以外」から「A」と「B」を判定する

　「C以外」が一見して「A」か「B」かを分類できない場合は、さらに「C以外」を判定する作業を行います。「C以外」はどれも本文で述べられている内容です。それを、「より趣旨に近いもの」「確かに書かれているが、趣旨とまではいえないもの」に分類します。「より趣旨に近いもの」が「A」、「趣旨とまではいえないもの」が「B」です。

　IMAGESでは、1長文4問に含まれる「A」～「C」の数に指定はありません。可能性としては「A」が1つもないケースもあり得ます。しかし、たいていの場合は「A」が1つ、「B」「C」が複数含まれているので、よほど判定に迷ったとき以外は、**本文に書いてあり、しかも「B」でないものを、「A」と判定してかまいません。**

正答率を高める努力をするより、全問回答を目指そう

　IMAGESの言語では、長文は軽いエッセー風の文章が中心です。テーマはビジネスや教育、人生論など、さまざまです。評論文のような、論理が明快な文章はあまり出題されません。このため、どれが趣旨なのか、受け取り方によって解釈が分かれるような問題が出ることがあります。

　IMAGESでは、誤謬率（回答のうち、どれだけ間違ったかという割合）を測定していません。**言語では時間をかけて正答率を高める努力をするよりも、全問回答を目指しましょう。判定に迷ったら、正解の可能性が高いものを選んですぐ次に進みます。**

　1問あたりにかける時間を少しでも短縮できるよう、なるべく多くの問題に取り組んで慣れておきましょう。

IMAGES 言語

1 エッセー風の文章

● 本文をざっと読み、趣旨をつかんでから設問にとりかかろう
● 「C」を明らかにしてから、「C以外」を比較して「A」「B」を判定する

例題

次の文章を読み、設問文についてそれぞれ **A・B・C** のいずれであるか判断して答えなさい。

数人で旅行に行くとき、1人に旅の手配を頼むと、その人の性質がなんとなくわかる。最も多いのは、インターネットを駆使して情報を集めたり、旅行代理店を積極的に利用して細かく旅程を組むタイプ。これとは逆に、往復の交通手段と宿泊先の確保はするけれど、それ以上は決めず、現地で成り行きにまかせようとする大雑把なタイプもいる。

緻密に計画した旅程をこなすのは、それはそれで楽しいものだ。先の見通しがあらかじめ立っているので安心感がある。急に思い立って観光名所の施設を訪ねたはいいが、定休日だったというようなトラブルが起こることもない。事前にきちんと努力した分だけ、予定通りの楽しい旅行という結果がついてくる。だから、緻密な人ほど、こうした安心を結婚や就職にも求めようとしがちだ。

しかし困ったことに、結婚や就職は、旅行とは比べ物にならないほど、将来に不確定な要素が多い。計算ずくで合理的に進めようとしても、うまくいかない可能性が高いのだ。むしろ、行き当たりばったりに近いやり方のほうがうまくいくことが多い。

結婚や就職をしたいが、思うようにいかない、という人の話を聞いていると、たいてい、誰と結婚するか、どこに就職するかにこだわっている。これは私の考えだが、あらゆる問題は、やってみなければわからない。あらかじめ見通せるような問題は、問題とはいえない。だから、誰と結婚するかはたいした問題ではないし、どこの会社に入るかはたいした問題ではない。重要なのは、結婚してからその相手とどう過ごしていくか、入社してからその会社でどう仕事をしていくかだ。まず一歩、前に踏み出すことが先なのだ。

「袖すり合うも他生の縁」という。本当のことを言えば、結婚も就職も縁によるもので、計算ではどうにもならない。私たちにできることは、縁を大切にすることだけだ。

A 筆者が一番訴えたいこと（趣旨）が述べられている。
B 本文に書かれているが、一番訴えたいことではない。
C この本文とは関係ないことが書かれている。

---

1 緻密に計画した旅行には、安心感がある。

A B C

2 縁は人生をどう過ごすかで変わる。

A B C

3 結婚や就職は、やってみなければわからない。縁を大切にすべきだ。

A　B　C

4 細かく旅程を組むタイプの人は、誰と結婚するかにこだわった方がうまくいく。

A　B　C

---

1 本文は、結婚や就職など、あらゆる問題は見通しがきかず、計算ずくで合理的に進め
ようとしてもうまくいかない。縁を大切にしようという内容の文。
　まずは、設問文を「C」と「C以外」に分類する。設問文の「緻密に計画した旅行には、安
心感がある」については、本文で「緻密に計画した旅程をこなすのは、それはそれで楽
しいものだ。先の見通しがあらかじめ立っているので安心感がある」(2段落目)と述べ
られている。この設問文は「C以外」。

2 本文では、人生をどう過ごすかで縁が変わるとは述べられていない。この設問文は「C」。

3 結婚や就職についての筆者の考えとして、本文では「あらゆる問題は、やってみなけれ
ばわからない」(4段落目)と述べられている。また、末尾で「私たちにできることは、縁
を大切にすることだけだ」とも述べられている。この設問文は「C以外」。

4 本文では、「インターネットを駆使して情報を集めたり、旅行代理店を積極的に利用し
て細かく旅程を組むタイプ」(1段落目)がいると述べられているが、このタイプの人に
ついて、誰と結婚するかにこだわった方がうまくいくとは述べられていない。この設
問文は「C」。
　最後に、「C以外」に分類した**1**と**3**を判定する。より趣旨に近いのは**3**。これが「A」に
なる。残りの**1**は「B」。

正解	**1** B	**2** C	**3** A	**4** C

第4部／IMAGES／言語／エッセー風の文章　299

練習問題① エッセー風の文章

次の文章を読み、設問文についてそれぞれ**A・B・C**のいずれであるか判断して答えなさい。

「子どもの頃からもの覚えが悪くて……」となげく人がいる。こういう人に限って、内心では「かわりに創造力や企画力では人に負けない」と自負していることが多い。しかし、本当だろうか？ 物事を推し進めていくうえで、その土台となるのは創造力でも企画力でもない。いくら創造力や企画力を働かせようとしても、道具となる知識や材料となる情報がなければ何も始まらないのだ。知識は、頭の中に貯えられた記憶の体験が土台になるのである。つまり、創造力やアイデアの源は、頭の中の記憶の組み合わせから生まれるもので、その土台がしっかりしていなければ、良いアイデアが閃くわけがないのだ。

ものを覚えるのにもっとも必要なのは、集中力である。プロの棋士が5年前、10年前の自分の棋譜を記憶しているのも、将棋に集中して取り組んできたからにほかならない。小学校5年生で奨励会に入会した私は、毎日の生活が将棋一筋になった。小学校では予習や復習をしなくても授業にはついていけた。ところが、中学に入って、さすがに「これはまずい」と気づいた。学校の授業が急に難しくなり、漫然と聞いているだけではわからなくなる可能性があるのだ。といっても、プロを目ざすには人以上に将棋の勉強をしなくてはならない。学校が終わると、まず宿題をすませ、それから将棋に取り組むのが日課であった。予習や復習をする余裕はとてもなかったのだ。

こうなると、授業に集中するのが一番良い方法である。先生の言葉を一語とて聞き逃すまいと目を皿のようにし、耳を傾けた。「あとで教科書を読めばいいや」という気持ちだといい加減になってしまうが、1回きりしかないと覚悟を決めると集中でき、記憶力は増すものである。授業の内容が脳にしっかりと定着するようになったのだ。

(『集中力』谷川浩司、角川新書)

A　筆者が一番訴えたいこと（趣旨）が述べられている。
B　本文に書かれているが、一番訴えたいことではない。
C　この本文とは関係ないことが書かれている。

---

1 知識や情報がなければ、創造力や企画力を働かせることはできない。

A　B　C

2 プロの棋士は、何年も前の棋譜を記憶している。

A　B　C

3 記憶力は集中して取り組むことで養われる。

A　B　C

4 授業後に教科書を読むことで、授業の内容が脳に定着する。
 A B C

1 本文は、記憶は創造力や企画力などの土台になるもので、記憶力を養うためには集中力が必要だ、という内容の文。
創造力や企画力を働かせることについて、本文では、「いくら創造力や企画力を働かせようとしても、道具となる知識や材料となる情報がなければ何も始まらないのだ」（1段落目）とある。この設問文は「C以外」。

2 「プロの棋士が5年前、10年前の自分の棋譜を記憶しているのも、将棋に集中して取り組んできたからにほかならない」（2段落目）とある。この設問文は「C以外」。

3 記憶力と集中について、本文では「ものを覚えるのにもっとも必要なのは、集中力である」（2段落目）とある。また、本文の後半では、筆者が授業に集中する経験から、「1回きりしかないと覚悟を決めると集中でき、記憶力は増すものである」（3段落目）とある。この設問文は「C以外」。

4 授業後に教科書を読むことについて、本文では「『あとで教科書を読めばいいや』という気持ちだといい加減になってしまう」（3段落目）とあるが、授業後に教科書を読むことで、授業の内容が脳に定着するとは述べられていない。この設問文は「C」。
最後に、「C以外」に分類した**1**、**2**、**3**を判定する。より趣旨に近いのは**3**。これが「A」になる。残りの**1**、**2**は「B」。

正解	**1** B	**2** B	**3** A	**4** C

第4部／IMAGES／言語／エッセー風の文章　301

IMAGES

言語　模擬テスト

制限時間10分　問題数24問

次の文章を読み、設問文についてそれぞれ**A・B・C**のいずれであるか判断して答えなさい。

　大卒者の、就職後３年以内の離職率はおよそ３割だという。以前は「入社したら最低３年は働くべき。その程度の我慢もできない人間は使い物にならない」といわれたものだ。しかし、第二新卒という言葉が定着した現在、特に若い世代では「会社が自分に合わないと思ったら早めに転職を考えるべき。我慢する必要はないし、むしろ時間の無駄」という考えが主流のようだ。

　入社した会社で感じる不満は人により違うだろうが、もしも「仕事に不満はあるが、この会社で頑張りたい」と思う人がいれば、「考え方を変えてみたらどうか」とアドバイスを送りたい。

　私が新入社員のころ、仕事がつまらなくて苦痛だった。当時の会社で、大卒の新入社員の仕事は、資料室での書類整理や顧客へのDMの発送業務の補助が定番だった。正直に言うが、つまらない仕事だと思った。もっと面白い仕事をするために入社したのにと、不満が募った。

　ある日のこと、そんな私を見かねた上司がこんなことを言った。「仕事は人生の大半の時間を費やすものだから、どうせなら面白いほうがいい。でも、世の中のたいていの仕事は面白くないものだ。そんなときに、自分はこんな仕事を割り当てられるような人間ではない、と腐っているだけでは何も変わらない。今は、面白くない仕事にどう向き合うか、その訓練期間だと思うといい。『面白きこともなき世を　面白く』だよ」。

　そうはいっても、毎日、資料室の資料を五十音順にそろえなおして、決まった棚に置くだけの作業に面白さを見出すのは難しい。そこで、こんなことを考えた。資料室の資料の情報がすべてインプットされているロボットを開発して、入口に置く。口頭で要望を言えば、関連する資料が収められている棚まで誘導してくれる。資料の置き場所が前と変わっても、ロボットが瞬時に対応できるようにすれば、資料の場所を厳密に決める必要もない。そうすれば、不毛な書類整理の仕事は不要になるはずだ。

　今のようにネットワークやコンピュータが普及する前の時代の発想で、荒唐無稽だが、ロボット開発のためのリサーチと思うことで、単純作業も意義のある仕事に変わった。面白くないことの中に、自分しだいで面白さを見つける。面白みの本質は実はそこにあるのかもしれない。

A　筆者が一番訴えたいこと(趣旨)が述べられている。
B　本文に書かれているが、一番訴えたいことではない。
C　この本文とは関係ないことが書かれている。

1 面白くない仕事を面白くないままやり遂げると、面白みの本質がわかる。

A　B　C

2 今の若い世代にとって、「入社したら最低３年は働くべき」という考えは、必ずしも主流とはいえない。

A　B　C

3 面白みの本質は、面白くないことの中に自分なりの面白さを見つけることにある。

A　B　C

4 転職は、周囲の意見を聞いてから決断すべきだ。

A　B　C

次の文章を読み、設問文についてそれぞれ**A・B・C**のいずれであるか判断して答えなさい。

> 小説家・劇作家として有名な井上ひさしの作品に、野球を主題にした短編がある。主人公は、昔に住んでいた地域の知り合いを訪ねる。知り合いの息子は、かつて町内の少年野球チームに所属していたことがあり、区の少年野球大会で準優勝した経験がある。
>
> 知り合いの話によれば、準優勝したときのキャプテンだった男が地元に帰ってきて、息子から商売の品をだまし取ったというのだ。それだけでなく、キャプテンは別の元チームメイトから大金を盗むことまでしたという。おおよその事情を聞いた限りではひどい話なのだが、当の息子は、詐欺にあったことで、かえって家業に身が入るようになったと主人公に話す。詐欺にあっても、息子の心の中にある昔のキャプテンへの敬意は損なわれない。それどころか、自分たちのためになることをしてくれたというようなことまで言う。主人公には理解できないが、かつてのチームメイトの間には、彼らだけに通じる何かがある、そういう話だった。
>
> 人を困らせ、悩ませるために生まれてきたのかと思われるほどのことをしても、なぜか周囲から見捨てられず、むしろ人を引き付ける人間というのは確かにいる。
>
> 以前、誰かに教えられたことだが、ある人に人徳がどの程度あるかを知るには、その人が亡くなったあと、三回忌にどのくらい人が集まるかを見ればよいという。三回忌になると、ただの義理や付き合いで顔を出す人は少なくなる。そこで、わざわざ故人のために集まって思い出話に花を咲かせる者こそが、真の友だという理屈だ。たとえ生前に迷惑をかけられたり、嫌な目にあわされたことがあったとしても、三回忌に集まった人の間では懐かしい思い出話に変わり、ことによっては、そんな話のほうが美談よりも座を盛り上げるのだそうだ。
>
> 人をさんざん困らせて強烈な思い出を残した人のほうが、人に迷惑をかけずに無難に生きた人よりも人を引き付けることがあるのには釈然としないが、手のかかる子ほど親の愛情も増す、という話に似た何かがあるのかもしれない。

> A　筆者が一番訴えたいこと（趣旨）が述べられている。
> B　本文に書かれているが、一番訴えたいことではない。
> C　この本文とは関係ないことが書かれている。

5 野球のすばらしさは、一生の友人を作ることができる点だ。

A　B　C

6 誰にでも欠点はあるので、友人の短所を非難すべきではない。

A　B　C

7 人を困らせ、悩ませることをしても、人を引き付ける人間がいる。

A　B　C

8 亡くなったあと、三回忌に集まってくれる人こそが真の友人だ。

A　B　C

次の文章を読み、設問文についてそれぞれ**A・B・C**のいずれであるか判断して答えなさい。

　芸能人やスポーツ選手などのいわゆる「スーパースター」になろうと、日夜努力を続ける若者たちがいる。言うまでもなく、そうした挑戦が成功する確率は極めて低い。しかし、若いときにそうした一時期を持つことは、個人にとっても意義深いとともに、社会全体にも大きな利益をもたらす。

　「スーパースターの経済学」でも分析されているように、スーパースターのしばしば天文学的な報酬は、テレビやCD、インターネットなどを通じて、彼／彼女の「芸」が広く世界中で享受されることを反映している。そうした傾向は技術の発展とともに、今後ますます強まっていくであろう。そうした、全世界の人々が楽しむことができる芸術を生み出す「スーパースター」は、なるべく広い範囲の「候補者」から選ばれることが望ましい。より多くの候補者が競い合えば、より優れたスーパースターが誕生するに違いない。

　そのとき、極めて低い成功確率であるにもかかわらずどれだけ多くの人々がチャレンジするかは、「社会がどれだけ再挑戦しやすいか」に大きく依存するだろう。スーパースターになれず「夢破れた」ときに、職業技術を学び直すことなどによって違う進路でやり直すことができれば、志のある若者は比較的安心して小さな可能性に賭けることもできるだろう。そうではなく、「やり直し」の環境が整っていない場合は、スーパースターへの挑戦ができるのは経済状況などに恵まれた一部の人々だけになってしまう。それは個人にとって残念なことであるとともに、スーパースターへの道の「競争率」が下がり、結果として勝ち残ったスーパースターの質も低下してしまう可能性がある。

　このように、再チャレンジの容易な社会は、個人個人の若者にチャンスを与えるために有益であるのみならず、より質の高いスーパースターを世界が見出すという意味でも重要なのである。

（『平成18年版　国民生活白書』内閣府）

A　筆者が一番訴えたいこと（趣旨）が述べられている。
B　本文に書かれているが、一番訴えたいことではない。
C　この本文とは関係ないことが書かれている。

9　スーパースターの生み出す「芸」は、世界中で享受されている。

　A　B　C

10　再チャレンジが容易な社会が、若者にチャンスを与え、質の高いスーパースターを生み出す。

　A　B　C

11　経済状況などに恵まれた一部の人は、競い合うことなくスーパースターになる。

　A　B　C

12　競争率が低いと、結果としてスーパースターの質が下がる可能性がある。

　A　B　C

次の文章を読み、設問文についてそれぞれ**A・B・C**のいずれであるか判断して答えなさい。

骨董品や宝飾品を見せてもらうとき、手に取っていいですよと言われて、「怖いから結構です」と断った経験がないだろうか。自分が触って、もしも傷などつけてしまったら、取り落として壊してしまったらなど、一瞬の過ちで、持ち主に高額の損害を与えてしまう可能性が脳裏をよぎるのだ。

ところが、自動車の運転や交通事故の話になると、自分が加害者になって他者を傷付けてしまう可能性を不当に低く見積もる人が多い。どれほど高価でも、宝飾品はしょせん物にすぎないが、交通事故では人命が失われるかもしれないのにだ。「自分は事故など起こさない」と根拠のない自信をふりかざしたり、そこまでいかなくても「保険があるから大丈夫」などと言ったりする。ごくたまに、「交通事故で人命を奪ってしまうかもしれないので、運転免許は取得しませんでした」という人もいる。極端な気もするが、加害の可能性に目をつぶって強弁する人と比べれば誠実だろう。

自分が被害者になる可能性と同じくらい、あるいはそれ以上に加害者になる可能性を強く意識することは、生きるうえで大事なことではないだろうか。他者を傷付ける可能性があるものは、自動車の運転に限らない。人は言葉や態度によって、他者の心に目に見えない深い傷を与えてしまうことがある。しかし、世の中には、他者を傷付ける可能性に鈍感な人が多い。自分はいつも善意で人に接しているのだから、相手を傷付けるはずがないと思い込んでいる人さえいる。こういう人にはつける薬がない。

どんな人でも、被害者にも加害者にもなりうる。自分の意思だけで、被害者になることを避けるのは難しいかもしれない。どんなに気を付けていても、誰かを傷付けることを完全に防ぐこともできない。しかし、それでも、自分の言動が他者を傷付けてしまう可能性があること、一度傷付けてしまったら、ことによっては取り返しがつかない事態もありうることを肝に銘じておくべきだ。その心構えがあるのとないのとでは、大きな違いだ。

A 筆者が一番訴えたいこと（趣旨）が述べられている。
B 本文に書かれているが、一番訴えたいことではない。
C この本文とは関係ないことが書かれている。

---

13 自分の言動で、誰かを傷付けてしまう可能性を自覚するべきだ。

A　B　C

14 本当の自分を見つけるためには、常に自問自答をするとよい。

A　B　C

15 善意で接していれば、他者を傷付けるはずがないと思っている人もいる。

A　B　C

16 交通事故の件数を減らすためには、社会の人々が客観的な視点を身につけるべきだ。

A　B　C

第4部／IMAGES／言語／模擬テスト　305

次の文章を読み、設問文についてそれぞれ**A・B・C**のいずれであるか判断して答えなさい。

江戸中期の儒学者である荻生徂徠は、江戸時代を通じて毀誉褒貶が多い人物だったと言われる。最高の学者だと賛辞を受けることもあれば、激しい批判を受けることもあったという。

徂徠の著作に『政談』がある。将軍吉宗からの下問を受けて献上したもので、政策の提言という性格を持つせいか、具体的で示唆に富んでいる。現代の私たちにも充分に通じる内容だ。その中で、徂徠は人材登用について、乱世の名将を例に出して能力を見分けることの大切さを説いている。次のような内容だ。

「愚なる人は、大将の目がねといいて、名将は一目みても器量ある人を知るなどいうように覚ゆる也。それを愚なる人は誠と心得、己が眼力にて器量ある人を見出さんとす。占か神通に非んば知れぬ事也。(略) 名将の目がねというは、戦場にて功を立て、器量ある人を多く見、多く使いて大てい筋・きっかけを覚えて、その筋・きっかけにて見て大ていは知る事也。されども古の名将にも人の見ちがいありて、仕そこないども多きは大体は知るるようなれども、我が覚えたる筋・きっかけばかりにて、我がついに見覚えぬ筋・きっかけは知らぬ故に、見そこないある事なり。然れば人を知るというは、とかく使い見て知る事也。さはなくて我が目がねにて人を見んとせば、畢竟 我が物ずきに合いたる人を、器量ありと思う事也。これ愚なる事の至極也。その子細は、上たる人は、第一その身貴く、育ち結構なれば、遂に物の難儀苦労をもせず、何事も心のまま也。人の智はさまざまの難儀苦労をするより生ずる物なれば、さようなる事なければ智恵の生ずべきようなし。乱世の名将は生死の場をへて、さまざまの艱難をしたる故に智恵あるなり。」

(『政談』辻達也 校注、岩波書店)

徂徠の言葉は、21世紀の今でも大いに納得できるものだ。人の知恵は何もせずに身にそなわるものではない。乱世ならば、生死がかかっているような難儀や苦労を重ねて身につくものなのだ。

ビジネスの場面で考えてみると、「愚なる人」は、人がうらやむような大企業に入社した、出身大学の偏差値の高さを鼻にかけるような人に置き換えることができるだろう。人生で本当に役に立つ知恵は、多くの人に出会い、現場で汗をかき、つまらない失敗をして叱られ、なにくそと奮闘する、そのような泥臭い経験をしてこそ身につくものだ。

徂徠が現代に生きていたら、偏差値信仰を明確に否定しただろう。

A　筆者が一番訴えたいこと（趣旨）が述べられている。
B　本文に書かれているが、一番訴えたいことではない。
C　この本文とは関係ないことが書かれている。

17 荻生徂徠の『政談』は、具体的で示唆に富んでいる。

A　B　C

18 若いうちに泥臭い経験をせずに、管理職につく者もいる。

A　B　C

19 知恵は難儀や苦労をして身につく。現代なら偏差値信仰の否定だ。

A　B　C

20 低い身分に生まれついた人は、器量のある人を一目で見分けることができる。

A　B　C

次の文章を読み、設問文についてそれぞれ**A・B・C**のいずれであるか判断して答えなさい。

> ビジネスパーソンなら、大なり小なり、仕事の優先順位をつけていると思うが、見落としがちなのは「自分ができること」と「自分ではできないこと」「自分でやるには難しいこと」を区別する視点である。「できないこと」はできないし、「難しいこと」をやれば手間暇がかかる。仕事にはスピードが求められる。時間に制限があって間に合わないと判断し、他の人の力を借りることが可能であれば「できないこと」と「難しいこと」は助力を求めたほうがいい。
>
> こうして頭の中が整理されていれば、仕事をどうやって進めればいいかを見極めることができる。当然、仕事が速いし、成果が挙がるわけである。
>
> これまでにいろいろな人にお目にかかったけれども、頭の中が整理されている人かどうかは話しているうちにわかってくる。頭の中が整理されている人は何事もシンプルにしか語らない。
>
> 徹底的にポイントを絞ってシンプルに考えることは、ビジネスパーソンには絶対に欠かせない手法である。というのは、「あれもこれも」と考えていると、なかなか前に進まないからだ。当然のことだが、すべてを対象にしていたら収拾がつかなくなる。その結果、結論を出せず、行動できない。見方を変えれば、「あれもこれも」は優柔不断の温床と言っていいかもしれない。
>
> ただ、真面目な人ほど「あれもこれも」と考えがちではある。当人がいい加減ではなく真剣にやっているだけにかわいそうだが、これは自分で意識して改めなければどうしようもない。
>
> では、シンプルに考えるにはどうしたらいいか。まず、頭の中を整理整頓する。次に「本質」をつかみ、それを基点にして絞り込む。そうするとポイントは1つか、2つ、多くても3つまでだろう。4つ、5つになると、焦点がぼやけているから考え直すべきである。
>
> (『仕事と人生』西川善文、講談社)

A 筆者が一番訴えたいこと（趣旨）が述べられている。
B 本文に書かれているが、一番訴えたいことではない。
C この本文とは関係ないことが書かれている。

21 物事の本質をつかんで絞り込むことで、シンプルに考えることができる。

A　B　C

22 「自分ではできないこと」を洗い出して、自分だけの力でできるようにすることが大切だ。

A　B　C

23 「あれもこれも」という考えは、優柔不断を生む。

A　B　C

24 頭の中が整理されているかどうかは、その人の話し方でわかる。

A　B　C

IMAGES

言語　模擬テスト

解説と正解

1 本文は、面白くない仕事への向き合い方を通して、面白くないことの中に面白さを見つけることに、面白みの本質があるという内容の文。

本文では、面白くない仕事を面白くないままやり遂げることについては述べられていない。

正解　C

2 若い世代の考えについて、本文では「『会社が自分に合わないと思ったら早めに転職を考えるべき。我慢する必要はないし、むしろ時間の無駄』という考えが主流のようだ」（1段落目）とある。若い世代にとって、「入社したら最低3年は働くべき」という考えは主流ではない。しかし、これは、若い世代の考え方を述べたもので、趣旨ではない。

正解　B

3 面白みの本質について、本文では「面白くないことの中に、自分しだいで面白さを見つける。面白みの本質は実はそこにあるのかもしれない」（6段落目）とある。設問文は本文の趣旨。

正解　A

4 本文では、周囲の意見を聞いてから転職を決断すべきとは述べられていない。

正解　C

5 本文は、人を困らせ、悩ませるようなことをしても、なぜか周囲から見捨てられず、むしろ人を引き付ける人間が存在する、という内容の文。

本文では、野球のすばらしさについては述べられていない。

正解　C

6 本文では、友人の短所を非難すべきではないとは述べられていない。

正解 C

7 「人を困らせ、悩ませるために生まれてきたのかと思われるほどのことをしても、なぜか周囲から見捨てられず、むしろ人を引き付ける人間というのは確かにいる」（3段落目）とある。設問文は本文の趣旨。

正解 A

8 三回忌に集まることについて、本文では「三回忌になると、ただの義理や付き合いで顔を出す人は少なくなる。そこで、わざわざ故人のために集まって思い出話に花を咲かせる者こそが、真の友だという理屈だ」（4段落目）とある。しかし、これは、人の人徳は、三回忌に集まる人で知ることができるという話の一部で、趣旨ではない。

正解 B

9 本文は、若者が「スーパースター」になろうと挑戦することについて、個人にとって意義深く、社会全体にも利益があることで、夢破れたときに再チャレンジが容易な社会であれば挑戦する若者は多くなり、スーパースターの質も上がる、という内容の文。2段落目で、スーパースターの「芸」が世界中で享受されていることが述べられている。しかし、これは、世界的なスーパースターは多くの「候補者」から選ばれることが望ましい、という意見の前提で、趣旨ではない。

正解 B

10 「再チャレンジの容易な社会は、個人個人の若者にチャンスを与えるために有益であるのみならず、より質の高いスーパースターを世界が見出すという意味でも重要」（4段落目）とある。設問文は本文の趣旨。

正解 A

11 経済状況などに恵まれた人について、本文では「『やり直し』の環境が整っていない場合は、スーパースターへの挑戦ができるのは経済状況などに恵まれた一部の人々だけになってしまう」（3段落目）とあるが、そのような人々が競い合わずにスーパースターに

第4部／IMAGES／言語／模擬テスト／解説と正解　309

なるとは述べられていない。

正解 **C**

12 競争率の低さについて、本文では、恵まれた一部の人々だけがスーパースターに挑戦できるようになってしまった場合の話として「スーパースターへの道の『競争率』が下がり、結果として勝ち残ったスーパースターの質も低下してしまう可能性がある」(3段落目)と述べられている。しかし、これは再チャレンジが容易な社会の重要性の説明の一部で、趣旨ではない。

正解 **B**

13 本文は、人は被害者になるのと同じか、あるいはそれ以上に加害者になる可能性がある。自分の言葉や態度によって他者を傷付けてしまう可能性があること、場合によっては取り返しがつかない事態もありうることを肝に銘じておこう、という内容の文。他者を傷付ける可能性を自覚することについて、本文では「自分の言動が他者を傷付けてしまう可能性があること、一度傷付けてしまったら、ことによっては取り返しがつかない事態もありうることを肝に銘じておくべき」(4段落目)とある。設問文は本文の趣旨。

正解 **A**

14 本文では、本当の自分を見つけることについては述べられていない。

正解 **C**

15 善意で接することについて、本文では「自分はいつも善意で人に接しているのだから、相手を傷付けるはずがないと思い込んでいる人さえいる」(3段落目)とある。しかし、これは、他者を傷付ける可能性に鈍感な人が多いという話の一部で、趣旨ではない。

正解 **B**

16 本文では、交通事故の件数を減らすためにどうすべきかについては述べられていない。

正解 **C**

17 本文は、人を見分ける能力や、人生で本当に役立つ知恵は、人との出会いや現場での実践など、泥臭い経験から身につくもので、偏差値信仰の否定だという内容の文。『政談』について、本文では「具体的で示唆に富んでいる」（2段落目）とある。しかし、これは『政談』の紹介にすぎず、趣旨ではない。

正解　**B**

18 本文では、泥臭い経験をしなかった人が、管理職につくことについては述べられていない。

正解　**C**

19 知恵を身につけることについて、本文では「人の知恵は何もせずに身にそなわるものではない」「難儀や苦労を重ねて身につくもの」（4段落目）とある。また、偏差値信仰については、末尾で「徂徠が現代に生きていたら、偏差値信仰を明確に否定しただろう」と述べられている。設問文は本文の趣旨。

正解　**A**

20 本文では、低い身分に生まれついた人については述べられていない。

正解　**C**

> **参考** 本文で、『政談』から引用されている部分の現代語訳は以下の通り。
> 　愚かな人は、大将の目鏡（めがね）などといって、名将は一目見ただけでも器量のある人を見分けることができる、という風に思っている。それを本当と思って、自分の眼力で器量のある人を見つけ出そうとしたりする者もあるが、ただ見ただけでは、占いか神通力にでもよるのでなければわかるものではない。（略）名将の目鏡というのは、戦場で軍功を立てた器量ある人を多く見たり、使ってみたりして、大体の特徴を覚えていて、その特徴によって人を見分けるのである。それでも古い時代の大将でも、人を見損って失敗をするのは、よくあることである。大体のところはわかるようであっても、自分が覚えている特徴については判別できるにせよ、自分で一度も見た覚えのない特徴についてはわからないから、見損いがあるのである。したがって、人を見分けるというのは、とにかくその人を使ってみて初めてわかることである。そうでなく自分の眼識だけで人を見分けようとすれば、結局は自分の気に入った人を器量のある人と思うようになるが、これはもっとも愚かしいことである。なぜかといえば、上に立っている人は、もともと貴い身分に生まれ、成長してからも結構な生活を送っているから、一度も難儀や苦労を経験したことがなく、何事につけても思うままになる。人の知恵というものは、さまざまの難儀や苦労を経験することによって発達するものであるのに、そ

ういう経験がないから、知恵の発達しようがない。乱世の名将は、生死をかけた戦場を体験し、さまざまな難儀をしたからこそ、知恵があったのである。

(『荻生徂徠「政談」』荻生徂徠　著、尾藤正英　抄訳、講談社)

21 本文は、ビジネスパーソンはポイントを絞ってシンプルに考えることが必要。その手法は、頭を整理して本質をつかむことという内容の文。
「シンプルに考えるにはどうしたらいいか。まず、頭の中を整理整頓する。次に『本質』をつかみ、それを基点にして絞り込む」(6段落目)とある。設問文は本文の趣旨。

正解　**A**

22 「できないこと」について、本文では「時間に制限があって間に合わないと判断し、他の人の力を借りることが可能であれば『できないこと』と『難しいこと』は助力を求めたほうがいい」(1段落目)とあるが、「できないこと」を自分だけの力でできるようにすべきとは述べられていない。

正解　**C**

23 「あれもこれも」という考えについて、本文では「見方を変えれば、『あれもこれも』は優柔不断の温床と言っていいかもしれない」(4段落目)とある。しかし、これは、シンプルに考えることができない理由で、趣旨ではない。

正解　**B**

24 「頭の中が整理されている人かどうかは話しているうちにわかってくる。頭の中が整理されている人は何事もシンプルにしか語らない」(3段落目)とある。しかし、これは、頭の中を整理することが、シンプルに考えることにつながる、という話の一部で、趣旨ではない。

正解　**B**

第4部／IMAGES／言語／模擬テスト／解説と正解　　313

IMAGES
英語の概要

■○ 英語の文章を読んで、英語の設問文に答える

IMAGESの英語は、英語の文章を読んで、英語の設問文に対する答えを選ぶテストです。特徴は以下の通りです。

・薬の注意書き、装置の使い方、苦情の処理手順などの実用文が多く出題される
・1長文につき2〜3問
・本文の後ろで、単語や熟語に英語の注釈がつくことがある

※IMAGESの英語は、玉手箱の英語の「長文読解」のもとになったテストです。このため、玉手箱の「長文読解」と同じ問題形式です。

■○ 選択肢は1問ごとに違う

IMAGESの英語では、設問に対する選択肢は1問ごとに違います。

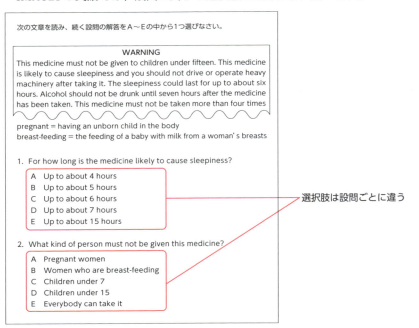

選択肢は設問ごとに違う

問題数と制限時間

IMAGESの英語では、1問あたりに使える時間が短いので、常に手早く解くことを心がける必要があります。

科目名	方式	問題数	制限時間
英語	ペーパー	20問	10分

玉手箱の英語の「長文読解」との違い

IMAGESの英語では、テスト開始後に全問に目を通すことができます。わからない問題は飛ばしてわかるものから解くなど、問題を行き来して取り組むことができます。

玉手箱の英語の「長文読解」では、1画面に1問ずつ表示されます。多くの場合、次の問題に進むと、前には戻れません。

IMAGES
英語の攻略法

● 前半は「検索」タイプ、後半は「条件整理」タイプの問題が出る

　IMAGESの英語では、前半に「検索」タイプの問題、後半に「条件整理」タイプの問題が出題されます。**「検索」タイプでは、本文の表現（単語や熟語）をほぼそのまま含む設問文が多く出題されます。攻略の近道は、要領の良い検索です。**

　後半に出題される**「条件整理」タイプは、検索だけでは解けません。本文で提示される諸条件を理解して答えるなど、応用力が求められます。**

● 「検索」タイプは、設問文のキーワードを本文から探す

　設問文からキーワードを見つけ、本文で一致する箇所を探します。一致した箇所の近くにある単語や熟語を使っている選択肢が正解です。キーワード選定のコツは以下の通りです。

- **キーワードは、名詞、動詞を選ぶとよい**
- **本文中の登場回数が少ない言葉を選ぶとよい（本文の主題のように、繰り返し登場する言葉は、キーワードに向かない）**
- **先に本文をざっと読み、概要をつかむとキーワードを選定しやすい**
- **ただし、英語が苦手な人は、無理に本文を読まなくてもよい。設問文からキーワードを見つけ、あとは検索で解く**

　設問文からうまくキーワードを見つけられないこともあります。そのときは、設問が何を尋ねているか（WhatやHowなど）を見る、選択肢の内容から本文を検索するなどの方法で臨機応変に解きましょう。

● 「条件整理」タイプは、情報をメモ書きで整理する

　このタイプの問題では、最初に本文を読みながら、条件をメモ書きで整理します。メモ書きを見ながら設問を解くことで、いちいち本文を読み返す手間が省けます。情報のメモ書きの例は、以降の解説で紹介します。

第4部／IMAGES／英語／英語の攻略法　　317

IMAGES 英語

1 実用文（検索タイプ）

●薬の注意書き、装置の使い方などの実用文。設問文や選択肢に本文の表現が登場する
●設問文からキーワードを見つけ、本文を検索する。キーワードは名詞、動詞がよい

例題

次の文章を読み、続く設問の解答を**A**〜**E**の中から1つ選びなさい。

WARNING

This medicine must not be given to children under fifteen. This medicine is likely to cause sleepiness and you should not drive or operate heavy machinery after taking it. The sleepiness could last for up to about six hours. Alcohol should not be drunk until seven hours after the medicine has been taken. This medicine must not be taken more than four times a day. Do not take the medicine for more than five straight days.

---

pregnant = having an unborn child in the body
breast-feeding = the feeding of a baby with milk from a woman's breasts

1 For how long is the medicine likely to cause sleepiness?

A Up to about 4 hours **B** Up to about 5 hours

C Up to about 6 hours **D** Up to about 7 hours

E Up to about 15 hours

2 What kind of person must not be given this medicine?

A Pregnant women **B** Women who are breast-feeding

C Children under 7 **D** Children under 15 **E** Everybody can take it

3 How long should you refrain from drinking alcohol if you have taken the medicine?

A 4 hours **B** 5 hours **C** 6 hours **D** 7 hours **E** 15 hours

---

【本文の訳】

注意

この薬は15歳未満の子供には与えないでください。この薬は眠気を引き起こすことがありますので、服用後は乗り物の運転または大型機械の操作はしないでください。眠気は約6時間まで続くことがあります。飲酒は服用後7時間たつまではしないでください。この薬は1日に4回以上服用しないでください。この薬を5日以上連続して服用しないでください。

318

1 タイトルが「WARNING」で、文頭が「This medicine」。「medicineに関するWARNING（薬に関する注意）」と予想がつく。ざっと読んで確認してから、設問にとりかかる。設問文の意味は、「どのくらいの間、薬は眠気を引き起こすか？」。キーワードになりそうなのは、「medicine」「sleepiness」。薬の注意書きによく登場する「medicine」を避け、「sleepiness」で検索すると、本文の2行目と3行目に登場する。

This medicine is likely to cause sleepiness and you should not drive or operate heavy machinery after taking it. The sleepiness could last for up to about six hours.

3行目の文に「up to about six hours（約6時間）」とあり、時間の長さについて述べていることがわかる。これをもとに選択肢を見ると、Cと一致する。正解は、Cの「up to about 6 hours（約6時間まで）」。

2 設問文の意味は、「この薬を与えてはいけないのはどのような人か？」。キーワードになりそうな名詞は「person」だが、本文にない。動詞を含む「not be given」をキーワードにして検索すると、本文の1行目に登場する。

This medicine must not be given to children under fifteen.

キーワードの後ろに、「to children under fifteen（15歳未満の子供へ）」とある。これをもとに選択肢を見ると、Dと一致する。正解は、Dの「Children under 15（15歳未満の子供）」。

> **補足 残りの選択肢の意味**
> A Pregnant women（妊婦）　　B Women who are breast-feeding（授乳中の女性）
> C Children under 7（7歳未満の子供）　　E Everybody can take it（誰でも服用できる）

3 設問文の意味は、「薬を飲んだ後、あなたはどのくらいの間、飲酒を控えるべきか？」。「alcohol」をキーワードにして検索すると、本文の3行目に登場する。

Alcohol should not be drunk until seven hours after the medicine has been taken.

「Alcohol」を含む文の後半に、「seven hours after the medicine has been taken（服用後7時間）」とある。これをもとに選択肢を見ると、Dと一致する。正解は、Dの「7 hours（7時間）」。

※設問文の「refrain from」が「控える」の意味だと知らなくても、「alcohol」で本文を検索すれば、答えがわかる。

| 正解 | **1** C | **2** D | **3** D |

IMAGES 英語

2 実用文 (条件整理タイプ)

● 苦情の処理手順などの実用文が多く出題される。検索だけでは解けないことが多い
● 本文にある条件などを整理し、設問文がどれに当てはまるかを見る

例題

次の文章を読み、続く設問の解答を A ～ E の中から1つ選びなさい。

All complaints received by e-mail will be sent to the Customer Support Department. In the following cases, they will be forwarded to the department in charge. Complaints about the late delivery of goods should be forwarded to the Physical Distribution Center unless it is more than a ten-day delay. In such cases, the e-mail should go to the Sales Department Manager. Any e-mail with a complaint concerning payments should be forwarded to the Accounts Manager, except where the sum is over EUR 3900. In cases such as these, the e-mail should go to both the Finance Director and the President.

Accounts Manager = a person whose job is to maintain the money for a business
EUR = the official currency of the European Union
Finance Director = a person who directs the finance of an organization

1 Mr. Jackson writes that he has still not received his order for a computer worth EUR 3000 for two days past the delivery date. His e-mail of complaint should be forwarded to the :

A Physical Distribution Center   B Sales Department Manager
C Accounts Manager   D Finance Director and the President   E Nowhere

2 A client in France has written to complain about a payment of EUR 2500 having missed the due date. This should be forwarded to the:

A Physical Distribution Center   B Sales Department Manager
C Accounts Manager   D Finance Director and the President   E Nowhere

3 They have received a complaint from a customer by e-mail, which says that there was something wrong with a computer worth EUR 4000. This e-mail should be forwarded to the :

A Physical Distribution Center   B Sales Department Manager
C Accounts Manager   D Finance Director and the President   E Nowhere

320

【本文の訳】
eメールで受けたすべての苦情は「カスタマーサポート部門」に送られる。以下の場合は、それらはさらに担当部署へ転送される。商品の配送の遅れに関する苦情は、10日を超える遅れでない限りは、「物流センター」へ転送される。そのような場合(10日を超える遅れの場合)は、eメールは「営業部長」へ行く。支払いに関する苦情のeメールは、合計金額が3900ユーロを超える場合以外は、すべて「経理部長」に転送される。この場合(合計金額が3900ユーロを超える場合)は、eメールは「財務担当役員」と「社長」の両方に行く。

1 本文の条件を整理し、設問文がどれに当てはまるかを見る。この本文では、部門の名前や条件を以下のように図にまとめる。実際のメモは、頭文字だけ書くなど簡略化するとよい。

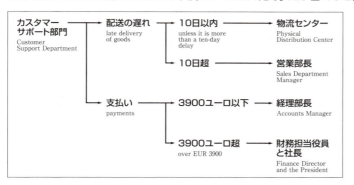

設問文の意味は、「ジャクソン氏から3000ユーロの価格のコンピュータが納期より2日たっても到着していないと苦情のメールが来た。どこに転送されるべきか？」。
「配送の遅れ」「10日以内」なので、「物流センター」に配送される。正解は、**A**の「Physical Distribution Center(物流センター)」。

2 設問文の意味は、「フランスの取引先から、期限になってもまだ2500ユーロが支払われていないと苦情のメールが来た。どこに転送されるべきか？」。
「支払い」「3900ユーロ以下」なので、「経理部長」に転送される。正解は、**C**の「Accounts Manager(経理部長)」。

3 設問文の意味は、「価格4000ユーロのコンピュータに故障があったという苦情のメールが来た。どこに転送されるべきか？」。
故障の苦情。配送の遅れでも、支払いに関する苦情でもないので、「カスタマーサポート部門」から、どこにも転送されない。正解は、**E**の「Nowhere(どこにも転送されない)」。

正解 **1** A   **2** C   **3** E

IMAGES

英語　模擬テスト

制限時間4分30秒　問題数9問

※実物は制限時間10分、問題数20問

次の文章を読み、続く設問の解答を**A**～**E**の中から1つ選びなさい。

Instructions for Using the Equipment

1) Ensure that the power is off.〔Note: If the button labelled "OFF" is pressed, the power is off. If the button labelled "START" is pressed, turn off the power by pressing the button labelled "OFF".〕
2) Insert the red cable in the white jack.
3) Turn the blue handle to ensure that it moves freely.〔Note: The handle must be turned in an anticlockwise direction. If it does not move freely, contact the supervisor immediately.〕
4) Turn the power on by pressing the button labelled "START".

equipment = things needed to do something
ensure = to make certain　　insert = to put something inside
anticlockwise = in the opposite direction in which the hands of a clock move
immediately = at once

1 You have turned the power off and inserted the red cable in the white jack. What do you do next?

A Contact the supervisor　　B Turn the power on

C Turn the blue handle in an anticlockwise direction

D Press the button labelled "START"　　E Ensure that the power is off

2 What should you do if the blue handle does not move in an anticlockwise direction?

A Turn the blue handle in a clockwise direction

B Turn the power on immediately　　C Press the button labelled "START"

D Turn the power on and contact the supervisor

E Contact the supervisor before doing anything else

3 How do you turn the power on?

A The power is always on   B Press the button labelled "START"

C Press the button labelled "OFF" twice

D Insert the red cable in the white jack

E Turn the blue handle in an anticlockwise direction

次の文章を読み、続く設問の解答を**A**〜**E**の中から1つ選びなさい。

> Sunburn is skin damage caused by ultraviolet rays. The most common symptoms of a sunburn are skin reddening, soreness, feverish skin. If these symptoms occur, soothing creams may be useful. Sunburn can be prevented by using sunscreens, wearing sun protective clothing such as long sleeve shirts and hats. Avoiding excessive exposure to the sun is also effective.

symptom = something wrong with your body or mind which shows that you have a particular illness

4 What is sunburn?

A Long sleeve shirts and hats   B Amount of ultraviolet rays

C Skin damage caused by ultraviolet rays   D Order of skin care

E Name of the sunscreen product

5 Which of the following does not prevent sunburn?

A Soothing cream   B Sun protective clothing

C Avoid excessive exposure to the sun   D Sunscreen   E A hat

6 How do you recognize sunburn?

A The skin is well moisturized   B The skin reddens

C The skin feels cold   D The skin is pale   E The muscles feel sore

第4部／IMAGES／英語／模擬テスト   323

次の文章を読み、続く設問の解答を **A**〜**E**の中から1つ選びなさい。

Hawaii is the fiftieth state of the United States. Among the states of the United States, Hawaii is unique in some ways. It is only state that is an archipelago. It is the only state outside of North America and is the only state with a tropical climate except for southern Florida.

an archipelago = a group of small islands

7 What number state is Hawaii?

A 15th state　B 50th state　C 5th state　D 35th state

E 40th state

8 Hawaii and southern Florida have something in common. What is it?

A They are both archipelago.　B They both have frigid climate.

C They are both in the North America.

D They both have tropical climate.　E They are both continental.

9 In the article, in how many ways is Hawaii unique?

A In fifteen ways　B In two ways　C In four ways　D In five ways

E In fifty ways

IMAGES

英語　模擬テスト

解説と正解

【本文の訳】

装置の使い方の説明

1) 電源が切れていることを確認する。〔注：もしも「OFF」と印字されたボタンが押された状態なら、電源は切れている。もしも「START」と印字されたボタンが押された状態なら、「OFF」と印字されたボタンを押して、電源を切る〕

2) 赤いケーブルを白い差し込み口に差し込む。

3) 青いハンドルが自由に動くかを確かめるため、それを回す。〔注：ハンドルは反時計回りに回らなければならない。もしも自由に動かないときは、すぐに管理者に連絡すること〕

4) 「START」と印字されたボタンを押して、電源を入れる。

---

1 設問文の意味は、「あなたは電源を切り、そして、赤いケーブルを白い差し込み口に差し込んだ。次に何をするか？」。「What do you do next?」の直前の「inserted the red cable」をキーワードにして検索すると、ほぼ同じ内容が、2)に登場する。

> 2) **Insert the red cable** in the white jack.
>
> 3) Turn the blue handle to ensure that it moves freely. (Note: The handle must be turned in an anticlockwise direction. If it does not move freely, contact the supervisor immediately.)

答えるのは、次にすることなので、2)の次の3)を見る。「Turn the blue handle」をもとに選択肢を見ると、**C**の前半と一致する。正解は、**C**の「Turn the blue handle in an anticlockwise direction（青いハンドルを反時計回りに回す）」。

正解 **C**

補足 残りの選択肢の意味

A Contact the supervisor（管理者に連絡をする）　B Turn the power on（電源を入れる）

D Press the button labelled "START"（「START」と印字されたボタンを押す）

E Ensure that the power is off（電源が切れていることを確認する）

---

2 設問文の意味は、「もしも青いハンドルが反時計回りに動かなければ、あなたは何をするべきか？」。「does not move」をキーワードにして検索すると、3)の後半に登場する。

第4部／IMAGES／英語／模擬テスト／解説と正解　325

> If it **does not move** freely, contact the supervisor immediately.

キーワードの後ろに「contact the supervisor（管理者に連絡する）」とある。これを
もとに選択肢を見ると、同じ表現が**D**と**E**にある。どちらが適切かを見る。

Dの「Turn the power on and contact the supervisor（電源を入れてから、管理
者に連絡する）」は、別の動作「Turn the power on」があるので不適切。正解は、**E**の
「Contact the supervisor before doing anything else（他のことをする前に、管
理者に連絡する）」。

正解	E

> **補足** 残りの選択肢の意味
>
> A Turn the blue handle in a clockwise direction（青いハンドルを時計回りに回す）
> B Turn the power on immediately（ただちに電源を入れる）
> C Press the button labelled "START"（「START」と印字されたボタンを押す）

3 設問文の意味は、「あなたはどうやって電源を入れるか？」。「turn the power on」を
キーワードにして検索すると、4）に登場する。

> 4) **Turn the power on** by pressing the button labelled "START".

キーワードの後ろに「by pressing the button labelled "START".（「START」と印
字されたボタンを押して）」とある。これをもとに選択肢を見ると、**B**とほぼ一致する。
正解は、**B**の「Press the button labelled "START"（「START」と印字されたボタン
を押す）」。

正解	B

> **補足** 残りの選択肢の意味
>
> A The power is always on（電源はいつも入っている）
> C Press the button labelled "OFF" twice（「OFF」と印字されたボタンを2回押す）
> D Insert the red cable in the white jack（赤いケーブルを白い差し込み口に差し込む）
> E Turn the blue handle in an anticlockwise direction（青いハンドルを反時計回りに回す）

【本文の訳】
日焼けは紫外線による皮膚の損傷だ。日焼けの最も一般的な症状は、皮膚が赤くなる、ひりひりする、熱を持つことだ。もしもこうした症状が出たら、鎮静クリームが役に立つだろう。日焼けは、日焼け止めを使うこと、長袖のシャツや帽子といった日焼け防止の衣料の着用で防ぐことができる。太陽への過度な露出を避けることも効果がある。

4 設問文の意味は、「日焼けとは何か？」。「sunburn」は何度も出てくるので、これだけではキーワードとして不十分。設問文は「What is ～？（～は何か？）」なので、「sunburn」とは何かを説明している箇所を探す。すると、本文の1行目に登場する。

Sunburn is skin damage caused by ultraviolet rays.

これをもとに選択肢を見ると、**C**とほぼ一致する。正解は、**C**の「Skin damage caused by ultraviolet rays（紫外線が引き起こす皮膚の損傷）」。

正解 **C**

補足 **残りの選択肢の意味**
A Long sleeve shirts and hats（長袖シャツと帽子）　**B** Amount of ultraviolet rays（紫外線量）　**D** Order of skin care（皮膚の手入れの順番）　**E** Name of the sunscreen product（日焼け止め製品の名前）

5 設問文の意味は、「以下のうち、日焼けを防がないものはどれか？」。選択肢のうち、本文で日焼けを防ぐものとして挙げられていないものが正解。

「prevent」をキーワードにして検索すると、本文の3行目に登場する。以降で挙げられているものが、日焼けを防ぐもの。「prevent」を含む文の次に「～ is also effective（～も効果がある）」とあることに注意する。これも、日焼けを防ぐものについての文。

Sunburn can be prevented by using sunscreens, wearing sun protective clothing such as long sleeve shirts and hats. Avoiding excessive exposure to the sun is also effective.

選択肢のうち、「prevent」以降に登場しないのは、**A**の「Soothing cream（鎮静クリーム）」。

正解 **A**

補足 **残りの選択肢の意味**
B Sun protective clothing（日焼け防止の衣料）　**C** Avoid excessive exposure to the sun（過度に太陽に露出することを避ける）　**D** Sunscreen（日焼け止め）　**E** A hat（帽子）

6 設問文の意味は、「あなたはどうやって日焼けを認識するか？」。「recognize」は本文に登場しない。設問文からキーワードを決めて検索する方法は適さない。

選択肢を見ると、**E**以外は「The skin」で始まっている。そこで、「skin」をキーワードにして本文を検索すると、1行目と2行目に登場する。

> Sunburn is **skin** damage caused by ultraviolet rays. The most common symptoms of a sunburn are **skin** reddening, soreness, feverish **skin**.

これをもとに選択肢を見ると、**B**が、本文の2行目の「skin reddening」とほぼ同じ意味。正解は**B**の「The skin reddens（皮膚が赤くなること）」。

正解	B

補足 残りの選択肢の意味

A The skin is well moisturized（皮膚がよく保湿されていること）　**C** The skin feels cold（皮膚が冷たく感じること）　**D** The skin is pale（皮膚が青白くなること）　**E** The muscles feel sore（筋肉痛になること）

【本文の訳】
ハワイはアメリカ合衆国の50番目の州だ。アメリカの州の中で、ハワイはいくつかの点で唯一である。ハワイは群島である唯一の州だ。ハワイは北アメリカ外にある唯一の州で、フロリダ南部を除けば唯一、熱帯気候の州だ。

7 本文に書かれている情報を整理し、設問文がどれに当てはまるかを見る。

> **ハワイ**
> Hawaii
> ・**50番目の州**
> the fiftieth state of the United States
> ・**唯一**
> unique
> 　①**群島**
> 　an archipelago
> 　②**北アメリカ外にある**
> 　outside of North America
> ・**熱帯気候（フロリダ南部も）**
> tropical climate

設問文の意味は、「ハワイはアメリカ合衆国の何番目の州か？」。正解は、**B**の「50th state（50番目の州）」。

正解	B

8 設問文の意味は、「ハワイとフロリダ南部は共通点がある。それは何か？」。正解は、**D**の「They both have tropical climate.（どちらも熱帯気候である）」。

正解 **D**

> **補足** 残りの選択肢の意味
> **A** They are both archipelago.（どちらも群島である）　**B** They both have frigid climate.（どちらも寒帯気候である）　**C** They are both in the North America.（どちらも北アメリカにある）　**E** They are both continental.（どちらも大陸である）

9 設問文の意味は、「本文中で、ハワイが唯一の点はいくつあるか？」。正解は、**B**の「In two ways（2つ）」。

※熱帯気候については、「except for southern Florida（フロリダ南部を除けば）」とあるので、ハワイが唯一ではない。なお、フロリダ南部は、フロリダ州の一部。

正解 **B**

第4部／IMAGES／英語／模擬テスト／解説と正解　329

第 5 部

SHL社共通の性格テスト
(OPQ)

SHL社共通の性格テスト（OPQ）とは？

◗ 性格テストは共通

　CAB、GAB、IMAGESなど、**SHL社のペーパーテストでは、共通の性格テストが実施されます。名前は「OPQ」です。**

　Web-CAB、玉手箱などのWebテストでは「性格」という名前に変わりますが、内容はペーパーの性格テストと同じです。

名前	方式	問題数	実施時間
OPQ	ペーパー	68問	約30分
性格（本格版）	Web	68問	約20分

※Webテストの「性格」には、「本格版」と「簡易版」があります。Web-CABでは、「本格版」が実施されます。

◗ 応募企業の風土や職務内容にマッチしているかを見るテスト

　SHL社共通の性格テストは、「企業の風土や職務内容に、応募者の資質がマッチしているか」を見るテストです。対策の基本は「応募企業の風土や職務内容に、自分の資質がマッチしていることを示す」ことです。

◗ 応募企業の風土や職務内容にマッチしていることを示すには

　新卒採用で応募者に求められる「応募企業の風土や職務内容とのマッチ」は、言い換えれば「企業の採用基準に合致しているか」「志望職種への適性があるか」ということです。そのためには、大まかに次の手順で対策をしましょう。

① 企業の採用基準や、志望職種への適性を研究する

② その企業や職種での働き方を調べる

③ 性格テストで、自分に関係する尺度と質問例を調べる

① 企業の採用基準や、志望職種への適性を研究する

募集要項、会社案内、ホームページなど、企業はさまざまな形で採用基準を明確に表現しています。また、特定の職種につきたいのであれば、その職種について調べることです。 業界ごとに仕事内容などを紹介した「業界研究本」といった書籍を参考にしてもよいでしょう。

② その企業や職種での働き方を調べる

①で採用基準や志望職種を調べる過程で、**「もし自分がその企業に入社したり、調べている職種についた場合、どのような働き方になるのか」についても、わかる範囲で調べます。** それには、企業のホームページや「リクナビ」などの就職情報サイトによくある「先輩社員の1日」といった紹介記事が役立ちます。特定の職種を志望するのであれば、先に述べた「業界研究本」も参考にするとよいでしょう。

③ 性格テストで、自分に関係する尺度と質問例を調べる

採用基準や応募職種への適性が、性格テストの「尺度」のどれに該当するかを調べます。

性格テストでは、いろいろな切り口（測定基準）から受検者の性格傾向を診断します。この測定基準を「尺度」といいます。 そこで、自分に関係する尺度と質問例を調べるのです。調べ方について詳しくは、後述の「SHL社共通の性格テスト（OPQ）攻略法」をお読みください。

調べた尺度と質問例は、ノートなどにまとめておき、実際に性格テストを受検するときにすぐに活用できるようにしておきましょう。

■● 採用基準や適性がわからないときは「尺度一覧」で！

多くの企業はホームページや会社案内などで「求める人物像」をわかりやすく表現していますが、そうでない企業も存在するのが現実です。

そこで、**337ページの「職種と性格尺度の一覧」が役立ちます。** この一覧は、代表的な職種・新卒の大学生に人気の高い職種に絞って、一般的な仕事内容から関係する尺度を予測したリストです。あなたがつきたい職種の尺度を知り、「尺度の定義と質問例」で具体的な質問例を調べておきましょう。

第5部／SHL社共通の性格テスト（OPQ）／SHL社共通の性格テスト（OPQ）とは？　333

■● 採用基準の研究は「適社・適職探し」

採用基準を調べる過程は、「自分はどのような企業で働きたいのか」「どのような職種につきたいのか」を見きわめる作業でもあります。

この過程でわかった採用基準と、自分の性格や信条があまりにも大きくかけ離れている場合は、思い切って企業や職種の選択から考え直してみるのもよいでしょう。

SHL社共通の性格テスト（OPQ）
【尺度の定義と質問例】

■●【尺度の定義と質問例】

尺度	定義	質問例
説得力	人を説得することが好きな性格	交渉事が好きだ 物を売るのが楽しい 人を納得させるのが楽しい
指導力	人を指導することが好きな性格	人を指導する立場になることが多い グループのまとめ役になることが多い 人に指示を与えて動かすのが好きなほうだ
独自性	自分独自で考え行動することが好きな性格	周りが反対しても自分の考えを押し通すほうだ 何事にも自分の意見があるほうだ 自分のやり方や意見にこだわる
外向的	人を楽しませることが好きな性格	冗談を言うのが大好きだ 初めての人でも気軽に話すほうだ 面白い話で、人を楽しませるほうだ
友好的	大勢の人といることが好きな性格	友達が多いほうだ 大勢の友達と過ごすことが多い 友達と一緒にいる時間が楽しい
社会性	大勢の前で話をすることが好きな性格	人前の説明が苦にならないほうだ 大勢の前でのスピーチは楽しい 公式な場で挨拶を頼まれても平気だ
謙虚	人に対して謙虚に振る舞う性格	あまり自慢話をしないほうだ 控えめなほうだ 自分の成功を人に話さないほうだ
周囲への相談	人の意見を聞きながら物事を進めるのが好きな性格	物事は人と相談しながら進める 人の意見を聞いて方針を決める みんなで相談しながら進めたほうが物事はうまくいくと思う
面倒見の良さ	人の面倒を見ることが好きな性格	人の相談に乗ることが多いほうだ アドバイスをするのは得意なほうだ 人の相談には親身になるほうだ
作業志向	物を作ったり、直したりするのが好きな性格	パソコンを扱うのが好きだ 機械を直したり組み立てるのが楽しい 手先を使う作業が楽しい
数値志向	データや数値にそって考えるのが好きな性格	難しい計数を扱うのが楽しい 表やグラフを作るのが楽しい 数字に強いほうだ
アート志向	美的なものを好む性格	尊敬する芸術家が何人かいる 常に絵や音楽を楽しむ 美的なものに関心があるほうだ
人間志向	人の行動の動機や背景を考えるのが好きな性格	人の性格を分析するのが楽しい 人の行動や発言の裏にある動機を考えるほうだ

尺度	定義	質問例
保守的	すでにある価値観を大事にする性格	古い価値観を大切にするほうだ 確立されているやり方があれば、それに従うほうだ 保守的な価値観を持っているほうだ
変化への対応	変化を受け入れることを好む性格	変化がある状況が楽しい 新しいもの好きだ 初めてのことに挑戦するのが苦にならないほうだ
論理的	論理的に考えることが好きな性格	物事を論理的に考えるのが楽しい 複雑な問題や抽象的な問題を解くのが楽しい 知的好奇心が強いほうだ
創造性	新しい工夫をすることが好きな性格	人とは違うアイデアを出すほうだ 面白い案が浮かぶほうだ 創意工夫をするのが好きだ
計画性	物事を計画的に行うことを好む性格	計画をきちんと立ててから行動する 事前の準備をするのが楽しい どんなトラブルが起こるかを先に予測する
緻密さ	物事を正確に行うことを好む性格	物事を正確に行うのが好きだ 正確さや緻密さが要求されることが得意だ 細かいところも注意を払う
時間厳守	時間に正確なことを好む性格	締め切りを守るほうだ 時間に正確なほうだ 約束事を守るほうだ
リラックス	常にリラックスしている性格	物事が多少うまくいかなくても平気である すぐにリラックスできるほうだ 気持ちの切り替えができるほうだ
心配性	物事がうまく進まないと心配になる性格	物事がうまくいくかどうかが常に心配になる 大事な会やイベントの前になると緊張するほうだ
精神的タフさ	人が自分をどう評価しても気にならない性格	悪口をいわれても毅然と対応するほうだ 人にどう思われるかを気にしない 精神的にタフなほうだ
精神安定性	自分の感情を表に出さない性格	怒っても顔に出さないことが多い 感情を表に出さないことを好む 感情を抑えることができるほうだ
楽観思考	物事を楽観的に考える性格	物事を楽観的に捉えることが多い 悲観的になることはほとんどないほうだ
批判性	物事の欠点や矛盾に気がつく性格	議論になったとき、相手の話の矛盾点にすぐ気がつく 物事の欠点や弱点にすぐ気がつくほうだ
行動力	体を動かすことを好む性格	体を動かすのが好きだ 休みの日は家でじっとしているより、外に出かけるのが好きだ スポーツや体を鍛えるのが楽しい
競争心	人との競争を楽しむ性格	人と競争事をするのが楽しい 負けず嫌いなたちである 勝負するからには必ず勝ちたい
仕事志向	出世や昇進を好む性格	上昇志向が強いほうだ 目標は高く設定するほうだ 高い目標に向かって努力するのが好きだ
決断力	すばやく決断することを好む性格	物事を決めるのが早いほうだ 状況判断はすばやくできるほうだ 決断を先延ばしにしないほうだ

※SHL社とビジネス教育研究所のホームページ情報を参考に作成

■○【職種と性格尺度の一覧】

職種	仕事内容	必要な尺度
研究開発	専門知識・専門技術を自ら作り上げていく。最先端の情報・技術を常に学ばなくてはならない。	独自性　数値志向 変化への対応　論理的
商品企画	世の中の動きをとらえてヒット商品を考え出す。商品のコンセプト、商品名、パッケージを企画する。	論理的　批判性 創造性　独自性
システムエンジニア	顧客のニーズにかなったシステムの設計をする。	社会性　行動力 論理的　競争心 数値志向
プログラマー	システム仕様書にそって、正確にプログラムを作成する仕事。	作業志向　論理的 数値志向　緻密さ 時間厳守
経理	企業の出入金の管理、決算書・税務申告書の作成。	数値志向　計画性 緻密さ
宣伝広告	商品広告を作成し、新聞・雑誌・テレビ・ラジオなどのメディアを通じて発信する。広告代理店に広告物の制作を発注する。	数値志向　アート志向 創造性
人事	採用・昇格昇進・教育研修・人事異動・勤怠管理など、年間の予定をしっかり立てて進める仕事が多い。	指導力　社会性 面倒見の良さ　計画性
新規営業	取引のない相手に電話をかけたり、直接訪問し営業する。	説得力　社会性 精神的タフさ　行動力 競争心
経営コンサルタント	顧客企業の経営トップや社員に対するヒアリングと各種データから問題点を発見し、それに対する解決案・改善案を提言する。	説得力　社会性 数値志向　論理的
金融ディーラー	株、為替、債券などの金融商品を安く買い、高く売り、利益を出す仕事。損を出しても、楽観的に考えられるタフさが必要。	数値志向　精神的タフさ 楽観思考　決断力

※SHL社とビジネス教育研究所のホームページ情報を参考に作成

SHL社共通の性格テスト（OPQ）問題例

■● 4つの質問文から1つずつ YES と NO を選ぶ

　SHL社共通の性格テストでは、1つの設問につき4つの質問文があり、「YES」と「NO」を1つずつ選びます。

　質問文は、どれを選んでもよさそうな内容で構成されています。どれを選べば高い評価が得られるかがわかりにくくなっています。

SHL社共通の性格テスト　問題例

1問ごとに4つの質問文があります。
その中で、自分に最も近いと思うものを、YES欄のA～Dから1つ選びなさい。また、自分から最も遠いと思うものを、NO欄のA～Dから1つ選びなさい。

問1
A　すぐにリラックスできるほうだ
B　グループのまとめ役になることが多い
C　友達が多いほうだ
D　手先を使う作業が楽しい

YES　A　B　C　D
NO　A　B　C　D

問2
A　物事を論理的に考えるのが楽しい
B　パソコンを扱うのが好きだ
C　友達が多いほうだ
D　細かいところも注意を払う

YES　A　B　C　D
NO　A　B　C　D

SHL社共通の性格テスト（OPQ）攻略法

■● 自分に関係する尺度を割り出す

　SHL社共通の性格テストでは、企業の採用基準や職種への適性に応じて、「必要な尺度」が異なります。このため、採用基準、志望職種への適性を研究し、尺度を割り出します。

　例えば、ある企業で求められる人物像が、「自ら創意工夫をする人物」とわかったとします。「尺度の定義と質問例」には「創造性」という尺度があり、「定義」がこの人物像に似通っています。この企業で必要な尺度の1つは「創造性」といえます。

尺度	定義	質問例
創造性	新しい工夫をすることが好きな性格	人とは違うアイデアを出すほうだ 面白い案が浮かぶほうだ 創意工夫をするのが好きだ

※尺度を割り出す際の参考として、また、採用基準が明確でない企業を志望するときのために、「職種と性格尺度の一覧」もあわせてお読みください。

■● 尺度の定義と質問例を覚え、回答をまとめる

　自分に関係する尺度を割り出したら、関係する尺度の定義と質問例を覚えましょう。
尺度は複数あるでしょうから、ノートなどにまとめておくとよいでしょう。

● 例：コンピュータソフトを開発する会社で、「プログラマー」の職につきたい場合

作業志向	定義	：	物を作ったり、直したりするのが好きな性格
	質問例	：	パソコンを扱うのが好きだ
			機械を直したり組み立てるのが楽しい
			手先を使う作業が楽しい
数値志向	定義	：	データや数値にそって考えるのが好きな性格
	質問例	：	難しい計数を扱うのが楽しい
			表やグラフを作るのが楽しい
			数字に強いほうだ
論理的	定義	：	論理的に考えることが好きな性格
	質問例	：	物事を論理的に考えるのが楽しい
			複雑な問題や抽象的な問題を解くのが楽しい
			知的好奇心が強いほうだ
緻密さ	定義	：	物事を正確に行うことを好む性格
	質問例	：	物事を正確に行うのが好きだ
			正確さや緻密さが要求されることが得意だ
			細かいところも注意を払う
時間厳守	定義	：	時間に正確なことを好む性格
	質問例	：	締め切りを守るほうだ
			時間に正確なほうだ
			約束事を守るほうだ

「職種と性格尺度の一覧」にある、プログラマーに一般的に必要とされる尺度を抜き出し、定義と質問例をまとめる

本番では、必要な尺度の質問文を「YES」にする

実際に受けるときは、**必要な尺度の質問文で「YES」を選びます**。そして、それ以外の尺度の質問文のどれかを「NO」にするようにします。

問1

A　すぐにリラックスできるほうだ　　　←リラックス

B　グループのまとめ役になることが多い　←指導力

C　友達が多いほうだ　　　　　　　　←友好的

D　手先を使う作業が楽しい　　　　　←作業志向

先ほどのプログラマーの例では、**D**はプログラマーに必要な「作業志向」なので、「YES」にします。必要な尺度以外は、どれを「NO」にしてもかまいません。

1つの設問に必要な尺度の質問文が複数ある場合は、どれか1つを「YES」にする

必要な尺度の質問文が複数あるときは、どれか1つで「YES」を選びます。

問2

A　物事を論理的に考えるのが楽しい　←論理的

B　パソコンを扱うのが好きだ　　　　←作業志向

C　友達が多いほうだ　　　　　　　　←友好的

D　細かいところも注意を払う　　　　←緻密さ

この中で、プログラマーに必要な尺度の質問文は**A**、**B**、**D**です。どれを「YES」にしてもかまいません。**C**はプログラマーに必要な尺度ではないので、**C**を「NO」にします。

必要な尺度の質問文を「NO」にしてはいけません。プログラマーに必要な尺度の質問文である**A**、**B**、**D**は、どれも「NO」にしてはいけません。

必要な尺度以外の質問文は「YES」「NO」のどちらでもかまわない

1つの設問に、必要な尺度の質問文がない場合もあります。その場合は、どれを「YES」にしても「NO」にしてもかまいません。

【編著者紹介】
SPIノートの会 1997年に結成された就職問題・採用テストを研究するグループ。2002年春に、『この業界・企業でこの「採用テスト」が使われている！』（洋泉社）を刊行し、就職界に衝撃を与える。その後、『これが本当のSPI3だ！』をはじめ、『これが本当のWebテストだ！』シリーズ、『これが本当のSPI3テストセンターだ！』『これが本当のSCOAだ！』『これが本当のCAB・GABだ！』『これが本当の転職者用SPI3だ！』『完全再現 NMAT・JMAT 攻略問題集』『「良い人材」がたくさん応募し、企業の業績が伸びる 採用の極意』『こんな「就活本」は買ってはいけない！』などを刊行し、話題を呼んでいる。講演依頼はメールでこちらへ　pub@spinote.jp

SPIノートの会サイトでは情報を随時更新中

https://www.spinote.jp/

カバー・本文イラスト＝しりあがり寿
口絵イラスト＝草田みかん
図版作成＝山本秀行（Ｆ３デザイン）／横田良子／相澤裕美
DTP作成＝中山デザイン事務所

本書に関するご質問は、下記講談社サイトのお問い合わせフォームからご連絡ください。
サイトでは本書の書籍情報（正誤表含む）を掲載しています。

https://spi.kodansha.co.jp

＊回答には１週間程度お時間をいただく場合がございます。
＊本書の範囲を超えるご質問にはお答えしかねますので、あらかじめご了承ください。

本当の就職テストシリーズ

【Web-CAB・IMAGES 対応】
これが本当のCAB・GABだ！　2025年度版
（ほんとう　キャブ　ギャブ）　（ねんどばん）

2023年１月20日　第１刷発行

編著者	ＳＰＩノートの会	
発行者	鈴木章一	
発行所	株式会社講談社	
	東京都文京区音羽 2-12-21　〒112-8001	
	電話　編集　03-5395-3522	
	販売　03-5395-4415	
	業務　03-5395-3615	
装　丁	岩橋直人	
カバー印刷	共同印刷株式会社	
印刷所	株式会社新藤慶昌堂	
製本所	株式会社国宝社	

KODANSHA

Ⓒ SPI notenokai 2023, Printed in Japan
定価はカバーに表示してあります。
落丁本・乱丁本は購入書店名を明記のうえ、小社業務あてにお送りください。送料小社負担にてお取り替えいたします。本書のコピー、スキャン、デジタル化等の無断複製は著作権法上での例外を除き禁じられています。本書を代行業者等の第三者に依頼してスキャンやデジタル化することは、たとえ個人や家庭内の利用でも著作権法違反です。Ⓡ〈日本複製権センター委託出版物〉複写を希望される場合は、事前に日本複製権センター（電話 03-6809-1281）の許諾を得てください。

ISBN978-4-06-530650-5　　N.D.C. 307.8　　357p　　21cm

玉手箱・C-GAB編

これが本当の Webテストだ！①

付 Webテスト実施企業 一覧

Webテスト・テストセンター特定法「裏技」を大公開！

SPIノートの会 編著
■A5判・並製
■定価：1650円（税込）

Webテストで圧倒的なシェアを誇る「玉手箱」を徹底対策！

○玉手箱の能力テストは、言語、計数、英語それぞれに数種類の問題形式があります。

○攻略のカギは時間配分。効率のよい解き方が必須です！

○本書は、玉手箱の全科目に対応した玉手箱専用対策本です。

テストセンター方式の玉手箱（C-GAB）の独自解法を掲載しているのは本書だけ！

2025年度版 好評発売中

主要3方式〈テストセンター・ペーパーテスト・WEBテスティング〉対応

これが本当の SPI3だ！

SPIノートの会 編著

■Ａ５判・並製
■定価：１６５０円（税込）

超定番！ SPIの3方式を出る順で対策！

○SPIの「テストセンター」「ペーパーテスト」
「WEBテスティング」を効率よく対策！

○頻出度順の出題範囲表で、方式ごとの出題範囲がひと目で
わかる！

○講義形式のていねいな解説で、数学や国語から遠ざかって
いた就活生でも理解しやすい！

2025年度版
好評発売中